NEU

SICHTWECHSEL

MITTELSTUFE DEUTSCH ALS FREMDSPRACHE

SASKIA BACHMANN •

SEBASTIAN GERHOLD •

BERND-DIETRICH MÜLLER •

GERD WESSLING •

3

Klett

IMPRESSUM

Projektleitung/Redaktion:
Eva-Maria Jenkins

Gestaltung:
Bruin van der Duim
Dick Nengerman

Bilder und Texte:
Siehe Quellenverzeichnis Seite 199

Weitere fotografische Gestaltung:
Henk Jan Jager

Cassette:
Bestellnummer 675028

Für die Unterrichtsvorbereitung:
- SICHTWECHSEL neu 1, 2, 3:
  Allgemeine Einführung.
  Bestellnummer 675022

- SICHTWECHSEL neu 3:
  Unterrichtsbegleiter.
  Bestellnummer 675018

Dieses Werk folgt der reformierten
Rechtschreibung und Zeichensetzung.
Ausnahmen bilden Texte, bei denen
künstlerische, philologische oder lizenz-
rechtliche Gründe einer Änderung
entgegenstehen.

 Gedruckt auf Papier aus chlorfrei gebleichtem Zellstoff

1. Auflage 1 5 4 3 2 2000 99 98 97
© Ernst Klett Verlag GmbH, Stuttgart 1996.
Alle Rechte vorbehalten.
Umschlag: Bruin van der Duim, Dick Nengerman
Satz: Utesch Satztechnik GmbH, Hamburg
Repro: Van Hebel BV, Groningen
Druck: Grafos S.A., Barcelona
Printed in Spain

ISBN 3-12-675019-2

Piktogramme:

Fertigkeitstraining

Lesen

Schreiben

Sprechen

Hören

Hinweise

Text auf Kassette

Projekt

Spiel

Weiter im Arbeitsbuch

Lösungsvorschläge

FÜNFTER BEREICH: KOMMUNIKATIVE ABSICHT UND SPRACHLICHE REALISIERUNG

Erläuterungen:
Literarische Texte sind mit den Namen der Autoren gekennzeichnet. Z = Texte aus Zeitungen und Zeitschriften.
FT bedeutet: Fertigkeitstraining, z.B. FT Hören = Fertigkeitstraining Hören. ◈... = Dieser Text ist auf Kassette.

	INHALT	SEITEN TEXTBUCH	SEITEN ARBEITSBUCH	INTERKULTURELLES LERNEN	WEITERE SCHWERPUNKTE	GRAMMATIK	STRATEGIEN FERTIGKEITEN
24	**TEXTSORTENKONVENTIONEN**						
24.1	Geh mir aus der Sonne! Melanie Jaric	35	128	Verstoß gegen Textsortenkonventionen; Kommunikative Übersetzung	Wortfeld: Wetter		LERNBERATUNG: Wörter lernen Schreiben: Gedicht, Tagebuch
24.2	Ein Erlebnis im Zoo James Krüss	36	131	Vergleich von Textsortenmerkmalen		Textsortenmerkmale: Satzstruktur, Satzstellung, Redewiedergabe, Zeitengebrauch, Wortstellung im Satz	Hören: verschiedene Texte FT Schreiben: Wortstellung und Wirkung Spiel
24.3	Stell dir vor, was mir gestern passiert ist!	38	134			Erzählen (schriftlich oder mündlich): Zeitengebrauch, Modalpartikeln im Aussagesatz	FT Hören: Stell dir vor, was mir gestern passiert ist! FT Schreiben: Brief FT Sprechen: Geschichten erzählen VIII
24.4	Der Handstand auf der Loreley Erich Kästner	39			Gedicht interpretieren aus seiner Entstehungszeit		FT Schreiben: Verschiedene Textsorten Hören: Gedicht
24.5	Notfall-Seelsorge	41	139				FT Hören: Notfall-Seelsorge
25	**TEXTSORTEN: SACH- UND GEBRAUCHSTEXTE**						
25.1	Kuchenrezepte aus europäischen Ländern	42	140	Kulturspezifische Textsortenmerkmale; Kommunikative Übersetzung	Wortfeld: backen		Projekt: Gebrauchstexte sammeln und analysieren LERNBERATUNG: Gebrauchstexte schreiben
25.2	Der Holzschutzmittel-Prozess (Z)	45	141	Bedeutungen erarbeiten	Wortfeld: Umweltgifte/Gesundheit		FT Hören: Am Anfang war die Chrysanthemenblüte
25.3	Definitionen (Lexikon)	46	142	Kulturspezifische Unterschiede bei Lexikoneinträgen	Wortfeld: Rad und Technik	Nominalstil: Partizipien als attributive Adjektive	FT Lesen: Rat zum Rad (Z)
25.4	Lehrmeisterin Natur Robert Gernhardt	48	146		Leistungen des Nominalstils	Nominalstil: Nominalisierungen, Präpositionen (Schriftsprache)	Hören: Gedicht Schreiben: Register-/Stilwechsel
25.5	Die Hand (Sachtext) Elias Canetti	48	150		Nominalstil: Stilanalyse	Nominalstil: Veränderung der Wertigkeit des Verbs (Verbvalenz) durch Präfix be-	

SECHSTER BEREICH: MANIPULATION DURCH SPRACHE

SICHTWECHSEL 3

KOMMUNIKATIVE ABSICHT UND
SPRACHLICHE REALISIERUNG

Robert Gernhardt

20.2 Telefongespräch zwischen Vater (V) und Sohn (S)

S: Ich bin's, Klaus. – Hast du meinen Brief
   bekommen?
V: Ja, den habe ich bekommen.
S: Hast du ihn gelesen?
V: Ja, ich habe ihn gelesen.
S: Dann weißt du also auch, dass ich das Studium
   unterbrechen und erstmal wegfahren will.
V: Ja, ich weiß.
S: Und was sagst du dazu?
V: Du bist doch erwachsen.

1. Warum ruft der Sohn den Vater an?
   Wie antwortet der Vater auf die Fragen des Sohnes? (Achten Sie
   auf die sprachliche Form und die Intonation.) Was drückt er damit
   eigentlich aus?

2. Schreiben Sie den Dialog so um, dass ein sachliches Gespräch
   daraus wird.

20.3 Das Wiedersehen

Ein Mann, der Herrn K. lange nicht gesehen hatte, begrüßte ihn mit den Worten:
„Sie haben sich gar nicht verändert." „Oh!", sagte Herr K. und …

Aus: Bertolt Brecht, Geschichten von
Herrn Keuner

– Wie reagieren Sie, wenn jemand zu Ihnen sagt: „Sie haben sich
  gar nicht verändert"?
– Lesen Sie den letzten Satz im Arbeitsbuch.

20.4 Damals 👁

A „Wann bist du eigentlich geboren?", fragte der Postbote plötzlich. (In unserem Dorf duzen sich alle Leute.)

Komische Frage!

B „Sie kennen Norwegen nicht", sagte der erste Herr. „Bier heißt nämlich hier Öl. Jawohl, Öl! Da staunen Sie, was? Öl! Öl!", rief er. Niemand hörte ihm zu. Erst stand der Postbote auf, dann ich, und wir gingen, ohne „Morn da" zu sagen. Die Bedienung kam und stellte unsere Stühle vor den beiden Herren auf den Tisch, und obwohl es erst fünf Uhr nachmittags war, wirkte das Café auf einmal unendlich leer.

C Die Norweger sind, glaube ich, sehr neugierig. Aber fast immer verstecken sie ihre Neugier. Es ist nämlich unanständig, neugierig zu sein, und unanständige Norweger gibt es nicht.

D Wieder ein paar Monate später, als die Touristen wie Steine am Strand lagen, ohne sich zu bewegen, saß ich wieder einmal in unserem anständigen, schmutzigen, gemütlichen Café. Jetzt sprach der Postbote schon fließend Norwegisch mit mir. Die Tür ging auf, und herein kamen zwei Herren mit verhältnismäßig roten Gesichtern.

„Gestatten Sie", sagten die beiden Herren in fließendem Deutsch, denn wie immer war in unserem Café kein Tisch mehr frei.

Wir nickten nur.

E Das ganze Dorf schien gespannt auf meine Antwort zu warten.

„Ich bin 1929 geboren", sagte ich.

„Ach so", sagte der Postbote.

Das ganze Dorf schien sich zu freuen, dass ich 1929 geboren war. Dann tranken wir noch ein paar Gläser. Um halb zehn wurde das Café geschlossen. Ja, es war eben ein sehr anständiges Dorf.

„Morn da!", sagten wir, als die Bedienung die Stühle auf die Tische stellte.

1. Rekonstruieren Sie die Geschichte.
   Begründen Sie Ihre Rekonstruktion. Welche Indizien haben Sie zu Ihrem Ergebnis geführt?

2. – Warum freute sich das ganze Dorf, dass der Erzähler 1929 geboren ist?
   – Was ist eigentlich „anständig"?
   – Warum heißt der Text „Damals"?

F „Ja", sagte der eine Herr, „Norwegen ist herrlich. Kennen Sie vielleicht Norwegen von früher?"
„Nein", sagte der andere Herr, „leider nicht."
„Es war die schönste Zeit meines Lebens", sagte der erste. „Damals, 1941!"
„Ja, damals!", sagte der andere.
„Waren Sie auch Offizier?", fragte der erste.
„Ja, aber leider nur in Belgien."
Das kann doch nicht wahr sein, dachte ich.
„Seitdem liebe ich Norwegen", sagte der erste Herr.
„Die Natur, wissen Sie, und die Menschen! So anständig, und immer so schweigsam!"

G Dort war es ruhig, aber nicht langweilig. Die Norweger waren so ruhig wie die Fische. Als ich ankam, sagten sie fast gar nichts. Dafür sind sie in der ganzen Welt berühmt. Erst nach ein paar Wochen murmelten sie manchmal, wenn sie mich sahen, „Morn". Das heißt soviel wie „Guten Morgen", aber die Norweger sagen auch mittags, abends und nachts „Morn". Wenn sie es besonders herzlich meinen, sagen sie sogar „Morn da".

H Das ganze Dorf hörte zu und schwieg. Niemand fragte die beiden Herren, wann sie geboren waren.
„Gibt es denn hier kein Bier?", rief der zweite Herr.
Wir schwiegen wie die Fische.

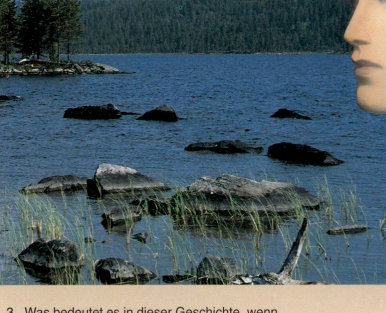

I Als die ersten zwei Monate vergangen waren, saß ich eines Abends in dem einzigen Café des Dorfes. Es war ein wenig schmutzig, aber ganz gemütlich. Leider war kein Tisch mehr frei. Also setzte ich mich zu dem Postboten. Der Postbote war mein bester Bekannter, weil er mir so viele Briefe bringen musste.
Wir unterhielten uns, ruhig wie die Fische, und tranken Bier, denn in einem norwegischen Café gibt es keinen Schnaps.

J Die fünfziger Jahre waren in Deutschland ja ein bisschen langweilig. Nein, sehr langweilig. Zum Schreien langweilig.
Ich wollte aber nicht den ganzen Tag lang schreien. Also packte ich damals meine Sachen zusammen und zog nach Norwegen.

Hans Magnus Enzensberger

3. Was bedeutet es in dieser Geschichte, wenn
   – die Norweger „Morn" sagen,
   – die Norweger „Morn da" sagen,
   – die Norweger fragen: „Wann bist du eigentlich geboren?",
   – sie zusammen Bier trinken und nichts sagen,
   – die Stühle auf den Tisch gestellt werden und die Gäste „Morn da" sagen,
   – die Stühle auf den Tisch gestellt werden und niemand „Morn da" sagt?

4. Suchen oder vermeiden Sie den Kontakt zu Landsleuten, wenn Sie im Ausland sind?

20.5 „Breitet die Arme aus!"

1. Schauen Sie den Text an, und tragen Sie die Informationen zusammen, die Sie
   – aus der Überschrift
   – aus dem Untertitel
   – aus der kurzen einleitenden Zusammenfassung
   – aus den Zwischenüberschriften
   – aus dem Foto
   – aus der Quellenangabe
   entnehmen können.

2. Formulieren Sie zwei bis drei kurze Hypothesen darüber, was der Artikel weiter im Detail berichten könnte.

3. Lesen Sie den ganzen Artikel (ohne bei unbekannten Wörtern zu unterbrechen) zweimal langsam durch. Beim zweiten Mal unterstreichen Sie bitte fünf Wörter, die Sie nicht verstehen.

4. **Textdefinitionen**

   Suchen Sie Textdefinitionen. D. h., suchen Sie nach Wörtern, die im Text gleich nach dem Auftauchen
   – definiert, umschrieben oder mit Beispielen verdeutlicht werden;
   – als Synthese für etwas dienen, das bereits beschrieben wurde.

   Beispiele:
   Z. 14: PANTOMIMESCHULE
   = bildet angehende Schauspieler in „Körpergestaltung" aus
   Z. 30/31: die verschränkten Füße unter dem Tisch, die hoch schnellenden Augenbrauen
   = UNBEWUSSTE BOTSCHAFTEN

5. **Synonyme**

   Suchen Sie Synonyme, d. h. Ausdrücke, die Gleiches oder Ähnliches ausdrücken.
   Beispiel:
   Seminar – Kurs – Unterricht

6. Wählen Sie einen aktuellen Zeitungsartikel über ein deutschsprachiges Land aus, und erarbeiten Sie seinen Inhalt mit den Schritten der Aufgaben 1–5.

„Breitet die

Pantomime lehrt, was Augen

MÜNCHEN: „Ich habe schon viele Seminare besucht, aber das ist besser als alles, was ich bisher erlebt habe",
4 sagt Bernhard Strobl, selbständiger Unternehmer. Er ist einer der 24 Teilnehmer eines Kurses über Körpersprache, den der Tänzer und Pantomime
8 Samy Molcho gibt. Der 57jährige weltbekannte Professor für Musik und darstellende Kunst hat sich vor sechs Jahren aus dem Showbusiness zurück-
12 gezogen und sich ganz dem Unterricht gewidmet.

Er unterhält eine eigene Pantomimeschule, bildet angehende Schauspieler
16 in „Körpergestaltung" aus und gibt in Europa und Amerika Kurse in Körpersprache. Die sollen, wie Molcho sagt, Kommunikation, Verständnis und Tole-
20 ranz zwischen den Menschen fördern.
Die Geschäftswelt zeigt großes Interesse. Seine Zwei-Tage-Kurse, die die Deutsche Verkaufsleiter-Schule seit Jahren
24 anbietet, sind immer ausgebucht – und das beim stolzen Preis von 2.700 Mark pro Person.
Jeder Mensch sendet mit seinen Ges-
28 ten und Haltungen Signale aus. Die Handbewegung, mit der jemand seine Worte begleitet, die verschränkten Füße unter dem Tisch, die hoch schnel-
32 lenden Augenbrauen sind unbewusste Botschaften. Wer die Signale seines Gesprächspartners richtig zu deuten weiß, wird auf sie reagieren können und
36 damit nicht nur ein besseres Verständnis erreichen, sondern auch bessere Geschäfte abschließen können.

Szenen aus dem Alltag

40 Im Seminarraum eines Münchener Nobelhotels sitzen 24 Teilnehmer, Vertriebsleiter, Unternehmer, höhere Angestellte. Samy Molcho, mit allen per du,
44 locker und heiter, lässt Situationen aus dem Alltag spielen, um zu zeigen, wie die archaischen Merkmale der Körpersprache auf Menschen wirken. Ein Frei-
48 williger soll mit der gesamten Belegschaft den Betriebsausflug besprechen.

Arme aus!"

sagen und wie Hände sprechen

Ein Mann mittleren Alters spielt den Abteilungsleiter. Er lehnt sich zurück
52 und beginnt eine entschlossene Rede. „Halt!", ruft Molcho und wendet sich an die Zuhörer. „Interessiert euch noch, was er sagt?" Alle schütteln die Köpfe.
56 „Du hast deine Gesprächspartner nicht wahrgenommen", erklärt Molcho und erläutert gleich: Es gab keinen Augenkontakt, und wer seinen Partner
60 nicht ansieht, nimmt ihn nicht wahr. Die lässige Haltung signalisiert Desinteresse am Standpunkt des Gegenübers. Die ausgestreckten, gespreizten Beine
64 verraten Selbstsicherheit und ein Gefühl der Überlegenheit. All das erzeugt beim Gesprächspartner Resignation oder Aggression, jedenfalls lenkt es
68 vom Thema ab.

Menschen beobachten

Molcho, 1936 in Tel Aviv geboren, erhielt schon als Kind Schauspielunter-
72 richt und beobachtete die Menschen auf der Straße, ihre Art zu gehen, die Kopf- und Schulterhaltung, ihren Blick und ihre Hände. „Dann mussten wir
76 nachspielen, wie dieser Mensch abends mit seiner Frau spricht und wie er seine Suppe isst", erzählt Molcho. Die Interpretation seiner Beobachtungen mit
80 künstlerischem Perfektionismus, viel Humor und die Ausstrahlung seiner Persönlichkeit brachten Molcho schon bald Anerkennung. Dem Angebot, Kurse
84 für Manager zu geben, stand er zunächst ratlos gegenüber. „Ich musste mir erst einmal ansehen, wie überhaupt ein Büro von innen aussieht", gesteht
88 Molcho. Doch dann entdeckte er, dass der Geschäftswelt genau das fehlt, was in seinem Metier die Grundlage jeder Arbeit ist: Verständnis und Akzeptanz
92 des Partners und genaue Analyse der Situation. „Vor 16 Jahren, als ich mit diesen Kursen anfing, sagte man mir immer wieder: ‚Was willst du hier mit Ge-
96 fühlen? Im Geschäft zählen doch nur Fakten.' Aber das ist falsch, überall, wo es Menschen gibt, zählt auch das Gefühl."

100 Vertrauen erzeugen

Es sagt nicht nur, was ein Mensch ausspricht, sondern auch, wie er dazu blickt, ob er mit der Linken – Emotions-

Samy Molcho, Professor für Musik und darstellende Kunst.
Foto: dpa

104 hand – oder der Rechten – Vernunftshand – gestikuliert, ob er die Schultern hängen lässt und damit die Last allzu großer Verantwortung demonstriert
108 oder vielleicht zu große Schritte macht und zu erkennen gibt, dass er für langfristige und großzügige Planung ist, ohne auf Details einzugehen. Lockere, offene
112 Oberarme erzeugen immer Vertrauen, ebenso die geöffnete Handfläche, die etwas zu geben scheint, während auf dem Tisch verschränkte Hände Informatio-
116 nen oder Gefühle zurückzuhalten scheinen. Alles am Körper ist Sprache, jeder Finger hat seine Bedeutung, jedes Verziehen des Mundes spricht Bände.
120 „Breitet ruhig die Arme aus", sagt Samy Molcho. „Das ist eine Geste der Offenheit und erregt Vertrauen. Man muss nicht immer Angst haben und sich
124 verschließen." Jemand wendet ein, Vertrauen könne leicht missbraucht werden. „Sicher", erwidert Molcho heiter, „ich bin auch bestohlen worden. Aber
128 deshalb ist nicht jeder ein Dieb."

Nordbayerischer Kurier, 8./9. 1. 1994

Dû bist mîn, ich bin dîn:
des solt dû gewis sîn.
dû bist beslozzen
in mînem herzen:
verlorn ist daz slüzzelîn
dû muost immer drinne sîn.

12. Jh., unbekannter Dichter

Lernen Sie das Gedicht auswendig.

21.2 Stationen einer Beziehung

Die während des Zweiten Weltkrieges in England stationierten amerikanischen Soldaten hatten vielfach Probleme mit ihren englischen Freundinnen und umgekehrt. Die Erklärung finden Sie in folgendem Schema, das die damals in den beiden Kulturen jeweils „normale" Entwicklung einer LIEBESBEZIEHUNG darstellt. Die Zahlen 1–30 stehen für die einzelnen Schritte (Entwicklungsstufen) vom ersten Augenblick der Bekanntschaft bis zum „Geschlechtsverkehr", wie der juristische Ausdruck heißt.

USA		Groß-britannien
1	erste Kontaktaufnahme	1
2		2
3		3
4		4
5	Küssen	5
.		.
.		.
.		.
25	Küssen	25
.		.
29		29
30	Geschlechtsverkehr	30

– Was denkt die Engländerin bei Punkt 5 über den Amerikaner? Was könnte dann passieren?

– Was denkt der Amerikaner über die Engländerin bei Punkt 30?

21.3 Die Welt der Düfte

s i n n e n

1. Bilden Sie Kleingruppen.
   Bereiten Sie für andere Gruppen Hör-, Tast-, Riech- und eventuell Schmeck-
   erlebnisse vor (z. B. mit dem Kugelschreiber auf den Tisch klopfen, einen Woll-
   pullover berühren, einen Apfel riechen, ein Stück Brot essen ...). Dann setzen
   sich jeweils zwei Gruppen zusammen. Die eine Gruppe muss – mit verbundenen
   Augen – raten, was die andere vorbereitet hat.

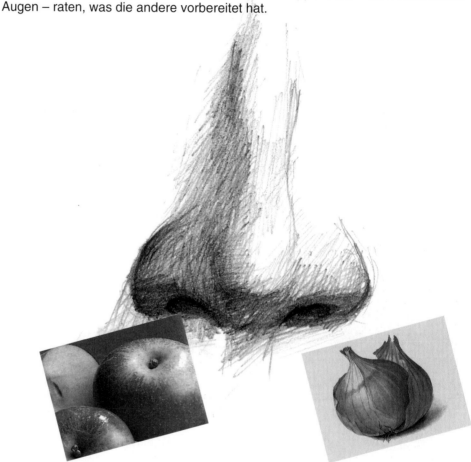

2. Mit was für Gerüchen verbinden Sie bestimmte Erinnerungen?

3. Hören Sie den Text, und ordnen Sie.

   ☐ Die Künste wirken auf unsere Sinne.
   ☐ Ein Duftmolekül kann einen bestimmten Geruch hervorrufen.
   ☐ Gerüche aktivieren Erinnerungen.
   ☐ Gerüche beeinflussen unsere Einstellungen.
   ☐ Menschen haben relativ wenige Riechzellen.
   ☐ Parfüm ist die Kunst für den Geruchssinn.
   ☐ Parfüms sind Kompositionen wie Musikstücke.
   ☐ Unsere Sinne sind die Brücken zur Welt.

4. Was würde uns entgehen, wenn wir nicht riechen könnten?

Alexander

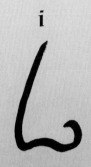

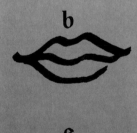

Gegen Ende der Semesterferien machte er eine Stadtrundfahrt mit, um ein für allemal zu wissen, welche Fassaden von Le Corbusier, Scharoun oder Eiermann stammten. Er hörte es, behielt aber nichts davon, weil Stimme und Gestalt der Fremdenführerin in
4 ihm ganz andere Sinne weckten. Sie lächelte bei ihren Erklärungen seltsam lieb und kleinmädchenhaft, aber wenn sie ruhig war, hatte sie einen edlen, kühlen Blick von weit her wie eine Großkatze, einen Bernsteinblick, und ihr Haar war schwarz. An ihm, Alexander, schien sie nicht uninteressiert. Sie hieß Gisela.
8 Als die anderen aufs Gerüst kletterten, um über die Mauer nach drüben zu sehen, begann er mit ihr ein Gespräch über …

Worüber? • • • • •

… mögliche gesellschaftliche Funktionen von Stadtrundfahrten. Er hatte soeben »Strukturwandel der Öffentlichkeit« von Habermas gelesen. Da machte sie aber Augen! Ehr-
12 liches Staunen war darin, und eine Spur von Panik.
Als er sich endgültig in sie verliebt sah, wurde es schwierig, es fehlten ihm plötzlich die einfachsten Wörter. Als er sie zum ersten Mal in der Bleibtreustraße abholte, konnte er sie nur verstockt ansehen und Entschlüsse verkünden, für heute Abend und im Allge-
16 meinen. Vergebens suchte er sich zu erinnern, was die deutsche Sprache für derlei Situationen überhaupt anbot. Einige Liebesworte rollten in seinem Hirn hin und her wie losgerissene Fässer in einem Schiff.

Aus: Sten Nadolny, Selim oder
die Gabe der Rede

1. – Ist Alexander stürmisch, schüchtern, langweilig?
   – Was hätten Sie in dieser Situation gesagt?

2. Warum fehlen Alexander beim ersten Mal die Worte nicht, später aber doch?

3. **Spiel: Kontaktaufnahme**

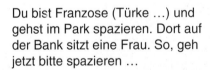

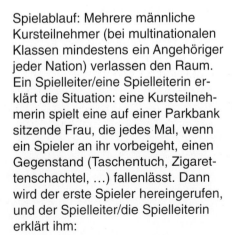

Spielablauf: Mehrere männliche Kursteilnehmer (bei multinationalen Klassen mindestens ein Angehöriger jeder Nation) verlassen den Raum. Ein Spielleiter/eine Spielleiterin erklärt die Situation: eine Kursteilnehmerin spielt eine auf einer Parkbank sitzende Frau, die jedes Mal, wenn ein Spieler an ihr vorbeigeht, einen Gegenstand (Taschentuch, Zigarettenschachtel, …) fallenlässt. Dann wird der erste Spieler hereingerufen, und der Spielleiter/die Spielleiterin erklärt ihm:

Du bist Franzose (Türke …) und gehst im Park spazieren. Dort auf der Bank sitzt eine Frau. So, geh jetzt bitte spazieren …

Die Klasse beobachtet, wie er sich verhält. Dann setzt sich der Spieler zu den anderen, und der Nächste wird hereingerufen usw. Nach dem letzten Spieler rekapituliert die Klasse, wie sich die einzelnen Spieler verhalten haben. (Der letzte Spieler hat nur sich selbst erlebt.)

Junges Liebes- oder altes Ehepaar?

Gabriele Münter, Jawlensky und Werefkin 1908–1909

21.5 Diskussion: Zusammenleben oder nicht?

1. Sammeln Sie Argumente für oder gegen das Zusammenleben.

2. Hören Sie dann das Gespräch zwischen Nicoline Bauers und Svenja Jäger.
   Nicolines Freund heißt Titus, Svenjas Mann heißt Reimund. Svenja beginnt das
   Gespräch und fragt: „Warum willst du eigentlich nicht mit Titus zusammenziehen?"

   Sammeln Sie die Argumente der beiden Frauen in Stichpunkten.

3. Hören Sie das Gespräch noch einmal, und ergänzen Sie Ihre Stichpunkte.

4. Charakterisieren Sie die beiden Frauen.

5. Was für Fragen kommen Ihnen zu diesem Gespräch?
   Formulieren Sie die Fragen so, dass ein Deutscher/eine Deutsche sie Ihnen
   vielleicht beantworten könnte.

6. Entwerfen Sie eine Wohnung, in der es keine Probleme beim Zusammenleben
   gibt.

21.6 Lied: MÄNNER

Männer nehmen in den Arm
Männer geben Geborgenheit
Männer weinen heimlich
4 Männer brauchen so viel Zärtlichkeit
Oh Männer sind so verletzlich
Männer sind auf dieser Welt einfach unersetzlich.

Männer kaufen Frau'n
8 Männer stehen ständig unter Strom
Männer baggern wie blöde
Männer lügen gern am Telefon
Oh Männer sind allzeit bereit
12 Männer bestechen durch ihr Geld und ihre Lässigkeit.

Refrain: ...
Männer haben's schwer, nehmen's leicht
außen hart und innen ganz weich
werden als Kind schon auf Mann geeicht.
16 Aber wann ist ein Mann ein Mann?
Aber wann ist ein Mann ein Mann?

Männer haben Muskeln
Männer sind furchtbar stark
20 Männer können alles
Männer kriegen 'n Herzinfarkt
Oh Männer sind einsame Streiter
müssen durch jede Wand, müssen immer weiter.

Refrain: ...
24 Männer führen Kriege
Männer sind schon als Baby blau
Männer rauchen Pfeife
Männer sind furchtbar schlau
28 Männer bauen Raketen
Männer machen alles ganz genau
Aber wann ist ein Mann ein Mann?
Aber wann ist ein Mann ein Mann?

32 Männer kriegen keine Kinder
Männer kriegen dünnes Haar
Männer sind auch Menschen
Männer sind etwas sonderbar
36 Oh Männer sind so verletzlich
Männer sind auf dieser Welt einfach unersetzlich.
Refrain: ...

Herbert Grönemeyer

Adaptieren Sie den Text auf Ihr Land.

Oder:
Schreiben Sie ein Lied „Frauen".

Oder:
Schreiben Sie einen Protestbrief an den Autor.

22.1 Jemand möchte sich von einem Freund Geld leihen

1. Schreiben Sie einen Dialog in Ihrer Muttersprache.

2. Im folgenden Dialog sprechen zwei Deutsche. Hören Sie
   den Dialog.

   (Deutschland: Adam und Sebastian)

○ Hallo, Adam!
● Tag, Sebastian. Was gibt's? Komm doch rein!
○ Sag mal, Adam, ich hab mal 'ne Frage an
4 dich.
● Was denn?
○ Bist du grad 'n bisschen reich? Ich meine,
   könntest du mir für drei Wochen Geld lei-
8 hen?
● Wieviel denn?
○ Ich bräuchte 500.
● Huch, ob ich soviel überhab, weiß ich jetzt
12 gar nicht. Müsste mal auf meinem Konto
   nachgucken.
○ Könnteste das mal machen? Ich meine, du
   sollst dich natürlich nicht in Schulden werfen
16 – wenn's nicht geht, ist nicht so wild.
● Für drei Wochen sagst du? Wofür brauchste
   das denn?
○ Ach weißte, ich will mir doch schon ewig 'n

20 neuen Verstärker zulegen, und jetzt hab ich
   so'n supergeiles Ding für 500 angeboten ge-
   kriegt – einfach 'n Bombenangebot. Und grad
   jetzt bin ich tief in den Miesen und krieg erst
24 in drei Wochen wieder Geld.
   Also, was meinste, kannste das machen?
● Kein Geld, aber 'nen Verstärker kaufen –
   Wart mal 'n Augenblick, ich guck mal nach,
28 wie viel noch auf'm Konto is ... Du, ich hab
   selber grad nur noch 700 – das würde dann
   sehr knapp. Könntest du's nicht erstmal
   noch woanders versuchen. Ich mein, wenn's
32 gar nicht geht, müsst ich überziehen – aber
   ehrlich gesagt, mach' ich das nicht gern.
○ Ist ja schon o.k., lass man, war ja nur 'ne
   Frage. Ich seh mal zu, ob ich woanders was
36 herkrieg. Tja, also, denn tschüss, mach's gut.
● Tschüss denn, tut mir leid. Ich hoffe, du bist
   nicht sauer auf mich!

3. Vergleichen Sie Ihren Dialog mit dem deutschen und den im
   Arbeitsbuch abgedruckten Dialogen aus anderen Sprachen.

a. Wie wirken die verschiedenen Dialoge auf Sie?

   ☐ überhöflich   ☐ höflich   ☐ unhöflich
   ☐ freundlich   ☐ unfreundlich   ☐ neutral
   ☐ (zu) direkt   ☐ langatmig   ☐ umständlich
   ☐ heuchlerisch
   ☐ anders:

b. Wie werden die Gespräche eingeleitet?
   In welcher Kultur scheint es unkompliziert („normal") zu sein,
   jemanden um Geld zu bitten? In welcher nicht?

c. Welche Strategie verfolgt der Bittsteller? Erst erklären (und
   eventuell ein Hilfsangebot provozieren) und dann bitten oder
   umgekehrt?

d. Fühlt der Angesprochene sich in gewisser Weise verpflichtet zu
   helfen (auch wenn er die Bitte ablehnt)?

4. Wenn Angehörige verschiedener Kulturen miteinander sprechen, kommt es leicht zu Fehlinterpretationen, falscher Wertung und Verstimmung auf beiden Seiten, wenn die Gesprächspartner kulturspezifische Handlungsabläufe und Rituale nicht kennen, selbst wenn – oder gerade wenn – sie die Sprache sonst schon recht gut beherrschen.

a. Überlegen Sie:
Wodurch könnten in einer ähnlichen Situation wie im Dialog auf S. 23 zwischen einem/einer Deutschen und Ihnen Missverständnisse auf der einen oder anderen Seite auftreten?

b. Machen Sie zu zweit Dialoge zwischen einem/einer Deutschen und einem/einer … (Ihre oder eine andere Nationalität).

Thema:
Eine Person bittet um etwas, die andere lehnt ab, z. B.:
– zum Flughafen begleiten
– das Auto leihen
– die Blumen während des Urlaubs gießen
– für eine Bekannte einen Sprachkurs organisieren
…

Schreiben Sie, was die Leute sagen und was sie denken. (Sprechblasen, Gedankenblasen)

5. Wie könnte man solche Missverständnisse vermeiden oder klären?

Jemanden zu etwas überreden

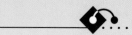

(Das Telefon klingelt.)

○ Rohr.
● Hallo Kerstin, hier Felix.
○ Ja, Tag Felix! Wie geht's dir denn?
4 ● Ja, gut, danke. Du, ich ruf dich an, weil …
○ Ja, was gibt's denn?
● Ja. Du weißt doch, dass wir eine Veranstaltung gegen Rassismus organisieren wollten.
8 ○ Mm …
● Ja, und nun haben wir endlich einen Saal gefunden, für nächsten Monat. Und ich wollte dich fragen, ob du nicht Lust hättest,
12 mitzumachen.
○ Ja, im Prinzip schon, aber …
● Aber was?
○ Also, ich bin zur Zeit ziemlich im Stress. Woher nimmst du eigentlich immer die Zeit für
16 sowas?

● Och, man muss eben Prioritäten setzen. Na, was meinste?
20 ○ Geht das überhaupt, dass Privatpersonen sowas machen?
● Ja, warum denn nicht? Wenn sich sonst keiner rührt … Also was ist, machste mit?
24 ○ Muss ich dann etwa auch 'ne Rede halten?
● Ne Rede? Nee, brauchste nicht, da gibt's genug anderes zu tun.
○ Na gut. O. K. Aber habt ihr euch denn auch
28 schon überlegt, wie die Sache finanziert werden soll? So 'ne Veranstaltung ist ja schließlich nicht ganz billig … Wolltet ihr etwa Eintritt nehmen?
32 ● Nee, natürlich nicht. Wir hoffen auf Spenden. Übrigens – wie viel könntest du …

Felix möchte, dass Kerstin bei dieser Veranstaltung mitmacht. Kerstin hat anscheinend keine große Lust dazu und möchte sich nicht so schnell festlegen. Welche Gesprächsstrategie benutzt sie?

22.3 Fragen stellen

Stellen Sie den Leuten auf den Bildern Fragen.

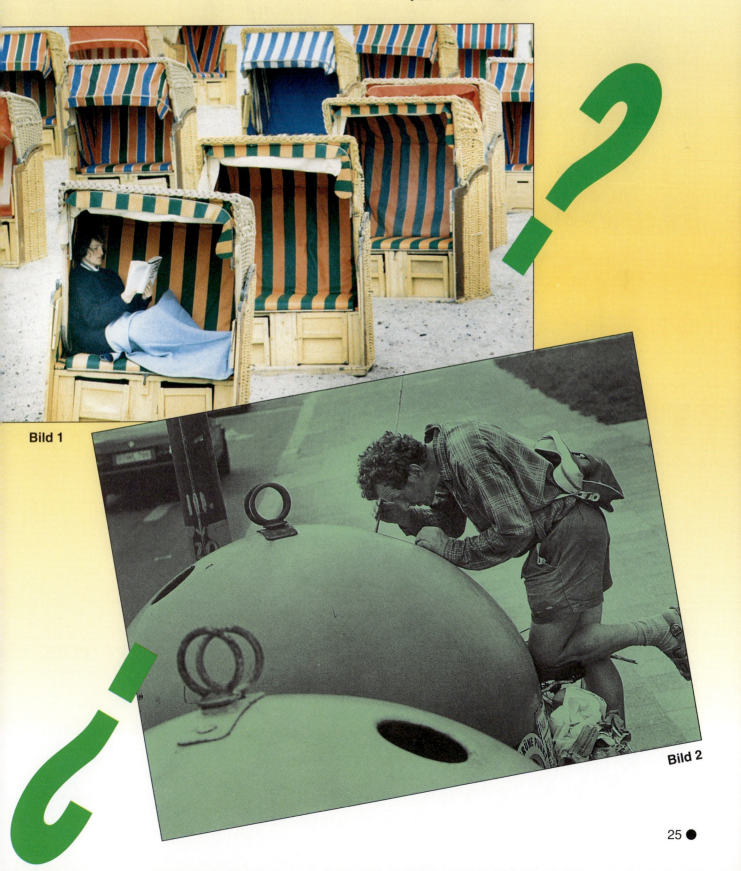

Bild 1

Bild 2

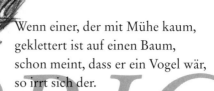

22.4 Sprichwörter

Wenn einer, der mit Mühe kaum,
geklettert ist auf einen Baum,
schon meint, dass er ein Vogel wär,
so irrt sich der.

Wilhelm Busch

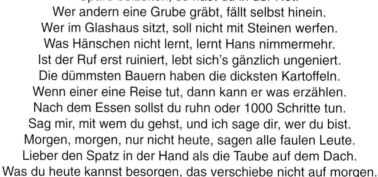

Eile mit Weile.
Ohne Fleiß kein Preis.
Unkraut vergeht nicht.
Sich regen bringt Segen.
Der Ton macht die Musik.
Lügen haben kurze Beine.
Stille Wasser gründen tief.
Bellende Hunde beißen nicht.
Ordnung ist das halbe Leben.
Das dicke Ende kommt nach.
Auf Regen folgt Sonnenschein.
Dem Tüchtigen gehört die Welt.
Morgenstund' hat Gold im Mund.
Ein Unglück kommt selten allein.
Lehrjahre sind keine Herrenjahre.
Was lange währt, wird endlich gut.
Wo ein Wille ist, ist auch ein Weg.
Schuster, bleib bei deinen Leisten.
Der Apfel fällt nicht weit vom Stamm.
Spare beizeiten, so hast du in der Not.
Wer andern eine Grube gräbt, fällt selbst hinein.
Wer im Glashaus sitzt, soll nicht mit Steinen werfen.
Was Hänschen nicht lernt, lernt Hans nimmermehr.
Ist der Ruf erst ruiniert, lebt sich's gänzlich ungeniert.
Die dümmsten Bauern haben die dicksten Kartoffeln.
Wenn einer eine Reise tut, dann kann er was erzählen.
Nach dem Essen sollst du ruhn oder 1000 Schritte tun.
Sag mir, mit wem du gehst, und ich sage dir, wer du bist.
Morgen, morgen, nur nicht heute, sagen alle faulen Leute.
Lieber den Spatz in der Hand als die Taube auf dem Dach.
Was du heute kannst besorgen, das verschiebe nicht auf morgen.
Wer einmal lügt, dem glaubt man nicht, und wenn er auch die Wahrheit spricht.

1. – Sammeln Sie Sprichwörter Ihrer Sprache.
   – Finden Sie in der Sprichwortpyramide deutsche Äquivalente?
   – Für welche deutschen Sprichwörter haben Sie Äquivalente?
   – Wofür gibt es in Ihrer Sprache keine Äquivalente?

2. – Welche Werte drücken diese Sprichwörter aus?
   – Welche Funktionen haben Sprichwörter?
   – Sprichwörter haben eine feste unveränderliche Form, oft in Reim gefasst. Was hat die Form der Sprichwörter mit ihrer Funktion zu tun?

WÖRTER

3. Sprichwörter als „Argumente"

Setzen Sie passende Sprichwörter aus der Sprichwortpyramide ein. Wie kann die andere Person antworten?

a) Vater: Na, wie war's denn heute?

    Sohn: Beschissen. Ich habe mal wieder die meiste Zeit gefegt und Bier geholt. Findest du das etwa in Ordnung?

    Vater: Na ja, …

    Sohn: …

b) Kind: Du, Mutti. Ich möchte die Hausaufgaben erst morgen machen. Wir spielen heute Fußball, und morgen habe ich doch sowieso frei.

    Mutter: Nein, …

    Kind: …

c) Kind: Warum soll ich denn nicht mehr mit Monika spielen? Sie kann doch nichts dafür, dass ihre Mutter gestohlen hat, und sie ist in Ordnung.

    Mutter: Nein, du weißt ja, …

    Kind: …

d) Sie: Du, der Schulze ist schon wieder befördert worden; dabei war der doch im Studium gar nicht so gut, und du hast immer noch die gleiche Stelle.

    Er: Das beeindruckt mich gar nicht. Du weißt doch, …

    Sie: …

e) A: Warum soll ich denn nicht versuchen, das Abitur nachzumachen? Ich fühle mich in meinem jetzigen Beruf unterfordert. Wenn ich mir vorstelle, dass ich den Job noch 30 Jahre machen soll!

    B: Du kennst ja meine Meinung dazu: …

    A: …

23.1 Die Stachelschweine

Eine Gesellschaft von Stachel-
schweinen drängte sich an einem
kalten Wintertage nahe zusammen, um
4 einander vor dem Erfrieren zu schützen.
Aber bald fühlten sie die gegenseitigen
Stacheln; deshalb rückten sie wieder
auseinander.
8   Das wiederholte sich: immer wenn sie
zusammendrängten, um sich zu wärmen,
taten ihnen die Stacheln der anderen weh.
So wurden sie zwischen zwei Leiden
12 – zwischen Kälte und Schmerz –
hin- und hergeworfen. Das geschah oft,
bis sie endlich eine mittlere Entfernung
voneinander herausfanden, in der sie es
16 am besten aushielten.

1. Versuchen Sie, diesen Teil der Fabel auf die menschliche Gesell-
   schaft zu übertragen.
   – Was sind die kalten Wintertage?
   – Was bedeutet Wärme?
   – Was sind die Stacheln? usw.

2. Lesen Sie dann weiter, und vergleichen Sie.

So treibt das Bedürfnis nach Gesellschaft
die Menschen zueinander, weil sie
innerlich leer sind und mit sich selbst
20 nichts anfangen können; aber ihre vielen
unangenehmen Eigenschaften und
unerträglichen Fehler stoßen sie wieder
voneinander ab.
24   Die mittlere Entfernung voneinander,
in der sie es miteinander am besten
aushalten können, ist die Höflichkeit und
gutes Benehmen. Bei dieser Distanz
28 voneinander wird das Bedürfnis nach
Erwärmung zwar nicht ganz befriedigt,
aber der Stich der Stacheln wird auch
nicht empfunden.
32   Wer aber viel eigene, innere Wärme hat,
bleibt lieber aus der Gesellschaft weg,
denn dann ärgert er sich weder über andere, noch ärgern die sich über ihn.

Arthur Schopenhauer

3. Welche Funktion hat Höflichkeit bei Schopenhauer?

4. Was ist bei Ihnen höflich bzw. unhöflich?
   Sammeln Sie Beispiele:
   Es ist (un)höflich, wenn …
   Es ist (un)höflich, … zu …

   Welche Funktionen hat Höflichkeit für Sie, beziehungsweise in
   Ihrer Kultur?

Besuch aus der Vergangenheit

Ein chinesischer Mandarin aus dem 10. Jahrhundert gelangt mittels Zeitmaschine in das heutige München und beschreibt in Briefen an seinen Freund im Reich der Mitte seine Erlebnisse und Eindrücke:

Aus: Herbert Rosendorfer, Briefe in die chinesische Vergangenheit

Vorgestern ging ich in die Halle hinunter und sah an einem Tisch einen Herrn sitzen, der mir nicht zur primiti-
4 ven Art der Großnasen zu gehören schien. Er war riesig, wie fast alle Großnasen, und hatte einen gewaltigen runden Bart von schwarzer Farbe. Er las in einem
8 Buch. Kein anderer Tisch war frei, also trat ich zu ihm, machte eine Drittel-Verbeugung und sagte: „Erlaubt der erwürdig-bärtige Mandarin in seiner selbst von
12 fernen Urenkeln noch zu preisenden Gutmütigkeit sowie Langmut, dass ein nichtsnutziger Angehöriger eines fernen, zwergenwüchsigen Volkes die Luft um
16 den herrlichen Tisch hier verschmutzt und sich hersetzt?"
Der Bärtige blickte kurz auf, schaute verdutzt, fletschte aber dann die Zähne
20 und sagte: „Aber bitte." Er sagte nur das: „Aber bitte." Höflichkeitsformeln sind unter Großnasen nicht üblich. Ich weiß das längst; ich weiß auch, dass meine
24 höflichen Anreden – obwohl ich sie ohnedies, wie Du an der eben wiedergegebenen siehst, schon auf ein nahezu beleidigendes Maß verkürze – von den
28 Großnasen oft missdeutet und schlecht gewürdigt werden. Dennoch kann ich mir die Höflichkeit nicht abgewöhnen, bin auch nicht gewillt, es zu tun. Ich bin
32 außerstande, die durch meine Erziehung und die ewigen […] Grundsätze des Konfuzianismus in mir eingeprägten Seelenzüge zu verleugnen. Dass sie die Welt hier
36 nicht ändern werden, ist natürlich klar. Aber ich fühle mich wohler dabei.

– Ist der Deutsche unhöflich?
– Wie wirkt er auf Sie?
– Wie wirkt das Verhalten des Chinesen wohl auf den Deutschen?

23.3 Der Ton macht die Musik

Freu - de schö - ner Göt - ter - fun - ken

Schiller: An die Freude
Beethoven: 9. Symphonie

Es gibt viele Situationen, in denen man nicht direkt sagen will oder darf, was man denkt.
Wenn Sie Lust haben, können Sie solche Situationen jetzt spielen und im Spiel richtig übertreiben:

Beispiele:
a) Ein Filialleiter will dem Verkäufer sagen, dass er nicht gut genug angezogen ist. (Aber sonst ist er ein guter Verkäufer.)

b) Eine Sekretärin will ihrem Chef sagen, dass er Mundgeruch hat.

c) Zwei Freunde wollen, dass der andere weggeht, denn gleich kommt eine Frau, mit der jeder allein sein will.
Variation: Zwei Freundinnen wollen …, denn gleich kommt ein Mann …
(Reden Frauen anders als Männer?)

d) Eine Frau will ihrem Mann sagen, dass er abends nicht immer sofort einschlafen soll.

e) Sie wollen Ihrem Lehrer/Ihrer Lehrerin jetzt endlich sagen, was Sie ihm/ihr schon immer sagen wollten (und umgekehrt).

Denken Sie sich selbst solche Situationen aus.

23.4 Wer spricht wie mit wem?

Weiß man eigentlich, wie nach einer achtzehnjährigen Servierhilfe gerufen wird?

4 Frollein! – der Durchschnitt, die Geschäftsleute, die Laufkundschaft.
Kleines Frollein! oder: Frolleinchen! – die alten Knacker, die hinten nicht mehr
8 hoch können.
Hallo! – die Gleichaltrigen.
He! – die Besoffenen.
Frau Oberin! – die Studenten.
12 Schwester! – die Mediziner.
Mieze! Süße! Tante! Biene! Puppe!
Keule! Ratte! Schnatte! Schnalle! Mäuschen! Piepe! Schürze! – die Halbstarken.
16 Die haben den größten Wortschatz. Die machen auch die meisten Flecken aufs Tischtuch und können sich nie einigen, wer die Rechnung bezahlt.

Aus: Manfred Bieler, Maria Morzeck oder
Das Kaninchen bin ich

Überlegen und spielen Sie:

– Wie machen die verschiedenen Personen der Serviererin ein Kompliment?
– Wie verlangen sie die Rechnung?
– Wie kritisieren sie das Essen?
– Wie machen sie der Serviererin deutlich, dass ihr Rock hinten einen Fleck hat?

23.5 Liebesbrief

… In erotisch-kultureller Beziehung denke ich mir den Liebesbrief eines solchen Korrespondenten so:

Geheim! Tagebuch-Nr. 69/218

Hierorts, den heutigen

1. Meine Neigung zu Dir ist unverändert.
2. Du stehst heute abend, 7 1/2 Uhr, am zweiten Ausgang des Zoologischen Gartens, wie gehabt.
3. Anzug: Grünes Kleid, grüner Hut, braune Schuhe. Die Mitnahme eines Regenschirms empfiehlt sich.
4. Abendessen im Gambrinus, 8.10 Uhr.
5. Es wird nachher in meiner Wohnung voraussichtlich zu Zärtlichkeiten kommen.

(gez.) Bosch,
Oberbuchhalter.

Aus: Kurt Tucholsky,
Zeitungsdeutsch und Briefstil

Adaptieren Sie den Inhalt an die Form oder die Form an den Inhalt.

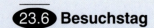
Besuchs

Frau Jakobs nahm eine Apfelsine aus'm Mantel und fragte: „Darf ich die meinem Mann geben?"

4 „Nein", sagte der Leutnant, „das wissen Sie doch."

„Strenge Sitten", sagte ich leise, aber er hatte es gehört.

8 „Wenn Sie Beschwerden vorzubringen haben", sagte er ruhig, aber ich merkte doch, wie ihm das Messer in der Tasche aufging, „wenn Sie Beschwerden vorzu-

12 bringen haben – "

„Schon gut", sagte ich.

„ – dann wenden Sie sich bitte an die Direktion der Strafvollzugsanstalt,

16 Major Ackermann."

„Danke schön", sagte ich, „werde ich mir merken, den Namen."

Er schob einen Augenblick die Lippen

20 vor, als ob er ausspucken wollte, ging aber nur an das Waschbecken, ließ Wasser auf die Hände laufen, seifte sie ein und fragte:

24 „Haben Sie Fotos mitgebracht?"

„Ja", sagte Frau Jakobs.

„Die müssen mir vorgelegt werden."

„Ja", sagte Frau Jakobs.

28 Ich hatte genau hingehört. Er sagte nicht: „Die müssen Sie mir zeigen", sondern: „Die müssen mir vorgelegt werden".

32 Passiv.

Frau Jakobs nahm die Fotos von Klaus aus der Tasche und zeigte sie dem Leutnant, und der Leutnant trocknete sich die

36 Hände ab, griff nach seinem Schlüsselbund, nahm am Tisch Platz und begutachtete die Fotos, die ihm von Frau Jakobs vorgelegt wurden. Er fasste sie gar

40 nicht mal an, als ob er sich davor hüten wollte, Fingerabdrücke zu hinterlassen. Frau Jakobs legte vor: Klausimann auf Omis Schoß – der Leutnant nickte. Frau

44 Jakobs legte die genehmigte Fotografie beiseite und legte vor: Kläuschen mit Schippe im Sandkasten. Der Leutnant nickte, Frau Jakobs legte beiseite und vor:

48 Klaus als Indianer. Der Leutnant nickte – „Darf ich mir auch mal die Hände waschen?", fragte ich.

„Bitte sehr", sagte der Leutnant, „das

52 Waschbecken ist frei für'n Publikumsverkehr."

Ich stand auf und ließ mir das kalte Wasser auf die Hände laufen. Ich hatte

56 genau hingehört. Er sagte nicht: „Natürlich. Da rechts hängt das Handtuch!" Sondern er sagte: „Das Waschbecken ist frei für den Publikumsverkehr." Da

60 möchte man sich am liebsten nicht mehr die Hände waschen. Mir war schlecht. Wahrscheinlich sagt der zu Hause zu seiner Frau: „Die Erbsensuppe darf mir

64 jetzt serviert werden."

tag

Herr Jakobs und Dieter kamen herein und setzten sich uns gegenüber an den Tisch. Der Leutnant legte die Schlüssel
68 vor sich hin und sagte:
„Die Sprechzeit hat begonnen", als wollte er sagen: „Ring frei zur ersten Runde!"
Dieter sah aus wie Braunbier mit Spucke.
72 „Hast du noch Zahnschmerzen?", fragte ich.
„Wie kommst'n darauf?" fragte er.
Ich musste nach'm neuen Anfang suchen
76 und bestellte also erstmal Grüße von Tante Hete und Antje.
„Schon verheiratet?", fragte er.
„Noch nicht", sagte ich. „Bist du so
80 scharf drauf?"
„'n reicher Schwager kann nicht schaden", lachte er, und jetzt sah ich, dass ihm ein Zahn fehlte, aber kein
84 Backenzahn, wie er geschrieben hatte, sondern der linke untere Schneidezahn.
„Wie is'n das passiert?"
„Ich bin auf die Zentralheizung gefallen",
88 sagte er und grinste, „direkt auf die Ecke von so'm Radiator."
„Unterlassen Sie das gefälligst!", schnauzte der Leutnant plötzlich, und
92 ich dachte, er meinte mich und Dieter, aber er griff zwischen uns beiden durch und langte nach der Apfelsine, die Frau Jakobs ihrem Mann zuschieben wollte.
96 Er nahm sie in die Hand und sagte:

„Die können Sie nachher wieder in Empfang nehmen."
(Nicht etwa: „Die gebe ich Ihnen nachher
100 wieder.")
„Ich hab sie extra angeschnitten, damit Sie sehn können, dass nichts drin ist."
„Passen Sie mal auf", sagte der Leutnant
104 und hob ein bisschen seine Stimme an, „Ihr Mann wird hier ausreichend versorgt, auch vitaminmäßig – stimmt das, Strafgefangener?"
108 Herr Jakobs stand auf, legte die Hände an die Hosennaht und sagte mit einer unerwartet tiefen Stimme, die in seiner schmächtigen Figur irgendwie gar keinen
112 Platz hatte: „Jawohl, Herr Leutnant!"
„Dann sagen Sie Ihrer Frau doch selber, dass sie die Apfelsine wieder mitnehmen soll!"
116 „Du kannst die Apfelsine wieder mitnehmen, Edith", sagte Herr Jakobs zu seiner Frau, die Hände an der Hosennaht.
„Na, also", sagte der Leutnant, hob die
120 Schlüssel hoch und ließ sie wieder fallen.
„Weitermachen!"
„Können Sie nicht'n bisschen freundlicher sein?", fragte ich.
124 „Es hat Ihnen doch niemand was getan ..."

Aus: Manfred Bieler, Maria Morzeck oder Das Kaninchen bin ich

1. Wo befinden sich die Leute? Skizzieren Sie den Raum.

2. In welcher Beziehung stehen die Leute zueinander?
   – Wie sprechen sie miteinander?
   – Warum?

3. Warum wirkt die Sprechweise des Leutnants unfreundlich?
   – Listen Sie die sprachlichen Merkmale auf.
   – Wo findet man normalerweise diese sprachlichen Merkmale?

4. Wie hätte der Beamte formulieren müssen, damit Frau Morzeck ihn nicht unfreundlich gefunden hätte?

Freimut Wössner

"Guten Tag. Man hat mir gesagt, daß Sie der richtige Mann für mich sind. Ich möchte mich nämlich – auf Grund persönlicher Probleme – in den Alkohol flüchten und da ..."

24.1 Geh mir aus der Sonne!

Wetter: weiterhin warm, heute überwiegend heiter, zeitweise höhere Wolkenfelder, im Ganzen trocken, 22 bis 26 Grad, nachts Ostwind und Sterne, morgen gewittrig, weiterhin warm, gestern: am Morgen bei klarer Luft Nebelschwaden, mittags Nudelsuppe mit Petersilie, abends Machdassdurauskommst mit heißen Kirschen als Nachspeise, nachts Westwind und keine Sterne.

Nach: Melanie Jaric, Geh mir aus der Sonne

1. Übersetzen Sie den Text in Ihre Muttersprache.
   Was müssen Sie verändern, damit er nicht als Übersetzung aus einer anderen Sprache zu erkennen ist?

2. Welche „Wetter-Wörter" könnten sich auch auf den Charakter oder die Stimmung einer Person beziehen?

3. Schreiben Sie einen kleinen Text zu Ihrer persönlichen „Wetterlage".

24.2 Ein Erlebnis im Zoo

Es war einmal ein Wärter,
Der fegte irgendwo
Vor einem Raubtierbecken
In irgendeinem Zoo.

Er fegte hier schon Jahre.
Er fegte jeden Tag.
Doch heute traf ihn plötzlich
Ein Ruck, ein Stoß, ein Schlag.

Er sah auf seinen Besen:
Zerbrochen war der Stiel.
Wisst ihr, wer das gewesen?
Der Schwanz vom Krokodil.

James Krüss

Frankfurt, 4. Juni, eigene Meldung

Der Zoowärter Wolfgang Hesselbach, der seit dreizehn Jahren im hiesigen Zoo angestellt ist, hatte gestern nach-
4 mittag um vier Uhr ein merkwürdiges Erlebnis. Als er wie üblich die Fliesen des Exotariums fegte und dabei nahe an den Rand des Krokodilbeckens kam,
8 schlug plötzlich ein Krokodil mit dem Schwanz seinen Besen glatt in zwei Teile. Der Wärter kam mit dem Schrecken davon. Was die Reaktion des
12 Tieres, das gewöhnlich träge im Becken liegt, hervorgerufen hat, kann er sich nicht erklären. Durch einen Anruf bei der Direktion erfuhren wir, dass das
16 Krokodil beobachtet werden soll.

„Also das war so: Ich habe wie immer nachmittags das Exotarium gefegt. Plötzlich kriege ich einen Schlag, der mir durch und durch geht, und ich habe nur noch den halben Besen in der Hand. Ich denke, was ist denn hier los? Es ist doch keiner da außer mir. Ich dreh mich um, und da seh ich noch, wie der Schwanz vom Krokodil im Wasser verschwindet. Also für mich ist das ganz klar: das Krokodil war's."

Frankfurt 5.
Juni

Liebe Oma,

gestern waren wir im Zoo. Und
weißt du, was da einem Wärter passiert ist?
Wir guckten gerade die Krokodile im Exotarium
an, als der Wärter anfing zu fegen. Sonst ist
wohl auch nie etwas passiert, aber es gestern
schon. Also der Wärter fegte wie immer die
Fliesen vor dem Krokodilbecken und dachte sich
nichts dabei. Das ist ja seine normale Arbeit,
und er hat sie nie für gefährlich gehalten,
denn normalerweise liegen die Krokodile ja faul
im Becken herum. Aber stell dir vor! Gestern kriegt
der Wärter einen Schlag, der ihn
beinahe umgeworfen hätte. Er machte
grose Augen und taumelte. Da merkte
er plötzlich, dass er nur noch einen
halben Besenstiel in der Hand hat.
Ein Krokodil hat den Besen mit
seinem Schwanz in zwei Stücke gehauen.
Wie leicht hätte das den Wärter
treffen können!

Dein Dani

Es war einmal ein König, der sich zu seiner Kurzweil allerlei Tiere
hielt. Der Hirte Wolf war Wärter über diese Tiere.
Eines blauen Sommernachmittags, als Wolf, der Hirte, vor dem
Teich der Krokodile seinen Reisigbesen schwang, geschah ihm etwas
4 Merkwürdiges.
Es durchfuhr ihn wie ein Schlag. Er wankte, er schwankte, er
hielt sich nur mit Mühe auf den Beinen und wußte nicht, was ihm
geschehen war. Sein Reisigbesen war zerspalten. Er hielt nur noch
8 den halben Stiel in seinen Händen.
Da plötzlich dröhnte vom Schloß herüber ein Lachen, und als der
Hirte sich zum Schloß umwandte, sah er, daß es der König war, der
auf dem Fenster seines Thronsaales herübersah und lachend aufrief:
12 »Hehe, Hirte, was schaust du so verwundert drein? Ich habe wohl
gesehen, was geschehen ist. Uli, das Krokodil, mein Freund, hat mit
dem Schwanze deinen Besenstiel zerbrochen.«
Da lachte – mit einem erstaunten Blick auf den ruhigen Teich –
16 auch der Hirte. Und wenn er nicht gestorben ist, lebt er vielleicht noch
heute.

Textsortenmerkmale

1. Untersuchen Sie die Texte der Seiten 36/37, und tragen Sie die Ergebnisse in ein Schema ein.

	– Satzstruktur: lange oder kurze Sätze – Satzverbindungen: koordiniert oder subordiniert – Anordnung der Nebensätze: linear oder verschachtelt – Andere Merkmale	Redewiedergabe: direkt/indirekt	Zeitengebrauch für Vergangenes: – Präteritum – Perfekt – historisches Präsens – Plusquamperfekt	Was wird erwähnt? – Fakten – Gedanken – Gefühle – Stimmungen – Atmosphäre
*G*edicht				
*Z*eitung				
*M*ündlicher Erlebnisbericht				
*S*chriftlicher Erlebnisbericht				
*M*ärchen				

NICHT BESCHREIBEN

2. Erklären Sie den unterschiedlichen Gebrauch der sprachlichen Mittel aus den Intentionen der Textsorten heraus.

 Stell dir vor, was mir gestern passiert ist!

Hören Sie den Text.

24.4 **Der Handstand auf der Loreley**

Auf der Bahnfahrt am Rhein entlang: Blick auf die Loreley

1. Kennen Sie die Sage oder das Lied von der Loreley?
   Wenn nicht, informieren Sie sich in einem Lexikon.

2. Sehen Sie sich das Bild von diesem Rheinstück an, und
   überlegen Sie, wie diese Sage entstanden sein könnte.

Der Handstand auf der Loreley

3. Lesen Sie das Gedicht.

Der Handstand auf der Loreley
(Nach einer wahren Begebenheit)

Die Loreley, bekannt als Fee und Felsen,
ist jener Fleck am Rhein, nicht weit von Bingen,
wo früher Schiffer mit verdrehten Hälsen,
4 von blonden Haaren schwärmend, untergingen.

Wir wandeln uns. Die Schiffe inbegriffen.
Der Rhein ist reguliert und eingedämmt.
Die Zeit vergeht. Man stirbt nicht mehr beim Schiffen,
8 bloß weil ein blondes Weib sich dauernd kämmt.

Nichtsdestotrotz geschieht auch heutzutage
noch manches, was der Steinzeit ähnlich sieht.
So alt ist keine deutsche Heldensage,
12 dass sie nicht doch noch Helden nach sich zieht.

Erst neulich machte auf der Loreley
hoch überm Rhein ein Turner einen Handstand!
Von allen Dampfern tönte Angstgeschrei,
16 als er kopfüber oben auf der Wand stand.

Er stand, als ob er auf dem Barren stünde.
Mit hohlem Kreuz. Und lustbetonten Zügen.
Man frage nicht: Was hatte er für Gründe?
20 Er war ein Held. Das dürfte wohl genügen.

Er stand, verkehrt, im Abendsonnenscheine.
Da trübte Wehmut seinen Turnerblick.
Er dachte an die Loreley von Heine.
24 Und stürzte ab. Und brach sich das Genick.

Er starb als Held. Man muss ihn nicht beweinen.
Sein Handstand war vom Schicksal überstrahlt.
Ein Augenblick mit zwei gehob'nen Beinen
28 ist nicht zu teuer mit dem Tod bezahlt!

P. S. Eins wäre allerdings noch nachzutragen:
Der Turner hinterließ uns Frau und Kind.
Hinwiederum, man soll sie nicht beklagen.
32 Weil im Bezirk der Helden und der Sagen
die Überlebenden nicht wichtig sind.

Erich Kästner

4. Was erfahren Sie aus Kästners Gedicht über
   – die Loreley?
   – den Rhein?
   – die Schifferei früher und heute?

5. – Wozu macht der Turner einen Handstand auf der Loreley?
   – Was ist eigentlich ein Held?
   – Was würden Sie tun, um ins Guinessbuch der Rekorde zu
     kommen?

6. Das Gedicht erschien 1932.
   Interpretieren Sie das Gedicht, wie es zu jener Zeit in Deutschland verstanden werden sollte.

7. Schreiben Sie:
   – die Geschichte von der Loreley als Märchen
   – den Augenzeugenbericht eines Dampferpassagiers
   – die Zeitungsmeldung von diesem Unglück
   – den Brief der Witwe an ihre beste Freundin
   …

 **Notfall-Seelsorge**

1. Was stellen Sie sich unter „Notfall-Seelsorge" vor?
   Notieren Sie Ihre Überlegungen in Stichpunkten.

2. Hören Sie den Text:
   Wer macht was, wann, wo, wie, warum?

3. Hören Sie den Text noch einmal:
   – Wie sieht die Kirche diesen Dienst?
   – Wie sieht die Polizei diesen Dienst?
   – Wie sind die Arbeitsbedingungen der Notfall-Seelsorger?

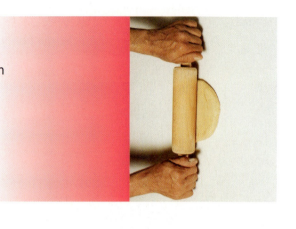

25.1 Kuchenrezepte aus europäischen Ländern

1. Die hier wiedergebenen Rezepte sind wörtliche Übersetzungen
von Originalrezepten aus Ungarn, Frankreich, der Slowakei,
Rumänien, Schweden.

Überlegen Sie: Aus was für einer Kultur (aus welchem Land)
könnte welches Rezept stammen?
Hinweise geben Ihnen
   – die Zutaten
   – die Mengenangaben
   – die Genauigkeit und die Art der Anweisungen
   – andere „Indizien"?
(Lösungen und Erklärungen finden Sie im Arbeitsbuch.)

2. Welcher Rezepttyp ist einem deutschen Rezept am ähnlichsten?

1
1 Schale Zucker
2 Eier
1/2 Schale Öl
1/2 Schale Milch
1 1/2 Schalen Mehl
1 Backpulver
1 Löffel Rum
2 Löffel Kakao
Korinthen, Nüsse, buntes Fruchtgelee

Der Zucker wird mit den Eiern gut verrührt, dazu gießt man Milch und das Öl, dazu
Backpulver und 1 Löffel Rum, das Mehl wird langsam dazugerührt. Den weichen Teig
(3/4) schüttet man auf ein ausgefettetes und mit Mehl bestreutes Blech. 1/4 vom Teig
wird mit dem Kakao verrührt und in geometrischen Figuren darübergeschüttet.
Darauf gibt man in Abständen Korinthen, Nüsse und das Fruchtgelee. Man backt den
Kuchen 45 Minuten bei Mittelhitze. Der Kuchen wird auf dem Blech rombenförmig
aufgeschnitten.

2 **Zutaten:** 8 Eier, 8 Löffel Mehl, 8 Löffel Zucker, eine Prise Backpulver

Arbeitsprozess: Wir rühren Zucker mit Eigelb 15–20 Minuten um. Zur Masse geben
wir das Mehl mit Backpulver, das kalte Eiweiß schlagen wir sehr steif, beide Massen
vermischen wir, im heißen Backofen backen wir den Kuchen auf vorher vorbereite-
tem eingefettetem Blech.

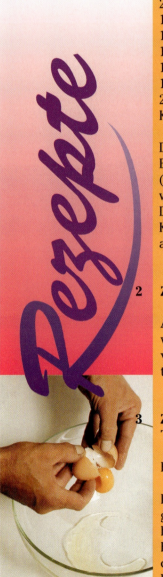

3 **Zutaten**
Teig: 40 dkg Mehl, 25 dkg Margarine, 1 ganzes Ei, ein bisschen Salz, 10 dkg Zucker,
           1 Tasse Milch, 1 Backpulver
Füllung: 1 kg geriebene Äpfel, 15 dkg Zucker, Zimt, Semmelbrösel

Das Mehl mischen wir mit der Margarine, dem Ei und den anderen Zutaten, kneten
gut zusammen, arbeiten glatt aus. Wir teilen den Teig in zwei Teile, lassen ihn eine
halbe Stunde ruhen. Wir dehnen ihn aus, das eine Teil legen wir aufs Blech, legen die
Füllung darauf. Wir dehnen das andere Teil aus und legen es auf die Füllung. Wir ste-
chen den Teig mit einer Gabel an mehreren Stellen ein. Im vorgewärmten Backofen
backen wir ihn etwa eine halbe Stunde.

Rezepte

4

Wir brauchen:
25 dkg gepellte gekochte Kartoffeln
25 dkg Margarine
25 dkg glattes Mehr, Salz, 1 Ei, Kümmel

Aus den gepellten, geriebenen Kartoffeln, zerriebener Margarine, Mehl, Salz kneten wir einen Teig und lassen ihn 2–24 Stunden im Kühlschrank ruhen. Wir rollen dann einen 1 cm dicken Teig aus, beschmieren ihn mit Eidotter und schneiden mit dem Zahnrad Dreieckchen aus. Wir legen sie auf ein beschmiertes Blech, und jedes Dreieckchen bestreuen wir mit Salz und Kümmel. Wir stecken es in den vorgeheizten Ofen, backen etwa 10 Minuten bei maximaler Temperatur, dann noch 20 Minuten bei mittlerer Stufe, bis die Dreieckchen goldgelb sind. Sie eignen sich ausgezeichnet zum Wein oder Bier. Am besten sind sie ganz frisch.

5
3 Eier
2 Deziliter Zucker
4 Esslöffel Kakao
1 1/2 Deziliter Weizenmehl
100 g zerlassene Butter
1 Prise Salz

Eier mit Zucker geschlagen
Kakao in das Mehl gesiebt
Die abgekühlte Butter zugegeben
Eingefettete, mit Brotkrümeln bedeckte Springform
150° 35 Min.
(Noch etwas cremig in der Mitte)

6
3 Eier
180 gr Zucker
120 gr Mehl
60 gr Butter
1 Kaffeelöffel Backpulver
1 Suppenlöffel Rum

Butter anwärmen, bis sie weich ist. Mit dem Zucker vermischen. Kräftig rühren. Nach und nach das mit dem Backpulver zusammen gesiebte Mehl hinzugeben. Nochmals rühren. Die Eier eins nach dem anderen einmischen. Zuletzt den Rum einmischen. Eine Backform mit Butter einfetten. In den vorgeheizten Ofen tun. Etwa 40–45 Min. backen.

3. Lesen Sie das deutsche Rezept auf der nächsten Seite.

JOHANNISBEERTORTE

250 g Mehl
1 Messerspitze Backpulver
65 g Zucker
1 Prise Salz
2 Eigelb
125 g Butter oder Margarine

Belag:
750 g Johannisbeeren
1/8 l Wasser
150 g Zucker

Baisermasse:
2 Eiweiß
1 TL Zitronensaft
100 g Zucker
1 Vanillezucker

Einsetzen:
Auf dem Rost mittlere Einschubleiste.

Backen:

210–225 °C	20–25 Minuten
0	5–10 Minuten

Baisermasse:

150–175 °C	12–15 Minuten

Aus den angegebenen Zutaten einen Mürbe-teig bereiten (s. Seite 385) und kalt stellen. Springform einfetten. Teig auf einer bemehl-ten Arbeitsfläche ausrollen, Teig einlegen, einen kleinen Rand formen und backen. Die Johannisbeeren entstielen und waschen. Mit Wasser und Zucker ankochen und 3–5 Minu-ten fertiggaren. Die Johannisbeeren abtrop-fen und erkalten lassen. Auf den Torten-boden geben. Für die Baisermasse Eiweiß mit Zitronensaft steif schlagen, Zucker und Vanillezucker nach und nach unterrühren, bis die Masse cremig ist. In einen Spritzbeu-tel füllen und Muster auf das Obst spritzen. Torte nochmals in den Backofen setzen und die Baiserdecke hellgelb überbacken.

Veränderung:
Unter den Eischnee die Hälfte des Zuckers schlagen, den Rest mit 100 g geriebenen Mandeln mischen und unterheben, Masse aufstreichen und überbacken.

4. Projekt

Sammeln Sie deutsche Gebrauchstexte, z. B. Gebrauchsanwei-sungen für elektrische Geräte, Beipackzettel von Arzneimitteln, Waschanleitungen auf Waschmittelpackungen, Pflegeanleitungen bei Kosmetika, Stellengesuche, Stellenangebote … Vergleichen Sie die textsortenspezifischen Merkmale der deutschen Texte mit entsprechenden Texten aus Ihrer Sprache und Kultur.

5. Übersetzen Sie ein Rezept aus Ihrer Sprache so ins Deutsche, dass es ein deutscher Text wird, also: Machen Sie keine wörtliche Übersetzung.

Oder:

Schreiben Sie ein Rezept zur Herstellung
– eines spannenden Films
– einer harmonischen Beziehung
– eines schönen Gartens
– eines netten Abends
…

25.2 Der Holzschutzmittel-Prozess

1 **2** **3**

Holzschutzmittel-Prozess beginnt mit Schlagabtausch

Frankfurt/Main (AP) – Mit einem Schlagabtausch zwischen Verteidigung und Staatsanwaltschaft hat am Montag der größte Umweltstrafprozess in der Geschichte der Bundesrepublik begonnen. Ein ehemaliger und ein amtierender Geschäftsführer der Düsseldorfer Firma Desowag Materialschutz GmbH stehen vor dem Frankfurter Landgericht wegen Körperverletzung. Ihnen wird vorgeworfen, giftige Holzschutzmittel noch auf den Markt gebracht zu haben, als sie schon gewusst hätten, dass davon Gesundheitsgefahren ausgehen.

Süddeutsche Zeitung, 2. 6. 1992

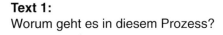

Holzschutzmittel

Insekten und Pilze siedeln sich auf Hölzern in Innenräumen nur selten an. Trotzdem tränkten die Bundesbürger besonders in den sechziger und siebziger Jahren tragende und festigende Bauteile in ihren Wohnungen mit Holzschutzmitteln, um solche Schädlinge abzuwehren. Angeregt wurde der Boom nicht zuletzt durch die Werbekampagnen einer Herstellerfirma, deren Geschäftsführer nun wegen gefährlicher Körperverletzung vor Gericht stehen. Ihnen wird zur Last gelegt, Vergiftungen ihrer Kunden wider besseres Wissen in Kauf genommen zu haben. Die Produkte dieses Unternehmens enthielten den Pilzvernichter Pentachlorphenol (PCP) und den Insektenkiller Hexachlorcyclohexan (HCH), auch Lindan genannt. Diese mittlerweile als hochtoxisch identifizierten Bestandteile gasen über Jahre hinweg aus und werden über die Atemluft, offen gelagerte Lebensmittel und durch die Haut aufgenommen. Sie verursachen oft Müdigkeit, Kopfschmerzen, Schwindelanfälle oder krankhafte Hautveränderungen. Man vermutet, dass die Stoffe das Nerven- und Immunsystem schwächen sowie Leber- und Nierenfunktionen stören. Erst seit 1989 sind Herstellung, Handel und Anwendung von PCP in der Bundesrepublik verboten; 1990 wurde das Gift als eindeutig Krebs erregend eingestuft. Eine Sanierung holzschutzmittelverseuchter Bauten gelingt oft nur durch eine komplette Beseitigung des behandelten Materials.

Süddeutsche Zeitung, 2. 6. 1992

Holzschutz

Holzschutz (Holzkonservierung), Maßnahmen zur Erhöhung der Lebensdauer der Hölzer mit Hilfe von Schutzmitteln und -verfahren gegenüber Witterungseinflüssen, Bakterien, Pilzen, Insekten, Muscheln, Krebsen und Vögeln. Die verwendeten H.mittel müssen über eine große Tiefenwirkung im Holz, über Langzeitwirkung, über Verträglichkeit mit anderen Werkstoffen verfügen und dürfen durch Wasser nicht auslaugbar und für Mensch und Haustiere nicht schädlich sein. Nach ihrer speziellen Wirksamkeit unterscheidet man: Bekämpfungs- und Schutzmittel gegen Fäulnis- und Insektenschäden an bearbeitetem Holz (auf dem Holzlagerplatz der Werke), Bekämpfungs- und Schutzmittel im verbauten Holz und Flammenschutzmittel zur Herabsetzung der Entflammbarkeit. Verwendet werden als H.mittel v. a. Alkalifluoride, -arsenite und -[hydrogen]arsenate, Fluate und Salze von Dinitrophenol, Dinitrokresol, Pentachlorphenol und Trichlorphenol sowie neben Teerölen Chlornaphthaline und Polychlorphenole.

Meyers Großes Taschenlexikon 1981

Text 1:
Worum geht es in diesem Prozess?

Text 2:
Wo finden Sie hier zusätzliche Informationen über:
– die Zusammensetzung,
– die Wirkung,
– die Notwendigkeit von Holzschutzmitteln,
– die Nebenwirkungen von Holzschutzmitteln,
– den Prozess,
– die Sanierung?

Text 3:
Welche zusätzlichen Informationen finden Sie hier über Holzschutzmittel?

Text 4: Hörtext
„Am Anfang war die Chrysanthemenblüte"

Lindan ist inzwischen verboten worden.
Hören Sie die Reportage.
– Welche Ersatzstoffe werden benutzt?
– Wo und wofür werden sie benutzt?
– Welche Vor- bzw. Nachteile haben diese Stoffe?
– Was können die Verbraucher tun?

25.3 Definitionen

1. Vergleichen Sie die Informationen aus der „Brockhaus Enzyklopädie" und „Meyers Konversationslexikon", und formulieren Sie sie mit eigenen Worten.

Fahrrad, zweirädriges, einspuriges Fahrzeug, das mit Muskelkraft durch Tretkurbeln angetrieben wird. Das Gleichgewicht
4 beim Fahren wird neben der Verlagerung des Gewichtes v. a. durch Lenken des Vorderrades gehalten; die Räder besitzen oberhalb der Schrittgeschwindigkeit eine
8 stabilisierende Kreiselwirkung. Der Rahmen aus nahtlos gezogenen Stahlröhren (heute auch aus Leichtmetall, wie auch die Felgen) hat beim **Herren-Fahr-**
12 **rad** die Form eines Dreiecks […]

[…] Nach dem Verwendungszweck kann man die F. in vier Hauptgruppen unterteilen: das für allg. Erledigungen im Wohn-
16 umfeld geeignete **Stadtrad,** das robustere **Wander-** oder **Tourenrad,** das **Straßensportrad,** z. B. Leichtlauf- oder Rennsportrad, mit schmaler Bereifung für hohe Ge-
20 schwindigkeiten auf festen Wegen, das häufig mit 10- oder 12-Gangschaltung ausgestattet ist, und das **Geländesportrad,** das mit grobstolliger breiter Bereifung und
24 teilweise mehr als 12 Gängen ausgerüstet ist (i. d. R. nicht für den Straßenverkehr geeignet), z. B. BMX-Rad (→ Bicycle Moto-Cross), Mountainbike und dessen für den
28 Straßenverkehr geeignete Abwandlung ATB (Abk. für engl. All Terrain Bike). F.-Sonderformen sind u. a. das Kunstrad für Artistik und Sport und das Tandem für
32 zwei oder mehr Personen. Das **Klapprad** ist ein F., das (zum Transport im Kfz) in zwei Teile zerlegt werden kann.

Brockhaus Enzyklopädie 1993

Platz [mhd. pla(t)z, über (alt)frz. place von lat. platea ›Straße‹], **1)** *allg.*: von Bebauung umschlossene öffentl. Zwecken dien-
4 ende Fläche in Siedlungen. Die P.-Anlagen der Antike, die → Agora in Griechenland und das → Forum im Röm. Reich, waren Orte des kulturellen und po-
8 lit. Lebens. P. des MA, entstanden urspr. als Markt-P. und waren von Kaufmannshäusern und öffentl. Gebäuden wie Kirche und Rathaus sowie Gasthaus umgeben. In
12 der Stadtbaukunst der Renaissance und des Barock war der P. in Zusammenhang mit Kirchen- und Schlossbauten ein wichtiges Ausdrucksmittel politischer
16 Repräsentation. Im 19. Jh. entstanden Neuanlagen von P. im Zuge von Stadterweiterungen; P. bekamen dabei in Verbindung mit Grünanlagen dekorative Funk-
20 tion oder wurden betonte Schnittpunkte groß angelegter Straßenachsen.

M. WEBB: Die Mitte der Stadt. Städt. P. von der Antike bis heute (a. d. Engl. 1990).

24 **2)** *Sport:* 1) allg. die sportl. Übungsstätte (Sport-P.); 2) der erreichte Rang in der Wettkampfwertung.

3) *Systemanalyse:* Stelle, Bez. für eine
28 der beiden Arten von Knoten in einem → Petri-Netz.
Brockhaus Enzyklopädie 1993

2. Vergleichen Sie die Einträge der deutschen Lexika mit Einträgen in Lexika aus Ihrem Land.
Suchen Sie Erklärungen für die Unterschiede:
Auf welche Punkte wird in Ihrem Lexikon mehr – oder weniger – Wert gelegt?

Country Junior 20" 6-Gang TY 30

Stadt..

Touren..

Fahrrad, zweirädriges, über Tretkurbel angetriebenes Fahrzeug, Bauformen: u. a. Tandem (zweisitzig), Damenrad (das obere Rohr des Dreieckrahmens ist nach unten gebogen), Kinderrad, Klapprad, Rennrad (bes. leichte Bauweise), Kunst-F. (mit ungekröpfter Vorderradgabel). Wesentl. für die Stabilisierung des F. ist die Kreiselwirkung der Räder, die durch die Konstruktion der Lenksäule und die Kröpfung der Vorderradgabel (bewirkt Nachlauf) verstärkt wird. Die Antriebskraft wird über eine Kette auf einen Zahnkranz an der Hinterachse übertragen (Übersetzung 1:2 bis 1:4); Gangschaltungen, die als Kettenschaltung mit unterschiedl. Zahnkränzen oder als Nabenschaltungen mit mehreren Planetenradkränzen arbeiten, erlauben eine Abstufung der Übersetzungsverhältnisse. Ein (meist mit einer Rücktrittbremse) Freilauf erlaubt antriebsloses Rollen. Frühester Vorläufer des heutigen Fahrrads ist die ↑ Draisine: eine Weiterentwicklung war das Veloziped (mit Pedalen und Bremse) des Franzosen E. Michaux (1867). Das zeitweilig v. a. in Großbrit. sehr verbreitete Hochrad wurde um 1880 vom sog. Niederrad abgelöst; seit 1888 wurden Luftreifen verwendet, seit 1898 der Freilauf.

Meyers Konversationslexikon 1981

Platz [über frz. place (von lat. platea „Straße") zu griech. plateia (hodós) „breiter (Weg)"], freie, unbebaute Fläche in einem bebauten Bereich, z.T. durch Brunnen, Plastiken, Blumen und/oder Grünanlagen architekton. gegliedert, gewachsen oder als Gesamtanlage konzipiert. Im 20 Jh. ging der durch die umschließende Bebauung geprägte P. in seiner urspr. gemeinschaftsbildenden Funktion weitgehend verloren (Entwertung zum Verkehrsknotenpunkt).
◆ im Pferdesport der Einlauf eines Pferdes unter den ersten 5; die P.-*wette* ist im Ggs. zur Siegerwette (Wette auf den 1. P.) eine Wette, bei der gewonnen wird, wenn ein Pferd *platziert* ist.
◆ (Platzziffer) im Eis- und Rollkunstlauf sowie im Turniertanz Form der Notenwertung.

Meyers Konversationslexikon 1981

Straßensport..

rad

25.4 Lehrmeisterin Natur

Vom Efeu können wir viel lernen:
er ist sehr grün und läuft spitz aus.
Er rankt rasch, und er ist vom Haus,
an dem er wächst, schwer zu entfernen.

Was uns der Efeu lehrt? Ich will es so umschreiben:
Das Grünsein lehrt er uns. Das rasche Ranken.
Den spitzen Auslauf und, um den Gedanken
noch abzurunden: auch das Haftenbleiben.

Robert Gernhardt

Vergleichen Sie die Aussage der beiden Strophen des Gedichts.

25.5 Die Hand

1. Lesen Sie die Überschrift und den letzten Satz: Was hat die Hand mit dem Handel zu tun?

2. **Funktion der Hand beim Klettern:**
   1. …
   2. …

Die Hand verdankt ihre Entstehung dem Leben auf Bäumen. Ihr erstes Kennzeichen ist die Absonderung des Daumens: seine kräftige Ausbildung und der
4 größere Zwischenraum, der sich zwischen ihm und den übrigen Fingern bildet, erlaubt die Verwendung dessen, was einmal Kralle war, zum Ergreifen ganzer Äste. Die Fortbewegung auf Bäumen in jeder Richtung wird da-
8 durch zu einer leichten und natürlichen Angelegenheit; an den Affen sieht man, was Hände wert sind. Dieser älteste Sinn der Hand ist allgemein bekannt und dürfte kaum noch von jemand angezweifelt werden.

Was man aber in seiner Tragweite nicht genugsam be-
12 denkt, ist die verschiedenartige Funktion der Hände beim Klettern. Sie tun keineswegs dasselbe zur selben Zeit. Während die eine nach einem neuen Aste langt, hält die
16 andere am alten fest. Dieses Festhalten ist von kardinaler Wichtigkeit; bei rascher Fortbewegung verhindert es allein das Fallen. Unter keinen Umständen darf die Hand, an der das ganze Körpergewicht hängt, *loslassen*, was sie

20 hält. Sie gewinnt eine große Hartnäckigkeit darin, die aber vom alten Festhalten der Beute wohl zu unterscheiden ist. Denn sobald der andere Arm den neuen Ast erreicht hat, muss der alte von der haltenden Hand *los-*
24 *gelassen* werden. Wenn das nicht sehr rasch geschieht, kommt das kletternde Geschöpf nicht recht von der Stelle. Das blitzartige Loslassen ist es also, was als neue Fähigkeit der Hand dazukommt; die Beute früher wurde
28 nie losgelassen, nur unter äußerstem Zwang und sehr gegen alle Gewohnheit und Lust.

Die Leistung beim Klettern besteht also für jede Hand einzeln aus zwei aufeinanderfolgenden Phasen: Ergreifen,
32 Loslassen; Ergreifen, Loslassen. Die andere Hand tut zwar dasselbe, aber um eine Phase verschoben. In ein und demselben Augenblick tut jede das Umgekehrte von der anderen. Was den Affen von anderen Tieren unterschei-
36 det, ist die rasche Aufeinanderfolge beider Bewegungen. Ergreifen und Loslassen jagen hintereinander her und verleihen den Affen etwas von der Leichtigkeit, die man an ihnen so bewundert.
40 Auch die höheren Affen, die von den Bäumen wieder zur Erde herabgestiegen sind, haben sich diese wesentliche Fähigkeit der Hände, gleichsam ineinander zu spielen, immer bewahrt. Eine weitverbreitete Übung des Menschen
44 erinnert in der ganzen Art, wie sie in Erscheinung tritt, sehr deutlich daran: der *Handel.*

Er besteht darin, dass man für etwas, was man bekommt, etwas Bestimmtes hergibt. Die eine Hand hält zäh an dem
48 Gegenstand fest, mit dem sie den Partner zum Handel verlocken will. Die andere streckt sich verlangend nach dem zweiten Gegenstand aus, den sie gern für ihren eigenen haben möchte. Sobald sie diesen berührt, lässt die
52 erste Hand ihren Besitz los; vorher nicht, sonst könnte sie ganz darum gebracht werden. Diese krasse Form des Betrugs, wo einem etwas ohne jeden Gegenwert weggenommen wird, entspricht, in die Vorgänge des Kletterns
56 übersetzt, dem Fallen vom Baume. Um ihn zu verhindern, bleibt man während des ganzen Handels auf der Hut und beobachtet jede Bewegung des Partners. Die weitverbreitete und tiefe Freude des Menschen am Handel lässt sich
60 also zum Teil auch daraus erklären, dass er so eine seiner ältesten Bewegungskonfigurationen als seelische Haltung fortsetzt. In nichts ist der Mensch dem Affen noch heute so nahe wie im Handel.

Aus: Elias Canetti, Masse und Macht

3. Funktion der Hand beim Handeln:
 1. ...
 2. ...

MANIPULATION DURCH SPRACHE

SICHTWECHSEL 3

es regnet
gott segnet
es nieselt
4 es kriselt
es schießelt
es stammelt
es telegrammelt
8 es brenzelt
es konferenzelt
es paradet
es attentatet
12 es kracht
es mobilmacht
es landsert
es panzert
16 es stoßkeilt
es schlagzeilt
es raketet
es trompetet
20 es posaunt
es count downt
es amerikanelt
es spanelt
24 es arabelt
es kambodschabelt
es dschungelt
es mao tse tungelt
28 es vietnameselt
es rhodeselt
es pragelt
es tschechoslowakelt
32 es ho tschi minelt
es berlinelt
es tempelhoft und es tegelt
es zugangswegelt
36 keine angst es regelt
sich alles
es wird alles geregelt

1. Aus welcher Zeit stammt der Text?

2. – Welche sprachlichen Verfahren
   benutzt der Autor?
   – Welche Funktion haben diese
   Formen?
   – Untersuchen Sie die einzelnen
   es-Formen. Welche Wörter
   stecken dahinter?

3. Wie wirkt das auf Sie?

4. Schreiben Sie einen Text, der „es"
   in sich hat.

Rudolf Otto Wiemer

Europas Jugendparlament im Reichstag eröffnet

Berlin (dpa) – Im Berliner Reichstagsge-
bäude ist am Montag eine einwöchige
Sitzung des Europäischen Jugendparla-
ments eröffnet worden. In den nächsten
drei Tagen wollen die Jugendlichen aus
23 Ländern in Ausschüssen Resolutionen
zu aktuellen Themen an das Europäische
Parlament erarbeiten. Sie werden in einer Vollversammlung verabschiedet, die
am Freitag von Bundestagspräsidentin
Rita Süssmuth (CDU) als Schirmherrin
der Veranstaltung eröffnet wird. Das Europäische Jugendparlament tagt zweimal pro Jahr in verschiedenen Mitglieds-
staaten der Europäischen Union. Jedes
Land wird von zwölf Schülern der elften
oder zwölften Klasse einer Schule vertreten.

Bub von umgestürzter Tanne verletzt

Ein 13-jähriger türkischer Bub wurde
in Neuaubing von einer im Sturm ge-
knickten Tanne verletzt. Eine der starken
Windböen am Sonntagmittag brach den
etwa zwölf Meter hohen Baum in der
Mitte ab. Die Tannenspitze riss den jungen Passanten um. Er wurde mit dem Verdacht auf Gehirnerschütterung ins Pa-
singer Krankenhaus gebracht.

Im Fasching:
Zehn Tote bei Verkehrsunfällen

Eine bedenkliche Bilanz musste die Polizei für den heurigen Fasching aufstellen:
In den ersten 38 Tagen wurden bei 4453
Verkehrsunfällen zehn Menschen getötet
und 685 verletzt. 29524 Verkehrsteilneh-
mer wurden kontrolliert, 697 Führerscheine wurden sichergestellt. In der Ver-
gleichszeit des Faschings 1993 waren
sechs Tote gezählt worden. 563 Fahrer
verloren ihre Führerscheine.

Taschentücher gratis für hustende Konzertbesucher

Köln (dpa) – Mit kostenlos ausgeteilten
Taschentüchern will die Kölner Philhar-
monie den Hustenpegel während ihrer
Konzerte drastisch senken. Wie ein Sprecher des Hauses erklärte, lässt sich die
Lautstärke eines Hustens nachweislich
um mehr als 50 Prozent dämpfen, wenn
der Erkrankte sich ein Taschentuch vor
den Mund hält.

Wie werden die wert- vollsten Münchner Kunstwerke vor Einbrechern geschützt?

Franz Marc: „Blaues Pferd I"

Geschätzter Wert: 20 Millionen Mark,
gilt als eines der Hauptwerke der Künst-
lergruppe „Blauer Reiter". Entstehungs-
jahr: 1911. Weltberühmt. Hängt in der
städtischen Galerie im Lenbachhaus.
Wird wie jedes Kunstwerk doppelt gesichert durch einen Bewegungsmelder,
der jede Berührung registriert, und durch
die allgemeine Alarmanlage des Hauses.
Tag und Nacht eingeschaltet. Diebe
müssten vorher noch die vergitterten
Fenster des Lenbachhauses aufsägen.
Kurator Ulrich Wilms: „Bei uns wurde
noch nie was geklaut."
Erfolgsfaktor für Einbrecher: Null. mib/Photo: Lenbachhaus

Kernbrennstoff aus AKW Greifswald ausgelagert

Schwerin (Reuter) – Das Umweltministe-
rium von Mecklenburg-Vorpommern hat
die Sanierung des stillgelegten früheren
DDR-Kraftwerks Lubmin/Greifswald eingeleitet. Das Ministerium in Schwerin
teilte mit, es habe dem Abtransport von
radioaktivem Material aus dem Kraftwerk
zugestimmt. Die Auslagerung des Kern-
brennstoffs sei Voraussetzung für den ge-
planten Abriss und habe bereits begonnen. Insgesamt seien anderthalb Jahre
nötig, um den gesamten Brennstoff zu
entfernen. Er werde zunächst in Lubmin
zwischengelagert. Dies sei sicherer, als
ihn in den Abklingbecken des Kraftwerks
zu lassen.

Zwölf Verletzte bei Auffahrunfall von Trams

Nürnberg (dpa) – Wahrscheinlich auf
menschliches Versagen geht der Auffahrunfall zweier Straßenbahnen zurück, bei
dem am Montag in Nürnberg zwölf Fahrgäste leicht verletzt wurden. Drei der
Verletzten mussten ins Klinikum ein-
geliefert werden. Der Sachschaden be-
läuft sich nach Polizeiangaben auf rund
100 000 Mark. Ein Straßenbahnzug war
fast ungebremst auf ein anderes Fahrzeug aufgefahren, das an einer roten Am-
pel wartete.

Haftbefehle beantragt gegen Potsdamer Hausbesetzer

Potsdam (AFP) – Nach den Zusammen-
stößen zwischen der Polizei und Potsda-
mer Hausbesetzern hat die Staatsanwaltschaft vier Haftbefehle beantragt. Wie
Oberstaatsanwalt Bernd Leu in Potsdam
mitteilte, richten sich die Anträge gegen
drei festgenommene Hausbesetzer und
gegen eine vierte Person, nach der noch
gefahndet wird. 54 Hausbesetzer wurden
freigelassen.

Landender Storch verursacht Verkehrsunfall

Bürstadt (dpa) – Ein landender Storch
hat in Südhessen einen Auffahrunfall verursacht und anschließend „Fliegerflucht"
begangen. Das Landemanöver des großen Vogels unmittelbar neben einer Bun-
desstraße bei Bürstadt-Riedrode (Kreis
Bergstraße) habe einen Verkehrsteilneh-
mer derart verwirrt, dass er mit seinem
Auto auf einen vorausfahrenden Wagen
auffuhr, berichtete die Polizei in Heppen-
heim.

1. Geben Sie die
Überschriften der
Meldungen in ganzen
Sätzen wieder.
Welche Partizipien
sind aktiv, welche
passiv?

2. Analysieren Sie die
Texte. Wann wird das
Aktiv und wann das
Passiv benutzt?

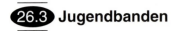

Text 1

Jugendbande überfiel MVV-Bus und schlug den Fahrer zusammen

Die Polizei will den Terror der brutalen Schläger brechen

Von Karlheinz Grass

München – Eine Horde Jugendlicher überfällt am helllichten Tag einen MVV-Linienbus, verprügelt den 58-jährigen Fahrer – und rund 30 Fahrgäste schauen weg. Nicht im verschrienen Stadtteil Bronx von New York, sondern am Faschingsdienstag beim Olympia-
4 **Einkaufszentrum. Die 13 Jugendlichen, darunter eine 16-jährige Schülerin, wurden noch in der Nähe gefasst. Alles alte Bekannte der Polizei. Mitglieder von zwei Jugendbanden, die seit Herbst vorigen Jahres den Norden Münchens tyrannisieren. Nach dem brutalen Überfall auf ein öffentliches Verkehrsmittel hat die Polizei jetzt den Jugendbanden „Munich**
8 **40" und den „Honzis" den Kampf angesagt.**

Busfahrer Fred L. berichtet über die Schläger: „Einer hat gleich den Nothammer aus der Halterung gerissen. Als ich ihn deswegen
12 zur Rede stellte, wurde ich zuerst bedroht, als ich die Polizei rief, zusammengeschlagen."
Was den 58-jährigen mehr schmerzt als seine angeschlagenen Rippen: „Keiner der Fahrgä-
16 ste hat mir geholfen, dabei helfen wir unseren Passagieren doch auch immer."
Bei dem brutalen Vorgehen der Bandenmitglieder hat Kriminalrat Jürgen
20 **Bassalig vom Raubdezernat auch einen anderen Rat: „Es macht bei diesen kriminellen Typen wenig Sinn, den Helden zu spielen. Hier hilft nur, ganz schnell nach**
24 **der Polizei zu rufen." Mit verstärkter Polizeipräsenz will man den Terror dieser Jugendbanden jetzt brechen.**
Gegen einen der Bus-Gangster, den arbeits-
28 losen Taner W. (16), einer vom harten Kern der „Honzis", erging gestern bereits Haftbefehl. Gegen ihn wurde schon wegen 15 Raubüberfällen ermittelt. Seinen letzten Überfall
32 beging er am Freitag beim Eissportstadion, wo er einem 15-jährigen unter Vorhalt einer Gaspistole die Jeansjacke wegnahm. Da kam

er gerade von einer Vernehmung bei der
36 Polizei – auch wegen Raubes.
„Die Mitglieder des harten Kerns dieser Banden sind von hoher krimineller Energie und ohne jegliches Unrechtsbewusstsein", urteilt
40 Kriminaldirektor Gunter Hauch. „Hier darf man sich nicht von der Jugend der Täter täuschen lassen. In den bekannt gewordenen Fällen sind sie mit unglaublicher Brutalität
44 vorgegangen."
Die „Munich 40", die sich nach dem von ihnen terrorisierten Postzustellbereich München 40 so nennen, werden auf rund 70 Mit-
48 glieder geschätzt. Mit den bis zu 100 Mann (und Frau) starken „Honzis", die sich nach ihrem Treffpunkt am Hohenzollernplatz getauft haben, verbindet sie neben ihrer Krimi-
52 nalität die Liebe zur Rap-Musik.
Die Kripo stellte bei der Suche nach Diebesgut auch Musik-Kassetten sicher, auf denen Bandenmitglieder ihre Straftaten in
56 **Lobliedern besangen, die man sich auf Parties dann vorspielte. Ein ganz schönes Repertoire: Raub, Erpressung, Diebstahl und schwere Körperverletzung.**

Abendzeitung München, 14. 2. 1991

1. Lesen Sie die Überschrift von Text 1 auf S. 54.
   Was ist da passiert?

2. Lesen Sie den Untertitel und die Zusammenfassung.
   Kommentieren Sie diese Meldung.

3. Sammeln Sie Fragen zu dem Geschehen.

4. Lesen Sie den Text.
   Welche Ihrer Fragen werden wo beantwortet?

5. Lesen Sie nun Text 2.

Text 2

Immer mehr Überfälle und Attacken:

Polizei macht Jagd auf Jugendbanden

Kriminalrat: Zustände wie in den USA unbedingt vermeiden

Von Rudi Attlfellner

Die Polizei hat angekündigt, verstärkt gegen die Bandenkriminalität von Jugendlichen vorgehen zu wollen. Unmittelbarer Anlass ist der tätliche Angriff von 13 Jugendlichen im Alter von 14 bis 18 Jahren auf einen Busfahrer in Moosach am Dienstagnachmittag. Die Gruppe hatte während der Fahrt einen Nothammer aus der Halterung genommen und die Drohung des Fahrers, die Polizei zu rufen, mit Schlägen quittiert. Der für Bandenkriminalität zuständige Leiter des Raubdezernats, Kriminalrat Jürgen Bassalig, erklärte dazu, die Zahl der „jugend- und gruppenspezifischen Delikte" habe 1990 im Vergleich zum Vorjahr um 20 Prozent zugenommen. Nun werde die Polizei „aktiv und massiv" vorgehen, um „USA-Zustände" zu vermeiden.

Bassalig erläuterte die Bandendelikte am Beispiel der „Honzi-Gruppe", die sich so nach ihrem Treffpunkt Hohenzollernplatz nannte. Die rund 50 Jugendlichen hatten sich auf den Raub von teuren Kleidungsstücken Gleichaltriger spezialisiert.
„Durchaus mit Markenbewusstsein, Chevignon-Jacken für 700 Mark und Best-Company-Pullover waren das bevorzugte Raubgut", sagte Bassalig. Die Gruppe habe ihren Opfern aus dem Willi-Graf-Gymnasium am Scheidplatz aufgelauert und jeden „gotterbärmlich verprügelt", der Widerstand leistete. Ein besonderes Problem sei gewesen, dass die Opfer häufig vor Angst keine Anzeige erstatteten. Erst durch das Engagement des Schulleiters, der Kriminal-

und Jugendbeamte zu Aufklärungsvorträgen eingeladen hatte, sei die Furcht gelöst und so die Bande zerschlagen worden.
Die Polizei strebe nun eine bessere erkennungsdienstliche Erfassung der noch bestehenden Jugendbanden an, sagte der Kriminalrat, das Problem der Kriminalitätsentwicklung in diesem Bereich müsse aber auch von den Richtern erkannt werden. Den Opfern empfiehlt er, bei einem Bandenüberfall keinen Widerstand zu leisten und anschließend auf jeden Fall zur Polizei zu gehen: „Die Chancen für eine erfolgreiche Fahndung sind dann groß."

Süddeutsche Zeitung, 14. 2. 1991

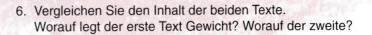

6. Vergleichen Sie den Inhalt der beiden Texte.
   Worauf legt der erste Text Gewicht? Worauf der zweite?

7. Aus was für Zeitungen stammen diese Meldungen?
   Untersuchen Sie die stilistischen Merkmale:
   – Layout
   – Redewiedergabe
   – Syntax (lange/kurze Sätze, neutrale/markierte Satzstellung)
   – Wortwahl
   – Zeitengebrauch
   – Inhalt: Was wird (nicht) erwähnt?
   …

26.4 Obdachlos!

1. Beschreiben Sie das Bild.

2. Überlegen Sie:
   – Wie leben Obdachlose?
   – Was sind die Gründe für Obdachlosigkeit?
   – Welche Folgen hat Obdachlosigkeit für die Betroffenen?

3. Hören Sie den Text.
   a. Welche Gründe und Folgen nennt der Text?
   b. Was sollte nach Meinung der Senatorin
      gegen Obdachlosigkeit getan werden?

26.5 Lied: Was für ein Ticker ist ein Politiker?

1. • Ein *Dramatiker* ist ein Mensch, der Bühnenstücke schreibt.
   • Ein *Romantiker* ist ein romantischer Mensch oder auch ein
     Künstler aus der romantischen Epoche.
   • Ein *Choleriker* ist ein Mensch, der schnell aufbraust.

   Kennen Sie noch andere Personenbezeichnungen, die auf *-iker*
   enden?

   Erklären Sie sie.

2. • Ein *Amerikaner* ist ein Bürger der Vereinigten Staaten von Amerika oder auch ein Kuchen mit Zuckerguss.
 • Ein *Primaner* ist ein Schüler der obersten Gymnasialklasse.

Kennen Sie noch andere Personenbezeichnungen, die auf *-aner* enden?

3. – Hören Sie nun das Lied, und notieren Sie die Personenbezeichnungen.
 – Hören Sie das Lied noch einmal, und notieren Sie die Definitionen.

Finden Sie Erklärungen.

Was für ein Ticker ist ein Politiker?

Ja, die Welt ist eine Ansammlung von komischen Tier'n,
die sich an das Leben klammern und nur selten amüsier'n.
Um gleich alle zu beschreiben, fehlt die Zeit mir momentan,
4 und so führe ich nur einige als Beispiel an.

Ja, ein Dramatiker ist ein Stückeschreiber,
und ein Fanatiker ist ein Übertreiber,
und ein Botaniker ist ein Blumengießer,
8 und ein Romantiker ist ein Frauengenießer,
ein Philharmoniker ist ein Staatsmusiker,
der Pension kriegt, wenn er nicht mehr gut gefällt,

aber was für'n Ticker ist ein Politiker,
12 woher kommt er, und was will er von der Welt?
Aber was für'n Ticker ist ein Politiker,
woher kommt er, und was will er von der Welt?

Die Amerikaner sind die Haupttouristen,
16 die Liliputaner sind die Zwergkopisten,
und der Persianer ist der Abgewetzte,
und der Mohikaner ist der Allerletzte,
ein Alkoholiker ist ein Exzentriker,
20 der sich selber seines Lebensglücks beraubt,

aber was für'n Ticker ist ein Politiker,
ist er wirklich so vonnöten, wie er glaubt?
Aber was für'n Ticker ist ein Politiker,
24 ist er wirklich so vonnöten, wie er glaubt?

Man braucht Kesselflicker und Autobuslenker,
Elektrotechniker und Serviettenschwenker,
vor Gericht braucht jeder einen Verteidiger,
28 dieser Verteidiger ist Akademiker.
Ich bin kein Zyniker und kein Polemiker,
ich verehre diese Leute wirklich sehr,

aber was für'n Ticker ist ein Politiker,
32 eines Tages gibt's den sicherlich nicht mehr.
Aber was für'n Ticker ist ein Politiker,
eines Tages gibt's den sicherlich nicht mehr.

Georg Kreisler

4. Kreisler benutzt in diesem Lied eine sehr eigenwillige Betonung der Personenbezeichnungen.
Warum macht er das?

5. Setzen Sie ein Betonungszeichen auf die Silbe, die normalerweise betont wird.

26.6 Reporter auf der Jagd nach dem Unglaublichen

1. Lesen Sie die Überschrift: Was könnte hier passiert sein?

Reporter
auf der Jagd nach dem Unglaublichen
Deutscher Monteur spricht nur noch Russisch

2. Hören Sie den Text.
   – Was ist passiert?
   – Welche Erklärung könnte es für diesen Fall geben?
   – Was würden Sie der Frau raten?

3. Lesen Sie den Text im Arbeitsbuch, und vergleichen Sie.

4. Erzählen Sie:
   „Stell dir vor, was ich gerade im Radio gehört habe …"

26.7 „Er ist mir ins Messer gelaufen"

Bluttat vom Hauptbahnhof geklärt

Der zunächst unbekannte Täter, der am 3. April einen 18-jährigen Frankfurter Schlachtenbummler schwer verletzte, ist ermittelt. Der Beschuldigte, der 17-jäh-
4 rige Lehrling Peter O., gestand die Tat, deren Hergang er jedoch sehr eigentümlich schilderte: Er habe nicht gestochen. Der andere müsse ihm ins Messer gelaufen sein.
8 Zum Hergang der Tat sagte er Folgendes: Auf dem Heimweg vom Spiel seines Clubs sei es zu einer Schlägerei gekommen. Er habe einem Sportsfreund zu Hilfe kommen wollen, der von einer Gruppe von Fans
12 verprügelt wurde. Plötzlich sei ein Klappmesser in seiner Hand gewesen, das ihm ein Freund „zum Aufheben" gegeben habe. In diesem Augenblick habe der Frankfurter ihn am Arm gepackt und sei wohl an den
16 Knopf des Springmessers gekommen. Dabei müsse die Klinge herausgefahren sein und sich dem Gegner in die linke Brustseite gebohrt haben.

Nach einer Gerichtsreportage

1. Rekonstruieren Sie die Aussage des Beschuldigten.

2. Wie steht der Reporter zu den Aussagen des Beschuldigten?

27.1 Und ewig lockt Tirol

1895

1995

STADT SCHWAZ
seine Umgebung u. Hist. Bauten, TIROL Inthal

Mit welchem Image wollte Tirol 1895 Touristen anlocken?
Und 1995?

– Was wurde damals durch die Werbung suggeriert?
Und 1995?

27.2 Werbung in Deutschland

1. **Gefühle, Wünsche, Werte**

– Welche Gefühle werden durch die Werbebilder auf dieser und den folgenden Seiten angesprochen?
– Welche Wünsche und Bedürfnisse werden durch die Bilder geweckt?
– Welche Werte werden vorausgesetzt?

Zum Beispiel:

> Familie – Natur – Umwelt – Gesundheit – Abenteuer – Aggressivität – Lebensfreude – Rollenverteilung – Sicherheit – Ordnung – Spaß – Zweckmäßigkeit – Prestige – Luxus – Genuss – Romantik – Harmonie – Flucht – Exotik – Status – Heile Welt – Schönheit …

2. **Werbetexte entwerfen**

a. – Wofür könnte mit diesen Gefühlen, Bedürfnissen, Wünschen und Werten geworben werden?
   – Entwerfen Sie eigene Werbetexte zu den Bildern.

b. Vergleichen Sie mit der Originalwerbung im Arbeitsbuch: Welche Zielgruppe soll jeweils angesprochen werden?

R B U N G

WER
BUNG

BUDGET 1992-93

20.000

27.3 Die Deutschen in der Rasterfahndung

1. Werbung ist bis auf wenige Ausnahmen zielgruppenspezifisch.
   Die Werbefachleute stimmen ihre Werbung immer auf bestimmte
   Kundentypen ab.

   Lesen Sie den Text auf dieser Seite. Er bezieht sich auf die Darstellung der zwölf
   Life-Style-Typen auf den Seiten 64/65.
   Überlegen Sie, wie Sie Erwin umwerben würden, z. B. für ein Auto.

ERWIN

fleißig
sparsam

....

WERTE

Tradition
Ordnung

....

WO WERBEN?

Fernsehen
(bis 22 Uhr)
Hobby-Zeitschrift

....

WIE WERBEN?

sachlich
mit dem Preis

....

2. Arbeiten Sie weiter in Gruppen mit den Seiten 64/65. Entscheiden Sie sich für
   einen der zwölf Typen.
   Machen Sie ein Schema wie bei Erwin in Aufgabe 1.
   Überlegen Sie eine Werbung für SCHUHE. Achten Sie jetzt auch auf Sprache
   und Bildmaterial für Ihre Werbung.

DIE DEUTSCHEN IN DER RASTER-FAHNDUNG: DIE ZWÖLF TYPEN DER LIFE-STYLE FORSCHER

Neulich ist Erwin der Kragen geplatzt. „Mein Lehrling ist wieder erst um zehn nach acht auf Schicht gekommen." Rotzfrech sei der Eddi wieder gewesen. Aber verarschen lässt sich Erwin nicht. Den Jungen kriegt er schon klein. „Früher", sagt Erwin, „hab' ich für eine Mark zwanzig die Stunde malocht, bis mir die Arme fast abgefallen sind. Die Jugend ist verweichlicht und verwöhnt. Nix tun wollen, aber den dicken Max markieren, das können sie. Wie die schon rumlaufen. Sauberkeit ist für die doch ein Fremdwort."

Ihm haben sie nichts geschenkt im Leben. Sein kleines Haus hat er sich zusammengespart. Genau wie den Opel Rekord. In Lindgrün. Und in Urlaub kann Erwin mit seiner Familie auch fahren. Das war nicht immer so. Doch seit das mit der Wirtschaft vorwärtsgegangen ist, war das drin. „Aber beklagt", sagt Erwin stolz, „hab' ich mich nie."

Diesen Erwin gibt es nicht. Er ist nur ein Phantom, Platzhalter für die mehr als sechs Milionen Erwins, die so denken und leben wie er. Sie wohnen in den alten Bundesländern. Sind Facharbeiter, Handwerksmeister, Landwirte. Sie mögen verschiedene Einkommen haben, unterschiedliche Hobbys, in Großstädten leben oder auf dem Land. Aber alle verbindet sie ein felsenfester Traditionalismus. Die Erwins sind die Bewahrer der deutschen Tugenden: Fleiß, Sauberkeit, Ordnung, Gehorsam.

Erwin ist einer von zwölf „Life-Style-Typen", mit denen das Heidelberger Meinungsforschungsinstitut Sinus zusammen mit der Frankfurter Werbeagentur Michael Conrad & Leo Burnett seit Anfang der siebziger Jahre versucht hat, die deutsche Gesellschaft durchsichtig zu machen. Im Fünf-Jahres-Rhythmus wurden durch repräsentative Umfragen mit 2000 Interviewten jeweils 700 Statements aus allen Lebensbereichen gesammelt. Wertvorstellungen, Zukunftsvisionen, Moralbegriffe und Konsumwünsche der Deutschen gerieten in die Rasterfahndung der Forscher. Die Wiederholung der Umfragen zeigte Trends, Wertewandel, soziale Abstiege und Aufstiege. 1991 fand die bisher letzte Untersuchung dieser Art statt.

NACH STERN, 26/1991

Soziale Lage

DIE ARRIVIERTEN
FRANK UND FRANZISKA sind erfolgreiche und selbstbewusste Bildungsbürger. Sie sind konservativ-liberal, leistungsorientiert und seit einigen Jahren auch umweltbewusst.

7%

DIE AUFSTIEGSORIENTIERTEN
MICHAEL UND MICHAELA sind typische Vertreter der modernen Konsum- und Leistungsgesellschaft: karriere- und statusbewusst, ehrgeizig, aber trotzdem genussfreudig.

8%

DER BODENSTÄNDIGE
ERWIN hat durch harte Arbeit einen bescheidenen Wohlstand erreicht. Als genügsamer Pascha ist er das unverrückbare Oberhaupt seiner Familie.

13%

DIE BESCHEIDENE PFLICHT-BEWUSSTE
WILHELMINE ist die tugendhafte Rentnerin: anspruchslos und schicksalsergeben.

14%

DIE AUFGE-SCHLOSSENE HÄUSLICHE
ERIKA ist eine patente Hausfrau und Mutter. Konservativ, aber offen für neue Erfahrungen.

10%

DER COOLE
EDDI liebt Action und Abenteuer. Er ist ein echter Macho: Auto, Motor, Video.

7%

DIE ANGEPASSTE
MONIKA liebt Mode und Kosmetik, Romanzen und die neuesten Hits. Ihre Träume sind kleine Fluchten aus dem Alltag.

8%

Die Gesellschafts-Typen und ihr prozentualer Anteil an der Gesamtbevölkerung über 14 Jahren:

DIE JUNGEN INDIVIDUALISTEN
STEFAN UND STEFANIE sind Intellektuelle
eines neuen Typs: Ihr kritisches Bewusst-
sein und ihren genusssüchtigen Lebensstil
erleben sie nicht als Widerspruch. Sie sind
die Trendsetter der Gegenwart.

6%

7%

DIE NEUE FAMILIE
CLAUS UND CLAUDIA sehen den Sinn
ihres Lebens in Partnerschaft und
ökologischem Engagement. Bei ihnen dreht
sich zwar vieles ums Kind – aber auf
Wohlstand und Selbstverwirklichung
wollen sie nicht verzichten.

7%

DIE FUN-ORIENTIERTEN JUGENDLICHEN
TIM UND TINA wollen alles, was Spaß
macht. Nachdenklichkeit ist nicht ihre
Sache. Sie hecheln jedem Trend hinterher
und sind dabei glücklich. Der Ernst des
Lebens soll warten.

5%

DIE TRENDBEWUSSTEN MITMACHER
MARTIN UND MARTINA sehen ihren
Lebensinhalt in Freizeitaktivitäten und Konsum. Im Beruf sind sie nicht sehr en-
gagiert. Prestige ist ihnen wichtiger.

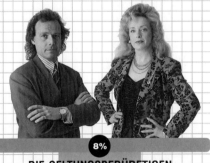

8%

DIE GELTUNGSBEDÜRFTIGEN
INGO und INGE haben wenig Zukunft.
Sie sind beruflich und privat resigniert
– Schuld haben immer die anderen.

**Werte-
wandel**

Je weiter unten links eine Gruppe im Koordinatensystem steht, desto konservativer und sozial schwächer ist sie.

3. **Projekt**

Kaufen Sie verschiedene deutsche und vergleichbare Zeitschriften aus Ihrem Land, auch für verschiedene Zielgruppen (z. B. Jugendmagazine, Frauenzeitschriften, Wirtschaftszeitschriften).
Suchen Sie Werbung für dieselben Produkte, und vergleichen Sie die Werbestrategien.

27.4 Kunst im U-Bahnhof?

1. **Kunst-Orte:**

a. Ein beliebter Ort für Werbung sind Verkehrsmittel und Haltestellen bzw. U-Bahnhöfe. Warum?
b. Kunst statt Werbung im U-Bahnhof. Kennen Sie Beispiele? Wie finden oder fanden Sie das? Welche Vor- und Nachteile könnte das haben?

2. **Eine Reportage:**

a. Lesen Sie die folgenden Aufgaben, hören Sie die Reportage, und machen Sie sich Stichpunkte.
b. Sprechen Sie miteinander über das, was Sie gehört und verstanden haben.
c. Hören Sie anschließend den Text noch einmal, und ergänzen Sie Ihre Notizen.
   – Was wird im U-Bahnhof Alexanderplatz/Berlin gemacht?
   – Warum finden viele U-Bahnbenutzer das gut?
   – Welche Vor- und Nachteile sehen die Berliner Verkehrsbetriebe bei ihrer Aktion?
   – Notieren Sie einige Informationen zur Geschichte solcher Ausstellungen.
   – Geben Sie eine negative Äußerung sinngemäß wieder.

3. Diskutieren Sie: Kunst im Fünf-Minuten-Takt?

28.1 Vor-„schläge"

Howie Schneider

28.2 Fremdwörter

1. Überlegen und diskutieren Sie.
   – Was sind Fremdwörter?
   – Wie kommen Fremdwörter in die Sprache?
   – Wo (von wem) werden Fremdwörter gebraucht?
   – Warum bzw. wozu werden Fremdwörter benutzt?
   – Was spricht für den Gebrauch von Fremd-
     wörtern?
     Was spricht dagegen?

2. Hören Sie das Gespräch zwischen Vater und Sohn.
   Fassen Sie in einem Satz zusammen, was in
   diesem Gespräch passiert.

3. Hören Sie den Text noch einmal, und beantworten
   Sie die Fragen in Aufgabe 1.

4. Der Vater erklärt die Bedeutung einiger Fremdwörter, die sein Sohn nicht versteht, z. B.
   integriert   =
   …   =

   Suchen Sie alle Beispiele aus dem Text, und diskutieren Sie, ob bzw. wozu dieses Fremdwort im Deutschen „nötig" ist.
   Was leisten Fremdwörter?

28.3 In der Klasse

1. Beschreiben Sie das Bild im Detail (möglichst ohne viel zu interpretieren).

2. Interpretieren Sie das Bild.
   - Stellen Sie Zusammenhänge her.
   - Stellen Sie Grund-Folge-Beziehungen fest.
   - Betten Sie das Bild in einen fremdkulturellen Kontext ein.

3. Kommentieren Sie das Bild:
   - Was könnten Sie sagen oder fragen, wenn Sie in diese Klasse kämen?
   - Was könnte der Schuldirektor sagen? Der Lehrer, der Hausmeister, …?

28.4 Jeder hat das Recht, es sei denn …

1. – Was ist das Grundgesetz?
   – Was steht darin?
   – Welches sind die Grundrechte?

2. Lesen Sie schnell:
   Welcher Artikel handelt von welchem Grundrecht?

3. Lesen Sie genau:
   – Gelten die Grundrechte uneingeschränkt?
   – Welche Grundrechte werden eingeschränkt?
   – Wie werden die Einschränkungen formuliert?

GRUNDGESETZ

für die Bundesrepublik Deutschland (Auszug)

Artikel 1. (1) Die Würde des Menschen ist unantastbar. Sie zu achten und zu schützen ist Verpflichtung aller staatlichen Gewalt.

(2) Das Deutsche Volk bekennt sich darum zu unverletzlichen und unveräußerlichen Menschenrechten als Grundlage jeder menschlichen Gemeinschaft, des Friedens und der Gerechtigkeit in der Welt.

(3) Die nachfolgenden Grundrechte binden Gesetzgebung, vollziehende Gewalt und Rechtsprechung als unmittelbar geltendes Recht.

Artikel 2. (1) Jeder hat das Recht auf die freie Entfaltung seiner Persönlichkeit, soweit er nicht die Rechte anderer verletzt und nicht gegen die verfassungsmäßige Ordnung oder das Sittengesetz verstößt.

(2) Jeder hat das Recht auf Leben und körperliche Unversehrtheit. Die Freiheit der Person ist unverletzlich. In diese Rechte darf nur auf Grund eines Gesetzes eingegriffen werden.

Artikel 3. (1) Alle Menschen sind vor dem Gesetz gleich.

(2) Männer und Frauen sind gleichberechtigt.

(3) Niemand darf wegen seines Geschlechtes, seiner Abstammung, seiner Rasse, seiner Sprache, seiner Heimat und Herkunft, seines Glaubens, seiner religiösen oder politischen Anschauungen benachteiligt oder bevorzugt werden.

Artikel 5. (1) Jeder hat das Recht, seine Meinung in Wort, Schrift und Bild frei zu äußern und zu verbreiten und sich aus allgemein zugänglichen Quellen ungehindert zu unterrichten. Die Pressefreiheit und die Freiheit der Berichterstattung durch Rundfunk und Film werden gewährleistet. Eine Zensur findet nicht statt.

(2) Diese Rechte finden ihre Schranken in den Vorschriften der allgemeinen Gesetze, den gesetzlichen Bestimmungen zum Schutz der Jugend und in dem Recht der persönlichen Ehre.

(3) Kunst und Wissenschaft, Forschung und Lehre sind frei. Die Freiheit der Lehre entbindet nicht von der Treue zur Verfassung.

Artikel 8. (1) Alle Deutschen haben das Recht, sich ohne Anmeldung oder Erlaubnis friedlich und ohne Waffen zu versammeln.

(2) Für Versammlungen unter freiem Himmel kann dieses Recht durch Gesetz oder auf Grund eines Gesetzes beschränkt werden.

Artikel 11. (1) Alle Deutschen genießen Freizügigkeit im ganzen Bundesgebiet.

(2) Dieses Recht darf nur durch Gesetz und nur für die Fälle eingeschränkt werden, in denen eine ausreichende Lebensgrundlage nicht vorhanden ist und der Allgemeinheit daraus besondere Lasten entstehen würden und in denen es zum Schutze der Jugend vor Verwahrlosung, zur Bekämpfung von Seuchengefahr oder um strafbaren Handlungen vorzubeugen, erforderlich ist.

Artikel 12**. (1) Alle Deutschen haben das Recht, Beruf, Arbeitsplatz und Ausbildungsstätte frei zu wählen. Die Berufsausübung kann durch Gesetz geregelt werden.

(2) Niemand darf zu einer bestimmten Arbeit gezwungen werden, außer im Rahmen einer herkömmlichen allgemeinen, für alle gleichen öffentlichen Dienstleistungspflicht.

(3) Frauen dürfen nicht zu einer Dienstleistung im Verband der Streitkräfte durch Gesetz verpflichtet werden. Zu einem Dienst mit der Waffe dürfen sie in keinem Falle verwendet werden.

(4) Zwangsarbeit ist nur bei einer gerichtlich angeordneten Freiheitsentziehung zulässig.

Text 2

Die drei Lesungen des Gesetzes

1. Jeder Staatsbürger hat das Recht –
Beifall
seine Persönlichkeit frei zu entfalten –
4 *Beifall*
insbesondere hat er das Recht auf:
Arbeit –
Beifall
8 Freizeit –
Beifall
Freizügigkeit –
Beifall
12 Bildung –
Beifall
Versammlung –
Beifall
16 sowie auf Unantastbarkeit der Person –
starker Beifall.

2. Jeder Staatsbürger hat das Recht –
Beifall
im Rahmen der Gesetze seine Persönlichkeit frei zu entfalten –
4 *Rufe: Hört! Hört!*
Insbesondere hat er das Recht auf:
Arbeit entsprechend den gesellschaftlichen Erfordernissen –
Unruhe, Beifall
8 auf Freizeit nach Maßgabe seiner gesellschaftlich notwendigen Arbeitskraft –
Zischen, Beifall, amüsiertes Lachen, Unruhe
auf Freizügigkeit, ausgenommen die Fälle, in denen eine ausreichende Lebensgrundlage nicht vorhanden ist und der Allgemeinheit daraus besondere Lasten
12 entstehen würden –
schwacher Beifall, höhnisches Lachen, Scharren, Unruhe
auf Bildung, soweit die ökonomischen Verhältnisse sie sowohl zulassen als auch
nötig machen –
16 *starke Unruhe, Murren, unverständliche Zwischenrufe, Türenschlagen, höhnischer*
Beifall
auf Versammlung nach Maßgabe der Unterstützung der Interessen der Mitglieder
der Allgemeinheit –
20 *Pultdeckelschlagen, Pfeifen, allgemeine Unruhe, Lärm, vereinzelte Bravorufe,*
Protestklatschen, Rufe wie: Endlich! oder: Das hat uns noch gefehlt!, Trampeln,
Gebrüll, Platzen von Papiertüten
sowie auf Unantastbarkeit der Person –
24 *Unruhe und höhnischer Beifall.*

3. Jeder Staatsbürger hat das Recht,
im Rahmen der Gesetze und der guten Sitten seine Persönlichkeit frei zu entfalten,
insbesondere hat er das Recht auf Arbeit entsprechend den wirtschaftlichen und
4 sittlichen Grundsätzen der Allgemeinheit –

das Recht auf Freizeit nach Maßgabe der allgemeinen wirtschaftlichen Erforder-
nisse und den Möglichkeiten eines durchschnittlich leistungsfähigen Bürgers –

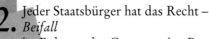

... HAT DAS RECHT

das Recht auf Freizügigkeit, ausgenommen der Fälle, in denen eine ausreichende
8 Lebensgrundlage nicht vorhanden ist und der Allgemeinheit dadurch besondere
Lasten entstehen würden oder aber zur Abwehr einer drohenden Gefahr für den
Bestand der Allgemeinheit oder zum Schutz vor sittlicher und leistungsabträglicher
Verwahrlosung oder zur Erhaltung eines geordneten Ehe-, Familien- und Gemein-
12 schaftslebens –

das Recht auf Bildung, soweit sie für den wirtschaftlich-sittlichen Fortschritt der
Allgemeinheit sowohl zuträglich als auch erforderlich ist und soweit sie nicht Gefahr läuft, den Bestand der Allgemeinheit in ihren Grundlagen und Zielsetzungen
16 zu gefährden –

das Recht auf Versammlung nach Maßgabe sowohl der Festigung als auch des Nut-
zens der Allgemeinheit und unter Berücksichtigung von Seuchengefahr, Brandge-
fahr und drohenden Naturkatastrophen –

20 sowie das Recht auf Unantastbarkeit der Person.
Allgemeiner stürmischer, nicht endenwollender Beifall.

Aus: Peter Handke, Die Innenwelt der
Außenwelt der Innenwelt

1. Die drei Lesungen des Gesetzes

Erste Lesung:
Auf welche Artikel des Grundgesetzes bezieht sich Peter Handke?

Zweite Lesung:
Stellen Sie die Unterschiede zwischen dem Grundgesetz (Text 1) und dieser
Gesetzeslesung (Text 2) fest.

Dritte Lesung:
Warum applaudieren die Leute nach der dritten Lesung zustimmend, aber nicht
nach der zweiten Lesung?

2. Einschränkungen

Wo sieht Handke weitgehende Einschränkungen der Grundrechte?
Wie drückt er das sprachlich aus?

3. Transformationsübung: im Klartext reden

Verbalisieren Sie die nominalen Einschränkungen in der zweiten Lesung so lange,
bis Sie zu einem aktiven Satz mit einem Subjekt kommen, das eine Person
bezeichnet.

Beispiel:
Jeder Staatsbürger hat das Recht auf Arbeit –
<u>entsprechend</u> den gesellschaftlichen Erfordernissen.

– <u>soweit</u> es die „Gesellschaft" erfordert
– <u>soweit</u> es die Wirtschaftslage erlaubt
– <u>wenn</u> die Konjunktur gut ist
– <u>solange</u> sein Arbeitgeber ...

28.5 Bundestagsrede

MEINE DAMEN UND HERREN

Meine Damen und Herren, Politik bedeutet, und davon sollte man ausgehen, das ist doch – ohne darum herumzureden – in Anbetracht der Situation, in der wir uns befinden. Ich kann meinen politischen Standpunkt in wenige Worte zusammenfassen:

4 Erstens das Selbstverständnis unter der Voraussetzung, zweitens, und das ist es, was wir unseren Wählern schuldig sind, drittens, die konzentrierte Be-inhaltung als Kernstück eines zukunftweisenden Parteiprogramms.

Wer hat denn, und das muss vor diesem Hohen Hause einmal unmissverständlich

8 ausgesprochen werden. Auch die wirtschaftliche Entwicklung hat sich in keiner Weise … Das kann auch von meinen Gegnern nicht bestritten werden, ohne zu verkennen, dass in Brüssel, in London die Ansicht herrscht, die Regierung der Bundesrepublik habe da – und, meine Damen und Herren … warum auch nicht? Aber wo haben wir denn letzten

12 Endes, ohne die Lage unnötig zuzuspitzen? Da, meine Damen und Herren, liegt doch das Hauptproblem.

Bitte denken Sie doch einmal an die Altersversorgung. Wer war es denn, der seit fünfzehn Jahren, und wir wollen einmal davon absehen, dass niemand behaupten kann,

Aus: Loriots Dramatische Werke

16 als hätte sich damals – so geht es doch nun wirklich nicht!

Wir haben immer wieder darauf hingewiesen, dass die Fragen des Umweltschutzes, und ich bleibe dabei, wo kämen wir sonst hin, wo bliebe unsere Glaubwürdigkeit? Eins steht doch fest, und darüber gibt es keinen Zweifel. Wer das vergisst, hat den

20 Auftrag des Wählers nicht verstanden. Die Lohn- und Preispolitik geht von der Voraussetzung aus, dass die mittelfristige Finanzplanung, und im Bereich der Steuer-reform ist das schon immer von Ausschlag gebender Bedeutung gewesen …

Meine Damen und Herren, wir wollen nicht vergessen, draußen im Lande, und

24 damit möchte ich schließen. Hier und heute stellen sich die Fragen, und ich glaube, Sie stimmen mit mir überein, wenn ich sage … Letzten Endes, wer wollte das bestreiten! Ich danke Ihnen …

1. Hören Sie die Bundestagsrede.
   – Was sagt der Redner?
   – Wie sagt er das?

2. Wählen Sie sich ein Thema (Sport, Schule, Verkehr, …), und machen Sie eine inhaltsvolle Rede.
   Benutzen Sie dazu die Satzteile der Bundestagsrede von Loriot.

ZWEI POLITIKER

Zwei Politiker unterhalten sich. Fragt der eine: „Herr Kollege, was sagten Sie doch neulich in Ihrer großen Rede über die Jugendarbeitslosigkeit?" „Ich, nichts." „Das ist mir schon klar. Ich wollte nur wissen, wie Sie es formuliert hatten."

3. Sprechhandlung und sprachliche Realisierung

abwiegeln – an den guten Willen appellieren – andere kritisieren – Anrede – Beispiele aufzählen – beteuern, dass man offen spricht – den politischen Gegner miteinbeziehen – die eigene Glaubwürdigkeit betonen – die eigene Perspektive verdeutlichen – die eigenen Leistungen in den Vordergrund stellen – die Tradition anführen – die Zuhörer mit einbeziehen – eine rhetorische Frage stellen – Einverständnis voraussetzen – Einwände vorwegnehmen – etwas als allgemeingültig hinstellen – etwas beteuern – etwas definieren – etwas in Erinnerung rufen – Konsens herstellen

Analysieren Sie die Bundestagsrede. Tragen Sie in ein Schema ein:

Redeformel	Sprechhandlung
„davon sollte man ausgehen"	Konsens herstellen

Das gelungene Experiment: der von den Künstlern Christo und Jeanne Claude verhüllte Reichstag (17. Juni – 6. Juli 1995).

 **28.6 Schön verlogen**

1. Was stellen Sie sich unter „Vokabelkosmetik" vor? Gibt es in Ihrem Land so etwas?

2. Teilen Sie den Text untereinander auf, und bearbeiten Sie in Gruppen die Aufgabe 3 von S. 76.

DIE ZEIT – Nr. 8 – 15. Februar 1985

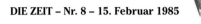
Vokabelkosmetik

Von Dieter E. Zimmer

Schön verlogen

Was hässlich klingt, wird sprachlich befördert und verbrämt

Einer der zugkräftigsten Motoren allen Sprachwandels ist allezeit der Hang zur Verschönerung gewesen. Das Unscheinbare – es soll wenigstens sprachlich aufgewertet, das Unangenehme – es soll wenigstens sprachlich weniger anstößig gemacht werden. Das Erste führt zu den Renommier-, das Zweite zu den Verbrämungs-Euphemismen.

Schiere Renommiersucht erhebt die Wohnung zur *Residenz* und noch die letzte Klitsche zur *Zentrale*, zum *Center* oder zum *Studio*. Es gibt daneben aber auch ein Renommieren durch ironische sprachliche Herabsetzung, das etwa besagt: Seht, so achtlos gehen wir mit den begehrten Gütern dieser Welt um! Die Dame der Schickeria trägt kein Kleid, sondern einen *Fummel*. In ihren Kreisen nächtigt man in keinem Luxushotel, sondern in einer schlichten *Herberge* (oder, im Spiegel-Deutsch, einer *Nobelherberge*). Man nimmt nicht das Flugzeug, sondern den *Flieger*. Man fährt nicht mit dem Auto, sondern allenfalls mit dem *Wagen*, besser und unscheinbar-auffälliger aber noch mit der *Fahrmaschine* oder *Karosse*, vielleicht aber auch schlicht und ergreifend mit dem *Turbo*, in dem natürlich kein ordinärer Motor steckt, sondern ein *Triebwerk*.

Kein Laden mag sich heute noch Laden nennen. Selbst der kleine Lebensmittelladen an der Straßenecke, bei dem der Kunde seine Milchtüte selber aus der Kühltruhe nehmen darf, ist nichts Geringeres als ein *Supermarkt*. Im Französischen wurden die ursprünglichen Supermärkte durch den inflationären Gebrauch des Wortes dermaßen abgewertet, dass sie sich inzwischen gern *Hypermarkt* nennen – größer wird es dann aber nicht gehen. Laden nennt sich heute nur, was über jeden Verdacht erhaben ist, ein ordinärer Laden zu sein: der *Kinderladen*, der *Kontaktladen*, der *Frauenladen*, der *Kulturladen*. Natürlich auch der *Bioladen*, um anzuzeigen, dass er ein Stück – „naturnahe" – Vergangenheit verkörpern möchte. Die Klempnerei firmiert als *Abflusszentrale* (und gibt damit möglicherweise auch gleich noch zu verstehen, dass ihre Leute zu den höheren Künsten des Klempnerhandwerks, dem Dichten eines lecken Wasserhahns beispielsweise, außerstande sind, so wie die Raubritter vom ambulanten *Schlüsselservice* mit wahren Schlosserarbeiten zumeist heillos überfordert wären). Die Tankstelle ist ein *Service-Center*, der Massagesalon ein *Gesundheitsstudio*, die Zoohandlung ein *Cat-Shop*, die Imbissbude ein *Grill-Shop*, der Blumenladen ein *Floristiktreff*, ein *Blütenatelier* oder eine *Plant-Farm*. Die Umbenennung des Puffs in *Eroscenter* erforderte anfangs wohl eine ziemliche Dreistigkeit; indessen, auch sie gelang. Besonders veredelungsbedürftig sind Friseure. Sie nennen sich heute: *Coiffeur, Hairstylist, Frisurenstudio, Hair-Station, Hair-Inn, Hair-Dresser, Beauty Shop, Barber Shop* – oder, gleichsam in Anführungszeichen, nun gerade *Frisör*. Das nämlich ist „nostalgisch" und bringt den empfehlenden Hauch von Anno dazumal.

Sprachliche Beförderung wurde auch einigen Berufen zuteil. Natürlich waren es die weniger angesehenen Berufe, die anderen haben keine Beschönigung nötig, und es war und ist das schlechte Gewissen der Sprachgemeinschaft, die dieser Vokabelkosmetik Vorschub leistete. Die *Raumpflegerin* als Bezeichnung für die Putzfrau war zunächst scherzhaft gemeint, so wie in den zwanziger Jahren schon die *Besenartistin* und nach dem Krieg dann die *Parkettmasseuse* oder *Fußbodenkosmetikerin* oder *Staubsaugerpilotin*, aber da ihre Dienstleistung sehr begehrt war und die *Herrschaften* ihre herrschaftlichen Allüren gerne abstreiften, wurde aus dem Witz Ernst, und als eine Art Gratisprämie erhielt sie die Namensaufbesserung. Müllmänner wurden zu *Müllwerkern*, Straßenfeger zu *Betriebshelfern* (der Straßenreinigung) oder allenfalls zu *Straßenreinigern* (der *Besengardist* des neunzehnten Jahrhunderts hörte sich denn wohl doch zu ironisch an). Aus dem Stallknecht wurde ein *Pferdewirt*, aus dem Waldarbeiter ein *Forstwirt*. Der Vertreter erhob sich zum *Repräsentanten*, der Reisevertreter zum *Repräsentanten im Außendienst*, der Medikamentenvertreter zum *Pharmareferenten*. Der Verkäufer, der etwas Besseres sein soll, ist *Verkaufsberater*. Die studierte Hauswirtschaftlerin ist *Ökotrophologin*, die Hebamme *Entbindungspflegerin*, der Schneider wird als *Anzugspezialist*, und der Kellner soll zum *Restaurant-Fachmann* befördert werden.

Schopenhauer hat das Nötige dazu gesagt: „ … wenn eine an sich unverfängliche Benennung diskreditabel wird, so liegt das nicht an der Benennung, sondern am Benannten, und da wird die neue bald das Schicksal der alten haben. Es ist mit ganzen Klassen wie mit dem Einzelnen: wenn einer seinen Namen ändert, so kommt es daher, dass er den früheren nicht mehr in Ehren tragen kann; aber er bleibt derselbe und wird dem neuen Namen nicht mehr Ehre machen als dem alten." In der Sprache unseres Jahrhunderts: all diesen kostbaren Erhöhungen steht die Abwertung bevor, bis sie wieder ebenso gewöhnlich sind wie die Wörter, die sie einst ersetzt haben.

Die künstliche Wurstpelle bleibt auch als *Natursaitling* Pelle. Die Luftverpestung wird nicht harmloser, kommt sie als *Schadstoff-Emission* daher. Dass sich hinter der *Dünnsäure-Verklappung* die Vergiftung des Meeres durch Salzsäure versteckt, hat sich herumgesprochen. Wenn sich die Atommüllbeseitigung *Entsorgung* nennt, verheißt sie sozusagen ein Ende aller Sorgen. Wo findet sie statt? Im *Entsorgungspark*, der eine Art Garten Eden zu sein scheint. Die *Gegenkultur* der *Autonomen* – denn ihre Euphemismen hat auch die Protestszene – ruft zu undurchsichtigen *Aktionen* oder zu *Spaziergängen* auf, wo an Randale gedacht ist.

Senioren, die Altersheime zu *Seniorenzentren*. Ausländische Arbeiter wurden als *Gastarbeiter* wenigstens sprachlich willkommen geheißen, als wären sie liebe Gäste. Dünne wurden zu *Zierlichen*, Dicke zu *Vollschlanken* (und darin steckt das attraktive *schlank*, das nur durch ein schonendes Wort für sein Gegenteil – *voll* – milde eingeschränkt wird). Krüppel, Kranke, Blinde, Taube verschwanden, nicht aus dem Straßenbild, wohl aber aus der Sprache: Sie wurden teils erst zu *Schwerbeschädigten*, später alle zu (Geh-, Seh-, Hör-) *Behinderten*. Arm soll niemand mehr genannt werden. Aus den Armen wurden die *sozial Schwachen*, aus dem Armenrecht die *Prozesskostenhilfe*, aus der Armenkasse die *Sozialfürsorge*. Die Hilfsschule avancierte konsequent zur *Sonderschule*. Klar, dass auch die

sich die Einseitigkeit und Asymmetrie mancher heutiger Partnerschaften besonders deutlich – zum *Ansprechpartner* bestimmt, was nur heißt, dass sie mich anquatschen lassen will.

Viele dieser Verbrämungen sind überaus rücksichtsvoll, überaus „*sozial*" gemeint. (Das Wort *sozial* übrigens suggeriert, dass „gesellschaftlich" und „fürsorglich" ganz und gar eins seien.) Wer schon den Nachteil hat, soll nicht noch durch ein deutliches Wort daran erinnert werden. Und das ist ja wohl auch nur gut so. Andererseits, nun ja, breiten alle diese Euphemismen auch einen leichten Hautgout von Verlogenheit über das Leben. Ja nichts Ungünstiges oder Abträgliches soll mehr aus unserm Munde kommen, alles wird schonungsvoll umschrieben. Die sprachliche Exor-

Schwer nachzuvollziehen, dass sich noch vor wenigen Jahren zwei Welten daran schieden, ob man jene terroristische Formation *Baader-Meinhof-Bande* oder *Baader-Meinhof-Gruppe* nannte – alle Progressiven bestanden auf *Gruppe*. Durchgesetzt aber hat sich der Name, den sie sich in leichter Verkennung der Tatsachen selber gegeben hatte: *RAF*, „Rote Armee Fraktion". Einen besonders unverfrorenen Verbrämungs-Euphemismus hat sich die Polizei einfallen lassen, als sie den gezielten Todesschuss in *finalen Rettungsschuss* umtaufte, so als müsse es geradezu eine Ehre und Freude sein, von dem getroffen zu werden.

Niemand will heute mehr alt genannt werden. *Ich sehe ganz schön alt aus* heißt: Ich stehe ziemlich unvorteilhaft da. Da die Leute aber trotzdem weiter alt werden, musste wenigstens ein jugendfrisches Wort her. So wurden die Alten zu

Dummen abgeschafft wurden; heute gibt es höchstens noch *Lernschwache* oder *Lernbehinderte*, und auch die nur ungern.

Überall wimmelt es von Partnern. Früher waren das Kompagnons in einer Firma. Es handelte sich da also um eine Beziehung von gleich zu gleich, eingegangen zur Verfolgung geschäftlicher Interessen. In den Privatbereich drang das Wort ein, als eine gemeinsame Bezeichnung für „Ehegatte" und „Dauerfreund(in)" benötigt wurde, die vorurteilslos beide Lebensformen gleichermaßen guthieß: *Ich lebe mit meinem Partner zusammen.* Um die Konfrontation von Unternehmern und Untergebenen sprachlich abzumildern, wurden beide pathetisch zu *Sozialpartnern* ernannt. Der Autohändler, bei dem ich nicht kaufe, bezeichnet sich als mein *VAG-Partner*. Und die Firma, mit der ich nichts zu besprechen habe, hat mich – hier zeigt

zierung der Negativität, macht sie nicht das Leben „wohnlicher"? Aber, leider, ändert sich draußen in der Realität nichts nur darum, weil es mit einem glimpflicheren Namen gerufen wird.

Schon werden aus Notärzten *Rettungsärzte*, als sei es der Sprachgemeinschaft bereits zu viel, zuzugeben, dass ein Verunglückter sich in Not befindet. Morgen werden sich die Krankenhäuser in *Gesundheitszentren* oder *Fitnessresidenzen* umbenennen. Übermorgen dann werden, nach dem Vorbild von *vollschlank*, die Kranken als *Mattgesunde* aufstehen und wandeln. Die selber bereits reichlich euphemistischen Friedhöfe wird man zu *Ruheparks* umstilisieren. Und wie könnte man dann den Tod nennen? *Steiflebendigkeit?* Oder *Vitalschwäche?*

(Der Text wurde zwar schon 1985 geschrieben, hat aber nichts von seiner Aktualität verloren.)

3. In welchen Lebensbereichen wird gerne Vokabelkosmetik betrieben?
Aus welchen Gründen?
Mögliche Gründe:
- Verdunkelung: Hörer/Leser sollen in Unkenntnis gelassen werden.
- Geschäftsinteresse
- Verschleierung bei Tabuthemen
- Ein neuer Begriff wird nötig, weil der alte zu negativ besetzt worden ist.
- Heuchelei
- Renommiersucht
...

Ordnen Sie die Gründe einzelnen Abschnitten zu.

4. Was für „Schminke" wird für die Vokabelkosmetik benutzt?
- Übertreibung (*Wohnung = Residenz*)
- Untertreibung (*Kleid = Fummel*)
...

5. Legen Sie eine Liste aller Euphemismen des Textes an:
- Was alles suggerieren diese Wörter?
Zum Beispiel:
Residenz: teuer, groß, Luxus, kostspielig, fürstlich, exklusiv, Status, Privilegien, ...
Fummel: klein, nichtssagend, schlechte Qualität, Wühltisch, Sonderangebot,
kann sich jeder leisten, ...

- Welche Werte drücken sich in diesen Euphemismen aus?

6. Vergleichen Sie:
Für welche Lebensbereiche werden in Ihrer Sprache häufig Euphemismen
verwendet?
Welche Werte drücken sich darin aus?

28.7 NichtraucherInnenschutzgesetz

1. - Was bedeutet dieses Zeichen?
- Wo findet man das?
- Halten Sie sich daran?
- Gibt es bei Ihnen ein NichtraucherInnenschutzgesetz?
- Halten Sie so ein Gesetz für nötig?

2. Hören Sie den Text.
Welche Parteien oder Gruppierungen kommen zu Wort?
Rekonstruieren Sie die Reihenfolge.

3. Was für Parteien sind das?
Welche Positionen vertreten die wohl in dieser Debatte?

4. Hören Sie den Text noch einmal, ganz oder in Abschnitten, und notieren Sie die
Positionen/Argumente der verschiedenen SprecherInnen.

5. Lesen Sie die Transkription im Arbeitsbuch, und markieren Sie alle Wörter, die
für den Bereich „Parlament"/„Gesetz" wichtig sind.

29.1 Das Mädchen und der Förster

Petra lag auf der Couch, griff immer wieder zur Sonntagsausgabe des „Boten" und las seufzend die kleine Anzeige auf der vorletzten Seite in der Rubrik „Heiratsmarkt". Den Text kannte sie auswendig: „Junge Frau, 32, 162/55, sucht einen Mann zum Liebhaben. Kennziffer 10432." Ob wohl jemand darauf antworten wird? Sie sehnte sich nach einem neuen Partner. Es brauchte kein Traummann zu sein. Er sollte nur genauso gern schmusen wie sie …

1. Setzen Sie die Geschichte im gleichen Stil fort. Lassen Sie sich von den rosa Wolken inspirieren!

„Seien Sie herzlich willkommen!", rief da eine Stimme, die sie an Samt und Moschus erinnerte.

Seine Frau, schrieb er, hatte ihn vor drei Jahren mit der kleinen Tochter verlassen, weil ihr das Leben an seiner Seite zu langweilig gewesen war.

Die ganze Nacht machte Petra kein Auge zu.

„Es war wunderbar!", rief Petra nach dem Waldspaziergang begeistert.

Und wie auf Kommando hörten sie oft auf zu sprechen, wenn Worte störten.

„Das ist eben das Geheimnis der Liebe", entgegnete er.

Alles hatte Petra inzwischen schon versucht, um einen neuen Partner zu finden.

Petra nickte spontan – und spürte in der Gegenwart des Mannes zum erstenmal in ihrem Leben wirkliche Nähe.

Sein ganzes Gesicht strahlte, als er sie ansah.

„Ich denke, ich fahre jetzt lieber", flüsterte Petra und senkte verlegen das Haupt.

AB

2. Was suchen die Leute, die solche Romane lesen?
Was wird ihnen verkauft?

Ein Liebesroman von Jenny Belitz

Das Mädchen

Petra lag auf der Couch, griff immer wieder zur Sonntagsausgabe des „Boten" und las
4 seufzend die kleine Anzeige auf der vorletzten Seite in der Rubrik „Heiratsmarkt". Den Text kannte sie auswendig: „Junge Frau, 32, 162/55,
8 sucht einen Mann zum Liebhaben. Kennziffer 10432."

♥♥♥♥♥♥♥♥♥♥♥♥♥♥

Auf ihre Partneranzeige hatte sich nur ein Mann gemeldet, und der entsprach so gar nicht Petras Vorstellungen …

▲▲▲▲▲▲▲▲▲▲▲▲▲▲

Ob wohl jemand darauf antworten wird? Sie sehnte sich schon seit
12 zwei Jahren nach einem neuen Partner. Er brauchte kein Traummann zu sein. Er sollte nur genauso gern schmusen wie sie …
16 Fünf Jahre war sie mit Johannes verheiratet gewesen. Einem Mann, der nur an die Karriere dachte. Sie hatte oft das Gefühl gehabt, an sei-
20 ner Seite zu erfrieren – und ließ sich schließlich scheiden.

Alles hatte Petra inzwischen schon versucht, um einen neuen
24 Partner zu finden. Sie besuchte Kurse bei der Volkshochschule, nahm Tanzunterricht, fuhr sogar allein in Urlaub. Doch es war wie
28 verhext.

Dann, in ihrer Verzweiflung, begann Petra, Heiratsannoncen zu lesen. Männer suchten Frauen, die
32 „in Jeans ebenso attraktiv aussehen wie im Abendkleid", die „gern zu einem erfolgreichen Mann aufblicken" oder gar „gesellschaftlich
36 passend" sind. Von Liebe, wunderte sie sich, war nie die Rede!

„Gib doch selbst mal eine Anzeige auf!", riet ihr vor einer Woche
40 Barbara, mit der sie in der Kosmetikabteilung eines Kaufhauses arbeitete. Petra befolgte den Rat noch am selben Tag. Und heute
44 nun stand ihre Annonce in der Zeitung.

Zwei Wochen später brachte der Postbote die Resonanz auf ihre
48 Zeitungsanzeige: einen einzigen Brief! Hastig riss Petra den Umschlag auf. Er enthielt ein von beiden Seiten mit der Hand beschrie-
52 benes Blatt Papier.

Jochen Hansen hieß der Absender, war 38 Jahre alt und Förster. Seine Frau, schrieb er, hatte ihn
56 vor drei Jahren mit der kleinen Tochter verlassen, weil ihr das Leben an seiner Seite zu langweilig gewesen war. Sie habe wieder ge-
60 heiratet und lebe nun mit dem

3. Worin bestehen die inhaltlichen und stilistischen Merkmale dieser
Art von Literatur?

und der Förster

viele Jahre es wohl schon her war,
dass sie zum letzten Mal im Wald
gewesen war.

92 „Seien Sie herzlich willkommen!",
rief da eine Stimme, die sie an Samt
und Moschus erinnerte. Erstaunt
blickte Petra sich um. Da stand er
96 vor ihr, der Förster! Aber sie hatte
ihn sich ganz anders vorgestellt,

♥♥♥♥♥♥♥♥♥♥♥♥♥♥

**... aber dann kam alles
doch ganz anders, als sie
gedacht hatte ...**

▲▲▲▲▲▲▲▲▲▲▲▲▲▲

nämlich eher groß, kräftig und
männlich – wie einen Naturbur-
100 schen eben.

Doch dieser Jochen Hansen war
nicht groß, er hatte einen kleinen
Bauch, schon Geheimratsecken im
104 dunklen Haar und wirkte eher
schüchtern auf sie. Ihr Typ war er
wirklich nicht!

„Ich freue mich, Sie begrüßen zu
108 dürfen", sagte der Förster und
reichte ihr voller Freude beide
Hände. „Es kommt so selten Besuch. Bitte, treten Sie ein!"

112 Jochen Hansen hatte den Kaffee-
tisch mit einer Sorgfalt gedeckt,
die Petra berührte und sogar einen
Kuchen für sie gebacken. Und das
116 Schlimmste war: Dieser Mann war
von einer geradezu entwaffnenden
Herzlichkeit! Er zeigte, wie er sich
über ihre Anwesenheit freute und
120 ihren guten Appetit. Noch nie,
dachte Petra, hatte ihr jemand so
deutlich gezeigt, wie willkommen
sie ihm war!

Mädchen in Kalifornien. Ja, und er
sehne sich nun nach einer Frau,
die ihn lieben und mit ihm eine
64 neue Familie gründen möchte.
Petra fand es schade, dass dem
Brief kein Foto beilag.

Sie antwortete, obwohl sie sich
68 nicht vorstellen konnte, dass ausgerechnet dieser Waldmensch der
Mann ihres Lebens sein sollte.
Nein, sie hatte keine Illusionen.
72 Doch sie fühlte sich verpflichtet,
diesen Jochen Hansen wenigstens
einmal zu treffen. Kein bisschen

ängstlich oder schüchtern, schlug
76 sie ihm vor, am kommenden Sonntag zum Kaffee im Försterhaus
vorbeizuschauen. Umgehend teilte
er ihr mit, er würde sich auf ihren
80 Besuch freuen.

Als Petra Punkt 15 Uhr am Sonntag vor dem mit Efeu umrankten
Haus aus ihrem kleinen Auto stieg,
84 umfing sie würzige Waldluft. Gierig
atmete sie den Duft von Tannen,
Blüten und Waldboden ein. Es war
hier wunderbar still, stellte sie fest
88 und fragte sich insgeheim, wie

„Sie suchen also jemanden zum Liebhaben?", fragte der Förster nach dem Kaffee auf einmal ganz direkt und sah ihr dabei in die Augen.

„Ja, das heißt …", stotterte Petra. Sie war verwirrt. Sie war es nicht gewohnt, so offen über ihre Gefühle zu reden.

„Ach, stehen Sie nicht zu Ihren Sehnsüchten?", fragte Jochen Hansen enttäuscht. „Nach Ihrer Anzeige hatte ich da aber einen anderen Eindruck von Ihnen!"

„Doch, doch", sagte die junge Frau. „Nur: Da schwingt immer die Angst mit, zu viel von sich zu verraten." „Ich verstehe", erwiderte Jochen Hansen traurig. „So sind die Menschen nun einmal: Lieber bleiben Sie allein und unglücklich, als sich einmal einem anderen so zu zeigen, wie sie tatsächlich sind!"

„Ich denke, ich fahre jetzt lieber", flüsterte Petra und senkte verlegen das Haupt.

„Wenn Sie meinen – bitte!", erwiderte er und brachte sie bis vor ihr Auto. „Aber wenn Sie es sich anders überlegen, rufen Sie mich ohne Scheu an. Ja?"

Petra versprach, dies zu tun. Den Rest des Sonntags war sie sehr nachdenklich. War es nicht verrückt, da war diese große Sehnsucht nach Liebe, nach Wärme und Geborgenheit – und sie schaffte es noch nicht einmal, dies offen einzugestehen! Dieser Jochen Hansen, überlegte sie, war ein ungewöhnlicher Mensch. Er strahlte auf sie Ehrlichkeit aus, Güte, Offenheit und Herzenswärme. Er war einfach zu beneiden.

Die ganze Nacht machte Petra kein Auge zu. Das alte Forsthaus, der Geruch nach Wald und die sanfte Stimme des Försters gingen ihr nicht aus dem Sinn. Vielleicht, dachte sie, muss man inmitten der Natur leben, um so mit sich selbst in Einklang sein zu können wie dieser Jochen Hansen.

Schon am Montagabend rief Petra im Forsthaus an. Jochen Hansens Stimme überschlug sich

fast vor Freude über ihren Anruf. Dann sagte er: „Kommen Sie am Samstagmorgen, noch vor Sonnenaufgang. Ich werde Ihnen eine wunderbare Welt zeigen!"

Er hatte nicht zu viel versprochen. Vor Ehrfurcht hielt Petra fast den Atem an, als sie sah, wie die herbstlichen Morgennebel den ersten Sonnenstrahlen wichen und sich langsam vom Boden hoben. Der Tau auf dem Moos glitzerte schöner als Diamanten. Die Erde roch würzig und herb. Selbst „Herbie", der pfiffige Dackel des Försters, hörte auf zu bellen.

„Es war wunderbar!", rief Petra nach dem Waldspaziergang begeistert, als sie beim Frühstück saßen und strahlte ihren Gastgeber an. „Ich glaube, wir Stadtmenschen sind doch ganz schön arm dran!"

„Das sehe ich ähnlich", stimmte er ihr zu. „Ihr wollt Spaß und Abwechslung am laufenden Band. Aber wo bleibt dabei der Mensch mit seinen Gefühlen und Bedürfnissen?"

Petra nickte spontan – und spürte in der Gegenwart des Mannes zum ersten Mal in ihrem Leben wirkliche Nähe.

Von nun an fuhr Petra jedes Wochenende zum Försterhaus hinaus. Gemeinsam unternahmen sie Spaziergänge, beobachteten das Wild und kochten zusammen in der herrlich altmodischen Küche.

Aber für Petra waren das Wichtigste bei diesen Treffen die Gespräche. Stundenlang redeten sie über Gott und die Welt. Und wie auf Kommando hörten sie oft auf zu sprechen, wenn Worte störten.

Irgendwann begannen sie sich zu duzen. Es geschah ganz von allein – und es beglückte Petra. Doch so nah sie sich inzwischen auch waren – sie hielten weiterhin auf Distanz.

„Du, ich muss dich für Samstag ausladen", sagte Jochen eines Tages am Telefon. „Meine Mutter ist schwer krank. Ich muss zu ihr fahren."

Natürlich akzeptierte Petra diese Ausladung. Das war doch selbstverständlich! Aber dann, am Wochenende, fühlte sie sich einsam und verlassen. Jochen fehlte ihr. Petra begriff, was in den letzten Wochen und Monaten ohne ihr Zutun passiert war: Sie hatte sich in Jochen verliebt, diesen äußerlich so unscheinbaren Menschen, der so gar nicht ihr Typ war!

Als die junge Frau eine Woche später wieder beim Forsthaus vorfuhr, stand Jochen schon in der Tür. Sein ganzes Gesicht strahlte, als er sie ansah. Und in seiner Freude öffnete er beide Arme. Petra konnte nicht anders. Sie lief auf Jochen zu, legte ihren Kopf an seine Schulter.

„Ist schon gut, du brauchst nichts zu sagen", flüsterte er. „Ich liebe dich doch auch!"

„Es ist unfassbar", murmelte Petra und schmiegte sich an ihn, „nie hätte ich geglaubt, mich in dich verlieben zu können. Nie!"

„Das ist eben das Geheimnis der Liebe", entgegnete er. „Sie tut, was sie will. Wir müssen es halt nur akzeptieren – so wie du eben …"

29.2 Lied: Toastbrotbaby

Ich sah dich in der Bäckerei
gleich neben KABA-Fit
du hattest diesen weichen Keks
4 wo jeder sagt: „igitt"
•

doch ich hatt' großen Hunger
da war mir das egal
du lagst so appetitlich
8 im Kastenbrotregal
•

Toastbrotbaby
Toastbrotbaby
Toastbrotbaby
12 Toastbrotbaby Back Back Back Back
•

Heut röste ich dich täglich
und schmier dir Butter dran
und lässt du dich nicht rösten
16 kommst du in Zellophan
•

dann gehe ich zum Ententeich
auch wenn du noch so drohst
verfütter dich dem Enterich
20 denn ich bin nicht ganz bei Toast
•

Toastbrotbaby
Toastbrotbaby
Toastbrotbaby
24 Toastbrotbaby

Die Doofen

– Schreiben Sie den Text, den das Lied parodiert, und singen Sie mit.

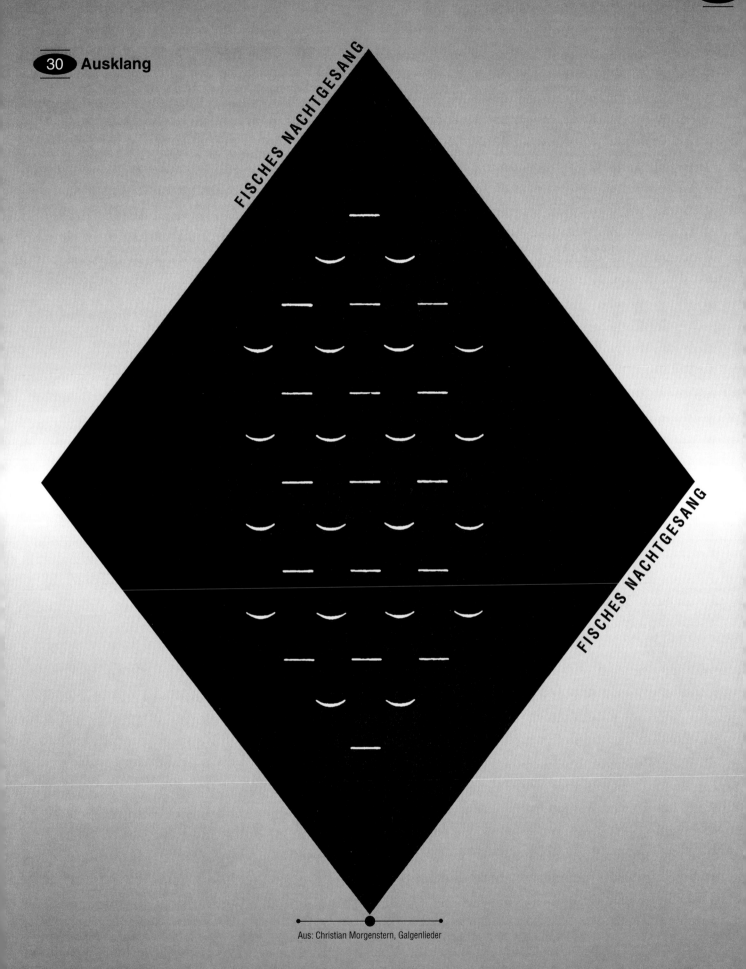

Aus: Christian Morgenstern, Galgenlieder

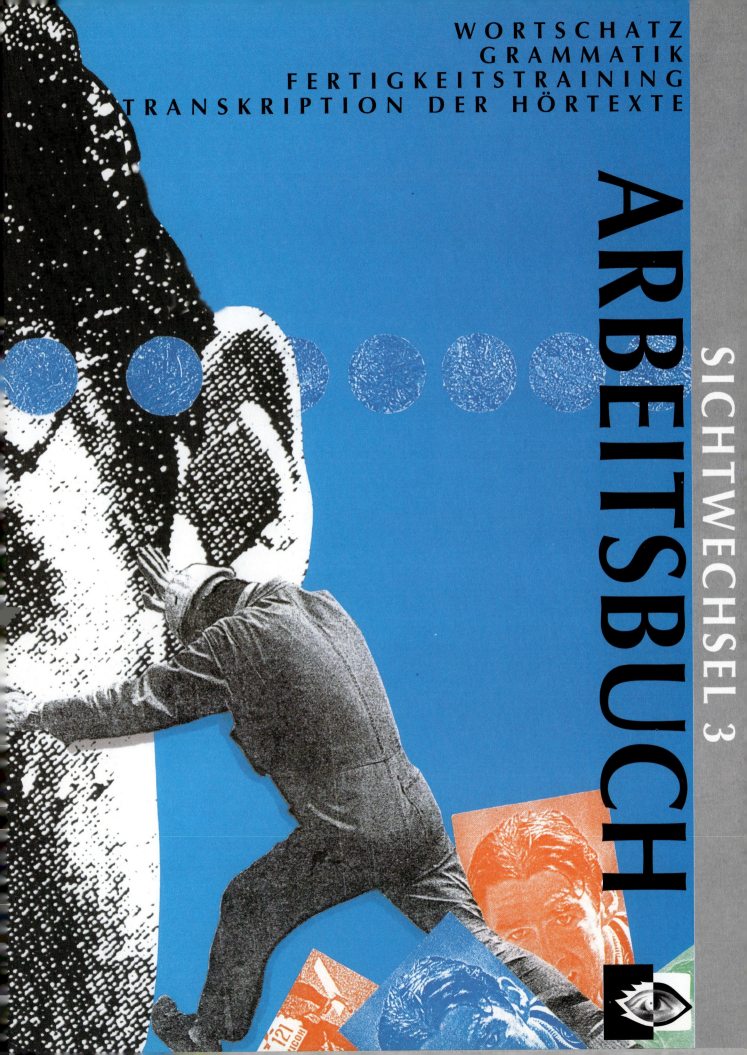

ZU 20.1 Intention und Versprachlichung

1. **Wie geht's?**

Verändern Sie das Gespräch so, dass keine Verstimmung entsteht.

Zeichnung: Buchegger

2. **Höflich und wahr**

Auf folgende Fragen oder Bemerkungen wird im Allgemeinen mit einer Floskel geantwortet. Wie müsste man eine wahrheitsgemäße Antwort formulieren, um keine Verstimmung hervorzurufen? Versuchen Sie beides, und überlegen Sie, wie das Gespräch jeweils weitergehen könnte.

Beispiel:
(Im Restaurant. Das Essen war eine Katastrophe.)
Ober: Hat es Ihnen geschmeckt?
Gast: Ja, danke.

Oder:
Gast: Sie können ja nichts dafür, aber es war heute nicht besonders gut.

a) Hausfrau: Die Suppe ist wohl etwas versalzen.
(Sie ist ungenießbar.)
Gast: …

b) Zahnarzt: Na, hat's weh getan?
(ziemlich)
Patient: …

c) Gast: Kann ich Ihnen helfen?
(Gastgeber/in fängt gerade an zu kochen, die Kinder schreien,
das Telefon klingelt usw. Gastgeber/in wünscht den Gast zum Teufel!)
Gastgeber/in: …

d) Gastgeber: Fühlen Sie sich wie zu Hause!
(Die Wohnung ist ungemütlich, es ist heiß.)
Gast: …

e) Gastgeberin: Das war doch wirklich nicht nötig. Das ist viel zu viel!
(Gast hat Blumen und teuren Wein mitgebracht.)
Gast: …

f) Gast: Na, ich glaube, es wird allmählich Zeit. Es ist schon ziemlich spät.
(Es ist sehr spät. Gastgeber ist hundemüde.)
Gastgeber: …

g) Krankenschwester: So, nun legen wir uns hin und schlafen schön.
(Krankenschwester: hübsch. Patient: männlich, nicht allzu lädiert.)
Patient: …

h) Frau: Ist mein neues Kleid nicht toll?
(Es ist scheußlich und steht ihr überhaupt nicht.)

Na, hat's weh getan?

3. Stimme und Körper: Dialoge deuten und interpretieren

Ergänzen Sie die Dialogfragmente vorn und/oder hinten so, dass eine
konkrete Situation deutlich wird. Arbeiten Sie zu zweit.

Dialog 1:
○ Wirklich? Das hätte ich mich nicht getraut.

Dialog 2:
○ Das geht nicht.
● Wart mal ab!

Dialog 3:
○ Siehst du was?
● Der Wagen ist schon da.
○ Ich bin fertig.

Dialog 4:
○ Huch! Was machst du denn da?
● Das siehst du doch!

Dialog 5:
○ Das lohnt sich doch gar nicht.
● Kleinvieh macht auch Mist.

ZU (20.2) Stimme und Körper: Sprechhandlungen

1. Was ‚machen' wir, wenn wir „ja" sagen?

> bestätigen – beruhigen – versprechen – erlauben – zögern – vereinbaren –
> zustimmen – feststellen

Spielen Sie die folgenden Minidialoge, probieren Sie verschiedene Intonationen aus,
und stellen Sie fest, um welche Sprechhandlung es sich handelt.

a) Bist du sicher, dass du das Gas abgestellt hast? – Ja.
b) Wartest du auch bestimmt auf mich? – Ja.
c) Darf ich jemanden mitbringen? – Ja.
d) Willst du wirklich kündigen?? – Ja.
e) (Vermieter:) Dann nehmen Sie die Wohnung? – Ja.
f) Sind Sie mit dem Preis einverstanden? – Ja.
g) Ist die Wohnung groß? – Ja.
h) Wollen Sie meine Frau/mein Mann werden? – Ja.

2. Sagen Sie doch auch mal „nein"!

„Ein deutsches ‚Nein' ist ‚Nein'."

In vielen Kulturen gilt ein direktes „Nein" als unhöflich. Mit welchen sprachlichen
Mitteln drücken Sie aus, dass Sie etwas ablehnen?
Wenn in Ihrer Kultur ein „Nein" als unhöflich gilt, sollten Sie das „Nein-Sagen"
im Deutschkurs üben. Denn wenn Sie „Nein" meinen, einem Deutschen oder einer
Deutschen gegenüber jedoch nicht „Nein" sagen, sondern etwa „Ich will es mir
noch einmal überlegen", können Missverständnisse aufkommen.

Überlegen Sie sich eine konkrete Situation, in der Sie „Nein" sagen. Verdeutlichen Sie die Situation über die Art, wie Sie dieses „Nein" aussprechen.
Laufen Sie im Raum herum, spielen Sie sich gegenseitig (wechselnde Partner) Ihr „Nein" vor, und versuchen Sie, „Nein" durch einen Satz zu ersetzen. Überlegen Sie gemeinsam, was Sie mit Ihrem „Nein" ‚gemacht' haben.

> Überraschung ausdrücken – etwas verbieten – sich wundern – etwas
> unglaublich finden – erschrecken – etwas ablehnen – etwas schön
> finden – etwas verneinen – nein sagen, aber ja meinen – sich weigern

ZU 20.3 Das Wiedersehen

1. Der Originaltext von Bertolt Brecht lautet:

Ein Mann, der Herrn K. lange nicht gesehen hatte, begrüßte ihn mit den Worten: „Sie haben sich gar nicht verändert." „Oh!", sagte Herr K. und erbleichte.

2. **Stimme und Körper: Sprechhandlungen**

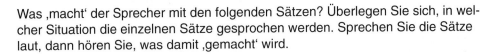

Was ‚macht' der Sprecher mit den folgenden Sätzen? Überlegen Sie sich, in welcher Situation die einzelnen Sätze gesprochen werden. Sprechen Sie die Sätze laut, dann hören Sie, was damit ‚gemacht' wird.

> einladen – ein Kompliment machen – tadeln – danken – warnen – bitten –
> einen Auftrag ausführen – versprechen – eine Wahl treffen – in Schutz
> nehmen – zu Hilfe kommen – Kritik üben – sich zur Wehr setzen –
> auffordern – um Entschuldigung bitten – sich entrüsten – einen Vorwurf
> machen – beleidigen – loben – eine Anschuldigung zurückweisen

a) Hast du mal einen Kuli für mich?
b) Gehst du mit in die Stadt?
c) Ich werde es bestimmt nicht vergessen.
d) Wenn Sie immer zu spät kommen, bekommen Sie einen Vermerk in die Personalakte.
e) Ich wusste ja nicht, dass ich das machen sollte.
f) Ich soll Sie von Frau Meier grüßen.
g) Das hättest du mir aber wirklich früher sagen können.
h) Du hast dich ja gar nicht verändert!
i) Ich nehme das grüne Tuch.
j) Er kann doch nichts dafür!
k) Das ist ja unerhört!
l) Nun lasst das Kind doch mal in Ruhe!
m) Ich weiß gar nicht, wie ich Ihnen dafür danken soll.
n) Der kann nicht mal bis drei zählen!
o) Bei dir piept's wohl?!
p) Sie ist wirklich nicht auf den Kopf gefallen.
q) Du, es geht wirklich nicht. Ich bin im Moment total im Stress!
r) Das war ich doch nicht!

3. Spiel zu Sprechhandlungen

	1	2	3	4	5	6
1	etwas bestätigen	jdn tadeln	jdm zu Hilfe kommen	jdm etwas versprechen	jdm danken	jdn warnen
2	jdn um Hilfe bitten	jdn kritisieren	jdn um Entschuldigung bitten	Überraschung ausdrücken	jdm ein Kompliment machen	jdm einen Rat geben
3	jdm einen Auftrag geben	jdm zu etwas gratulieren	jdn zu etwas auffordern	jdm einen Vorschlag machen	jdm einen Vorwurf machen	sich entrüsten
4	jdn tadeln	jdm zu Hilfe kommen	jdn warnen	etwas bestätigen	jdm etwas versprechen	jdm danken
5	jdn kritisieren	jdn um Hilfe bitten	jdn um Entschuldigung bitten	Überraschung ausdrücken	jdm zu etwas gratulieren	jdn zu etwas auffordern
6	jdm einen Vorschlag machen	jdm ein Kompliment machen	jdm einen Vorwurf machen	jdm einen Rat geben	jdm einen Auftrag geben	jdm einen Vorschlag machen

(Weiß: informelles Gespräch mit Freunden
Grau: formelleres Gespräch mit Kollegen, Bekannten, Nachbarn u. ä.)

Spielanleitung:
Setzen Sie sich in Gruppen. Würfeln Sie abwechselnd mit zwei Würfeln, und spielen
Sie Dialoge zu den Sprechhandlungen, die Ihrer gewürfelten Augenzahl entsprechen.
Ein Würfel gilt für die senkrechte, der andere für die waagerechte Reihe.
Achten Sie auch auf Mimik und Gestik!

4. Analysieren Sie die Verben in den folgenden Sätzen. Welche Unterschiede
   bestehen zwischen den beiden Sätzen?

   a) [1] Ich habe das Brot auf den Tisch gelegt.
      [2] Ich habe viel Wert auf die Form gelegt.
   b) [1] Ich habe gestern einen alten Bekannten getroffen.
      [2] Ich habe endlich eine Entscheidung getroffen.
   c) [1] Sie hat den Eimer unter den Tisch gestellt.
      [2] Sie hat ihre Unschuld unter Beweis gestellt.
   d) [1] Er ist gestern zu meiner Feier gekommen.
      [2] Er ist mir rechtzeitig zu Hilfe gekommen.
   e) [1] Sie bringt ihm immer das Frühstück ans Bett.
      [2] Damit will sie etwas Bestimmtes zum Ausdruck bringen.
   f) [1] Das Geld nehme ich gerne.
      [2] Das Geld nehme ich nicht in Anspruch.

5. Funktionsverbgefüge*

(Wenn Sie keine Lust haben, die richtigen Verben im Wörterbuch zu suchen, dann suchen Sie das System, nach dem die Verben hier angeordnet sind.)

Was gehört zusammen?
Beispiel:
Az: jdm eine Frage stellen

A) jdm eine Frage
B) jdm eine Antwort
C) jdn/etwas in Anspruch
D) jdm ein Kompliment
E) jdm ins Wort
F) jdm einen Gefallen
G) jdm Gesellschaft

H) jdm einen Wunsch
I) jdm einen Rat
J) von jdm Abschied
K) jdm einen Vorschlag
L) sein Versprechen
M) einen Entschluß

N) eine Entscheidung/Wahl
O) ein lustiges Leben
P) mit jdm ein Gespräch
Q) jdm auf die Nerven
R) den Mund
S) jdm zur Last
T) jdn hinters Licht

U) auf jdn Rücksicht
V) jdm Hilfe
W) jdm einen Vorwurf
X) etwas in Frage
Y) jdm auf den Wecker
Z) den Kürzeren

a) ziehen
b) fallen
c) stellen
d) machen
e) leisten
f) nehmen
g) führen

h) fallen
i) halten
j) fallen
k) führen
l) führen
m) treffen
n) fassen

o) halten
p) machen
q) nehmen
r) geben
s) erfüllen
t) leisten
u) tun

v) fallen
w) machen
x) nehmen
y) geben
z) stellen

Lernen Sie diese Funktionsverbgefüge (FVG) auswendig. Sie werden auch in der Umgangssprache häufig verwendet.

Lövo

* (Die „Funktionsverbgefüge" werden in manchen Grammatiken auch „feste Nomen-Verb-Verbindungen" genannt.)

6. Funktionsverbgefüge – Syntaktische Besonderheiten

Das Substantiv von Funktionsverbgefügen kann weder durch Pronomen ersetzt noch erfragt werden. Der nominale Bestandteil des FVG tendiert zur Endstellung.

Antworten Sie, und ersetzen Sie, wo möglich, die Substantive durch ein Pronomen.

Beispiele:
● *Hast du schon mit dem Chef gesprochen?*
○ *Ja, ich habe mit ihm gesprochen.*

● *Ist der Vorfall schon zur Sprache gekommen?*
○ *Nein, er ist noch nicht zur Sprache gekommen.*

a) Hast du das Papier in den Schrank gelegt?
b) Haben Sie seine Hilfe in Anspruch genommen?
c) Bin ich dir auf die Nerven gefallen?
d) Bist du auf die Kante gefallen?
e) Hat er sich Mühe gegeben?
f) Hat er dir Geld gegeben?

g) Hat er schon Feierabend gemacht?
h) Hat der Chef ihm den Diebstahl zur Last gelegt?
i) Haben Sie den Bericht zu den Akten gelegt?
j) Hat Herr Recke den Diebstahl begangen?
k) Hat er (seinen) Abschied genommen?
l) Hat er seinen Hut genommen?

7. Leistungen der Funktionsverbgefüge

Funktionsverbgefüge sind feste Nomen-Verb-Verbindungen, die wie ein Verb gebraucht werden, bei denen jedoch hauptsächlich das Nomen die Bedeutung trägt. Funktionsverbgefüge haben stilistische, semantische und grammatische Funktionen.

Funktion	Beispiel	Erklärung
Änderung des Registers, Stil	An Ihren Bauplänen müssen wir noch einige Korrekturen vornehmen. Kannst du mir bitte diesen Brief korrigieren?	formell neutral
Änderung der Bedeutung	Der General nahm schon mit 49 Jahren seinen Abschied. Ich möchte mich von Ihnen verabschieden, ich reise morgen ab.	ein hohes Amt verlassen auf Wiedersehen sagen
Änderung des zeitlichen Verlaufs (Aspekt)	Mit seinen Witzen bringt er mich doch immer zum Lachen. Wir haben den ganzen Abend gelacht.	Beginn des Geschehens Handlungsverlauf
Änderung der Valenz: einwertiges oder zweiwertiges Verb	Sein Leichtsinn gefährdet uns alle. Durch seinen Leichtsinn bringt er uns alle in Gefahr. Durch seinen Leichtsinn kommt er immer wieder in Gefahr.	zweiwertig: (Nominativ- und Akkusativergänzung) zweiwertig oder einwertig (nur Nominativergänzung)
Änderung der Mitteilungsperspektive (Aktiv/Passiv)	Er hat mir fest zugesagt, dass er mir das Geld morgen zurückgibt. Ich kann Ihnen keine feste Zusage geben, dass Sie bei uns beschäftigt werden können. Ich habe gestern vom Amt die Zusage bekommen, dass der Bau genehmigt wird.	er sagt mir zu (neutral) ich sage Ihnen (nicht) zu (formell) mir ist von der Behörde zugesagt worden

8. Analysieren Sie die folgenden Satzgruppen.
   Stellen Sie fest, welche Funktionen die FVG in den Sätzen jeweils haben.

Lövo

	Funktion
1. a) Bei der Arbeit sind wir ganz schön ins Schwitzen gekommen.	
b) Es war so heiß, dass wir den ganzen Tag geschwitzt haben.	
c) Der Trainer ist nicht besonders hart. Der bringt einen kaum zum Schwitzen.	
2. a) Sein Gesicht drückte deutlich seine Enttäuschung darüber aus, dass sie nicht gekommen war.	
b) Ich möchte bei der Gelegenheit mein Bedauern über seine Abwesenheit zum Ausdruck bringen.	
c) In seiner Miene kam sein Bedauern über diesen dummen Zwischenfall deutlich zum Ausdruck.	
3. a) Wir haben uns lange darüber gestritten.	
b) Ich weiß auch nicht, warum wir plötzlich mit ihm in Streit geraten sind.	
c) Die Nachbarn liegen schon jahrelang miteinander im Streit um den Zaun.	
4. a) Er hat ihnen sein Haus für den Urlaub zur Verfügung gestellt.	
b) Sie dürfen ohne Einschränkung über die ganze Wohnung verfügen.	
c) Es steht ihnen den ganzen Sommer zur Verfügung.	
5. a) Auf dieses Gerät bekommen/kriegen Sie ein Jahr Garantie.	
b) Er hat mir garantiert, dass ich das Geld nächste Woche zurückbekomme.	
c) Das ist Schlussverkaufsware. Darauf kann ich Ihnen keine Garantie geben.	
6. a) Auf der vereisten Straße kam der Wagen ins Rutschen.	
b) Er rutschte etwa 100 m.	
7. a) Ich brachte den Wagen nur mit Mühe zum Stehen.	
b) Endlich stand er, und ich stieg mit zitternden Knien aus.	
8. a) Ich bin im Großen und Ganzen einverstanden mit Ihnen. Ich muss Ihnen nur in einem Punkt widersprechen, nämlich …	
b) Gegen diesen Beschluss werden wir Widerspruch einlegen.	
9. a) Kinder sind ständig in Bewegung.	
b) Jetzt kommt endlich Bewegung in die Angelegenheit, nachdem sich jahrelang nichts getan hat.	
c) Kannst du dich nicht etwas schneller bewegen??	

9. Machen Sie ähnliche Bespielsätze.

a) Anzeige erstatten – anzeigen
b) in Angriff nehmen – angreifen
c) aufs Spiel setzen – spielen
d) Hilfe leisten – helfen
e) in Wut bringen – in Wut geraten/kommen
f) in Verlegenheit bringen – in Verlegenheit sein
g) in Streik treten – streiken
h) eine Verabredung treffen – verabreden
i) in Auftrag geben – einen Auftrag bekommen
j) Nachricht bekommen – benachrichtigen

> Eine umfassende Liste der gebräuchlichsten FVG finden Sie in Rug/
> Tomaszewski: Grammatik mit Sinn und Verstand, S. 255 ff.

ZU 20.4 Damals

1. Text

Die fünfziger Jahre waren in Deutschland ja ein bisschen langweilig. Nein, sehr langweilig. Zum Schreien langweilig. Ich wollte aber nicht den ganzen
4 Tag lang schreien. Also packte ich damals meine Sachen zusammen und zog nach Norwegen.

Dort war es ruhig, aber nicht langweilig. Die Norweger waren so ruhig wie die Fische. Als ich ankam, sagten sie
8 fast gar nichts. Dafür sind sie in der ganzen Welt berühmt. Erst nach ein paar Wochen murmelten sie manchmal, wenn sie mich sahen, „Morn". Das heißt soviel wie „Guten Morgen", aber die Norweger sagen
12 auch mittags, abends und nachts „Morn". Wenn sie es besonders herzlich meinen, sagen sie sogar „Morn da".

Als die ersten zwei Monate vergangen waren, saß ich eines Abends in dem einzigen Café des Dorfes. Es war
16 ein wenig schmutzig, aber ganz gemütlich. Leider war kein Tisch mehr frei. Also setzte ich mich zu dem Postboten. Der Postbote war mein bester Bekannter, weil er mir so viele Briefe bringen musste.

20 Wir unterhielten uns, ruhig wie die Fische, und tranken Bier, denn in einem norwegischen Café gibt es keinen Schnaps.
„Wann bist du eigentlich geboren?", fragte der Postbote

24 plötzlich. (In unserem Dorf duzen sich alle Leute.) Komische Frage!

Die Norweger sind, glaube ich, sehr neugierig. Aber fast immer verstecken sie ihre Neugier. Es ist nämlich
28 unanständig, neugierig zu sein, und unanständige Norweger gibt es nicht.

Das ganze Dorf schien gespannt auf meine Antwort zu warten.

32 „Ich bin 1929 geboren", sagte ich.

„Ach so", sagte der Postbote.

Das ganze Dorf schien sich zu freuen, dass ich 1929 geboren war. Dann tranken wir noch ein paar Gläser.

36 Um halb zehn wurde das Café geschlossen. Ja, es war eben ein sehr anständiges Dorf.

„Morn da!", sagten wir, als die Bedienung die Stühle auf die Tische stellte.

40 Wieder ein paar Monate später, als die Touristen wie Steine am Strand lagen, ohne sich zu bewegen, saß ich

wieder einmal in unserem anständigen, schmutzigen, gemütlichen Café.

44 Jetzt sprach der Postbote schon fließend Norwegisch mit mir.

Die Tür ging auf, und herein kamen zwei Herren mit verhältnismäßig roten Gesichtern.
48 „Gestatten Sie", sagten die beiden Herren in fließendem Deutsch, denn wie immer war in unserem Café kein Tisch mehr frei.

Wir nickten nur.

52 „Ja", sagte der eine Herr, „Norwegen ist herrlich. Kennen Sie vielleicht Norwegen von früher?"
„Nein", sagte der andere Herr, „leider nicht".
„Es war die schönste Zeit meines Lebens", sagte der
56 erste. „Damals, 1941!"
„Ja, damals!", sagte der andere.
„Waren Sie auch Offizier?", fragte der erste.
„Ja, aber leider nur in Belgien."

60 Das kann doch nicht wahr sein, dachte ich.

„Seitdem liebe ich Norwegen", sagte der erste Herr.

„Die Natur, wissen Sie, und die Menschen! So anständig, und immer so schweigsam!"

64 Das ganze Dorf hörte zu und schwieg.

Niemand fragte die beiden Herren, wann sie geboren waren.

„Gibt es denn hier kein Bier?", rief der zweite Herr.

68 Wir schwiegen wie die Fische.

„Sie kennen Norwegen nicht", sagte der erste Herr. „Bier heißt nämlich hier Öl. Jawohl, Öl! Da staunen Sie, was? Öl! Öl!", rief er. Niemand hörte ihm zu. Erst
72 stand der Postbote auf, dann ich, und wir gingen, ohne „Morn da" zu sagen. Die Bedienung kam und stellte unsere Stühle vor den beiden Herren auf den Tisch, und obwohl es erst fünf Uhr nachmittags war, wirkte
76 das Café auf einmal unendlich leer.

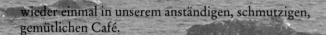

Hans Magnus Enzensberger

2. Das Lied von den Capri Fischern

Capri Fischer

Wenn bei Capri die rote Sonne
im Meer versinkt
und vom Himmel die bleiche Sichel
4 des Mondes blinkt,
zieh'n die Fischer mit ihren Booten
aufs Meer hinaus,
und sie legen im weiten Bogen
8 die Netze aus.
Nur die Sterne, sie zeigen ihnen
am Firnament
ihren Weg mit den Bildern,
12 die jeder Fischer kennt.
Und von Boot zu Boot
das alte Lied erklingt,
hör von fern,
16 wie es singt:

Bella, bella, bella Mari,
bleib mir treu,
ich komm' zurück morgen früh!
20 Bella, bella, bella Mari,
vergiss mich nie!

Sieh den Lichterschein
draußen auf dem Meer,
24 ruhelos und klein,
was kann das sein,
was irrt dort spät nachts umher?
Weißt du, was da fährt?
28 Was die Flut durchquert?
Ungezählte Fischer,
deren Lied von fern man hört.

Rudi Schuricke

96

a. Hören Sie das Instrumentalstück auf der Kassette.
   Was für ein Instrument hören Sie?
   Was alles suggeriert diese Musik?

b. Hören Sie das Lied.
   Welche Wörter des Liedes passen zu Ihren Assoziationen in Aufgabe 1.

c. In dem Text „Damals" charakterisiert Hans Magnus Enzensberger die 50er Jahre
   in Deutschland als „zum Schreien langweilig". Es sind die Jahre des Wiederauf-
   baus und des beginnenden Wirtschaftswunders mit einem überwiegend konserva-
   tiven gesellschaftlichen Klima. Das Lied von Rudi Schuricke und ähnliche Schlager
   waren zu jener Zeit große Publikumserfolge.

   Was drückten solche Schlager für die Menschen damals aus?

d. Sprechen Sie über die musikalischen Mittel, mit denen das Lied seine Wirkung
   erzeugt:
   – Instrumente
   – Tempo
   – Rhythmus
   – Melodie
   – Stimme
   – Stimmung

e. Schlagen Sie in einem einsprachigen Wörterbuch nach, was „Schlager" bzw.
   „Schnulze" bedeutet. Welche musikalischen und textlichen Elemente tragen
   hauptsächlich zur „Schlagkraft" eines „Schlagers" bei?

3. Verweismittel: Pronomen

In den Texten 1–4 sind die Verweisstrukturen nicht eindeutig. Schreiben Sie die Texte
so, dass sie keine unfreiwillige Komik erzeugen.

Eindeutige Formulierung:

Text 1:   *An den Chef der 3. Kompanie!*

*Ich habe mich drei Jahre zu
den Soldaten verpflichtet.
Jetzt werde ich Vater, kann
ich das rückgängig machen?*

_____

_____

_____

Lothar Welzel
Gefreiter, 3. Kompanie

Text 2:   *An die
Leserbrief-Redaktion
der Rhein-Zeitung*

*In Koblenz fuhr am Mittwochabend
ein sogenannter kalter Schlag in den
Akazienbaum des Amtsgartens und
sprang schließlich auf einen in der
anliegenden Straße stehenden Wagen
des Bierverlegers Wolfgang Henning
über, diesen am Hinterteil zersplitternd.*

_____

_____

_____

_____

_____

*Mit freundlichen Grüßen
E. Gehlen*

Text 3:   Nehmen wir einmal den ganz
gewöhnlichen Fall, dass die
Ehefrau ihren Liebhaber bittet,
den Ehemann zu töten, mit
dem Versprechen, ihn dann
zu heiraten.

_____

_____

_____

_____

Text 4:   *ENTSCHULDIGUNG*

*Meine Tochter kann am Montag
nicht zur Schule kommen, das
Schwein wird geschlachtet.*

_____

_____

_____

Alfred Fritzi

ZU 20.5 Gestik

1. Kommunikative Absicht und Interpretation

Geste	Mögliche Interpretation dieser Geste durch eine Person einer fremden Kultur	Absicht der Geste
Z. B.: Ein Deutscher schaut seinem Gesprächspartner bei einer geschäftlichen Besprechung fest in die Augen	Das könnte (z. B. von einem Finnen) als aggressiv interpretiert werden.	Wahrscheinlich will er damit Aufmerksamkeit und Offenheit signalisieren.
Ein Deutscher tippt mit dem Zeigefinger wiederholt an die Stirn.		
Ein Türke hebt die Augenbrauen an, wirft den Kopf leicht in den Nacken und schnalzt mit der Zunge.		
Ein Deutscher schüttelt seinem Besucher 30 Sekunden lang fest die Hand.		
Ein Franzose faltet die Hände und lässt die Daumen umeinander kreisen.		
Ein Grieche klatscht in einer Kneipe in die Hände.		
Ein Spanier legt einem Freund den Arm um die Schulter und klopft ihm dabei auf die Schulter.		

Lövo

Kennen Sie Gesten aus anderen Kulturen, die Sie zunächst falsch interpretiert haben? Spielen Sie sie vor.

.... ? ....

Der Erste zwinkert dabei mit den Augen. Der Zweite hat dabei das Hemd offen. Der Dritte ist dabei zugeknöpft. Der Vierte schwingt dabei mit dem Oberkörper vor und zurück. Der Fünfte steht dabei steif wie eine Bohnenstange. Der Sechste öff-
4 net dabei leicht die Lippen. Der Siebente schreit dabei. Der Achte hält dabei sein Herz. Der Neunte hält dabei einen Arm waagerecht. Der Zehnte fixiert dabei einen entfernten Punkt. Der Elfte schaut dabei verträumt.

Der Zwölfte tut es mit geschlossenen Augen. Der Dreizehnte tut es breitbeinig.
8 Der Vierzehnte tut es mit den Händen an der Hosennaht. Der Fünfzehnte tut es mit erhobenem Kopf. Der Sechzehnte tut es mit leerem Kopf. Der Siebzehnte tut es unverhohlen grinsend. Der Achtzehnte tut es dahinschmelzend. Der Neunzehnte tut es Kaugummi kauend. Der Zwanzigste tut es mit bebenden Nasenflügeln. Der Ein-
12 undzwanzigste tut es zum hundertsten Mal. Der Zweiundzwanzigste tut es zum ersten Mal ...

Süddeutsche Zeitung, 5. 7. 1994

2. Individuelle Gestik/Mimik

a. – Was können die Gesten/ die Mimik bedeuten?

– Worauf könnte sich „dabei" bzw. „es" beziehen?

b. Wie könnte die Überschrift, wie der letzte Satz des Textes lauten?

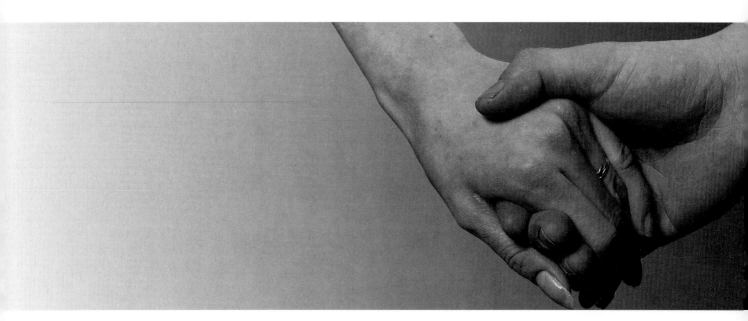

ZU (21.2) Stationen einer Beziehung: Wiederholung temporale Satzverbindungen und Temporalangaben

1. Beziehungen

a. – In welchen Schritten, in welcher zeitlichen Abfolge und an welchen Orten entwickelt sich bei Ihnen in Ihrem Land eine Beziehung?
   – Lesen Sie die Liste auf der gegenüberliegenden Seite. Streichen und ergänzen Sie. Bündeln Sie die Handlungen zu verschiedenen Stationen.
b. Sind die Ergebnisse bei Frauen und Männern gleich? Vergleichen Sie.
c. Diskutieren Sie: Was kann in der zeitlichen Abfolge nicht verändert werden?
d. Schreiben Sie die Geschichte einer Beziehung.

Für diese Aufgaben brauchen Sie temporale Satzverbindungen
(siehe SICHTWECHSEL 1, Arbeitsbuch 4.4) und Temporalangaben
(siehe SICHTWECHSEL 2, Arbeitsbuch 18.1-3).

sagen, wieviel man verdient
die Wohnung zeigen
sich in die Augen schauen
die finanziellen Verhältnisse durchblicken lassen (Auto, Golf, Wochenendhaus …? erwähnen)
eine gemeinsame Unternehmung vorschlagen (Kino, Abendessen …?)
Familienfotos zeigen
über vergangene und gegenwärtige Liebesbeziehungen sprechen
bei dem anderen übernachten
miteinander schlafen
sich einhaken
Sprechen über Dinge, die mit dem Ort, wo man sich befindet, zu tun haben:
    Museum, Theater, Musik, Leute …?
einen Kuss geben
zum Trinken animieren
knutschen
teilnehmend zuhören
erwähnen, womit man sich beruflich beschäftigt
über Politik sprechen
Komplimente machen
etwas schenken (Blumen, Pralinen, ein Buch …?)

ihn/sie den Eltern vorstellen
für den anderen bezahlen
separat bezahlen
Händchen halten
über berufliche Schwierigkeiten sprechen
über Familienprobleme sprechen
den Arm um die Schulter legen
Zahnbürste einstecken
über Beruf, Stellung und Arbeitsplatz sprechen
Nachnamen sagen
nach dem Alter fragen
Freunde über den anderen ausfragen
den anderen zum Reden bringen über: Arbeit, Hobbys, Familie … ?
nach Hause mitnehmen
lange miteinander telefonieren

2. Brief über das Küssen

Lieber ...

4   Seien Sie bitte nicht enttäuscht, wenn ich Ihnen heute wahrheitsgemäß schreibe, dass man in Japan nicht küsst. Nicht freundschaftlich, nicht verwandtschaftlich, nicht diplomatisch und auch nicht, wie Sie meinen, ehrerbietig.
     Eltern küssen ihre Kinder nicht, Großeltern ihre Enkel nicht, Onkel und Tanten küssen
8 nicht ihre Neffen und Nichten, und die Neffen und Nichten nicht ihre Onkel und Tanten. Man küsst nicht die Stirn, nicht die Augen, nicht die Wangen, nicht die Haare, nicht Hals, Nase und Ohren, nicht die Lippen und nicht einmal die Hand. Küssen ist kein Gesellschaftsspiel ...
12   Ich will versuchen, es Ihnen zu beweisen: Wäre das Küssen als Spiel der Liebe echt japanisch, so würde in vielen Liebesszenen in der Literatur und im Film der Nacken einer Frau den ersten Kuss auf sich ziehen, denn eine lange, sanft geschwungene Nackenlinie ist in Japan der Inbegriff weiblichen Reizes. Das war früher so und ist wohl heute noch nicht
16 ganz überholt. Doch ich kenne keinen Roman und auch keinen Film aus Japan, wo der Nacken einer Frau das Ziel des ersten Kusses gewesen wäre. Man küsst – wenn überhaupt – auf amerikanisch oder, etwas nuancierter, auf französisch. Man küsst so, wie man es vom Westen gelernt hat – oder so, wie man glaubt, dass es „richtig" sei [...].
20   Abgesehen von denjenigen Japanern und Japanerinnen, die nach amerikanischem Vorbild „kiss fans" geworden sind, wird das Küssen, so glaube ich, auch heute noch in Japan recht ernst genommen. Vor kurzem fragte mich ein japanisches Mädchen, das als Germanistin zwei Jahre hier in Deutschland studiert hatte, um Rat. Ein deutscher Student wolle sie heiraten, sagte sie mir – er hatte versucht, sie zu küssen ...

Aus: Hisako Matsubara,
Blick aus Mandelaugen

Schreiben Sie einen Brief über das Küssen:

Liebe(r) ...
Bei uns in ...

ZU 21.3 Die Welt der Düfte (Südwestfunk, 16. 1. 1995)

1. Transkription des Hörtextes:

Alles, was wir sind, sind wir durch die Welt, die uns umgibt. Wir erleben diese Welt, wir machen Erfahrungen, deren wichtigste die Er-
4 fahrung des „Ich" ist. Wir lernen aus unseren Erfahrungen, wir formen unser „Ich" in Anpassung und Widerstand. Die Weise aber, wie wir die Welt erfahren, sind unsere Sinne. Sie
8 sind die Türen, durch die die Welt zu uns kommt, die Stellen, wo wir die Welt berühren, wo die Welt uns berührt, die Brücken zwischen uns und der Welt. Wir sehen, wir hören, wir
12 tasten, wir spüren Schmerz, wir empfinden Wärme und Kälte, Druck und Schwere, unsere Lage im Raum, und wir schmecken und riechen. Jeder unserer Sinne hat einen anderen
16 Sinn. Die Orientierung im Raum, das Gefühl der Sicherheit, das das Hörbare uns gibt, das Gefühl für das, was unserem Körper nutzt und schließlich den Geruch der Welt. Wir sagen:
20 „Ich kann den nicht riechen."

Unser Geruchssinn hat seinen Sitz in der Nase, er funktioniert chemisch. Vielleicht genügt ein einziges Duftmolekül, um einen
24 Geruch wahrzunehmen. Es gibt ein Modell des Riechens, nach dem sich ein solches Duftmolekül wie das Teilchen eines Puzzles in eine Struktur einfügt, und dadurch kommt ein be-
28 stimmter Geruch zustande.

●

Verglichen mit anderen Lebewesen ist unsere Geruchswelt arm. Ein Schäferhund hat 225 Millionen Riechzellen, ein Mensch nicht sehr
32 viel mehr als eine Million. Meist achten wir nicht auf unsere Riecherlebnisse – und doch: alles riecht. Die Welt ist voll von Gerüchen. Und diese Gerüche bestimmen – oft für uns unbe-
36 wusst – unsere Einstellung zu Sachen, Situatio-

nen und Menschen. Ein kleines Experiment beweist es: Erinnern Sie sich, damals die Schule? Gleich hinter'm Tor hat er begonnen, jener un-
40 vergessliche, unverwechselbare Geruch im Treppenhaus und dann im Klassenzimmer. Riechen Sie noch Ihren Nachbarn? Kinder haben einen ganz besonderen Geruch. Und die Tafel, wenn
44 sie mit dem nassen Schwamm abgewischt wurde. Und die Kreide, und die Landkarte, und dann die Turnhalle, der Umkleideraum, die Matten, die Geräte.

●

48 Eine besondere Art von Erfahrung ist die Erfahrung jener Welt, die die Menschen selbst machen und die auf unsere Sinne zielt. Da ist die Malerei, die unser Auge angeht – oder auch
52 ein gutes Design, schöne Farben. Da ist die Musik, die unserem Gehör Sensationen verschafft – des Angenehmen zumeist, Kirchenglocken, eine Sinfonie von Mozart. Und da sind
56 die Freuden des Geschmacks, von Köchen komponiert. Auch für unseren Geruchssinn gibt es eine kreative Welt, eine Welt der Kunst, eine Welt des Genusses. Ich spreche vom Parfüm,
60 das nur zu oft von uns als einfaches Riechwasser hingenommen wird und doch mehr ist als dies. Parfüm als eine Komposition von Düften, ein Blumenstrauß, ein Bouquet, ein Gedicht,
64 eine Sinfonie, bei der bestimmte Gerüche, wie die Geigen, sofort da sind, unmittelbar leicht, heiter. Andere, wie Bratschen, Celli, dunkel und warm, vielleicht auch traurig. Schließlich
68 schwül und schwer wie Kontrabässe. Die Welt des Parfüms ist eine Welt wie die Welt der Musik. Sie folgt eigenen Gesetzen, und sie hat viel zu tun mit dem Wesen eines Menschen.

2. Lesetext:
   Lesen Sie die Überschriften zu einem Artikel aus der ZEIT.

Geruchsforschung ohne Hautgoût

Immer der Nase nach

Wie das nebensächlichste Sinnesorgan unser Verhalten beeinflusst

Was nach Mann riecht, zieht Frauen magisch an; schuld sind die Botenstoffe

a. Was wissen Sie darüber aus eigener Erfahrung oder anderen Quellen?

b. Was riechen Sie gern?
   Was riechen Sie nicht gern?
   Was passiert mit Ihnen, wenn Sie etwas Unangenehmes oder etwas Angenehmes riechen?

   Beschreiben Sie konkrete Situationen und Ihre Reaktionen.

3. – Bilden Sie zwei Gruppen. Die eine Gruppe liest die Abschnitte 1–5, die andere die Abschnitte 6–10.
   Sie wollen der anderen Gruppe die Lektüre des von Ihnen gelesenen Textteils erleichtern: Finden Sie Zwischentitel für die einzelnen Abschnitte. Arbeiten Sie nicht länger als 30 Minuten. (Schnelle Leser/innen bearbeiten zusätzlich die Abschnitte 11 – 13.)
   – Tauschen Sie dann die Abschnitte mit den Zwischentiteln aus, und sprechen Sie anschließend darüber, inwiefern Ihnen die Zwischentitel geholfen haben.

1

Die Redewendung „Ich kann ihn nicht riechen" verweist auf eine zwar im Volksmund verankerte, bisher aber noch nicht hinlänglich anerkannte Weisheit: Gerüche beeinflussen uns weitaus mehr, als wir gemeinhin anerkennen, nach neuesten Forschungsergebnissen sogar dann, wenn wir sie bewusst gar nicht wahrnehmen. Weil sie zum limbischen System vordringen, das unsere Emotionen und Triebe verarbeitet, sprechen Geruchsempfindungen direkt unsere Gefühle an: Über Gerüche bauen wir Sympathien und Antipathien zu Menschen und Produkten aus. Was gut riecht, zieht uns an, was stinkt, stößt uns ab.

2

Die Industrie hat beim Umsetzen dieser Erkenntnis längst die Nase vorn: Jedes Produkt kann heute künstlich parfümiert werden, und häufiger, als man glaubt, passiert dies auch. Plastiksandalen verkaufen sich besser, wenn ihnen eine kräftige Ladung Ledergeruch verpasst wird. Brot riecht mit Brotgeruch versetzt sehr viel ansprechender, und bei Zigaretten, die Weltkarriere machen, besteht das Erfolgsgeheimnis in erster Linie aus der gelungenen Mischung von Zusatzduftstoffen.

3

„Sechzig Prozent aller Verbraucher von Körperpflegeprodukten öffnen im Laden das Produkt und riechen daran", sagt Barbara Busch, die in Frankfurt ein Duftforschungsinstitut namens Analysis betreibt. Verbraucher testen hier im Auftrag von Herstellerfirmen Düfte von Kosmetika und Putzmit-

teln. „In Zukunft wird der Geruch immer wichtiger", wirbt die Duftforscherin für ihr Institut, „weil sich viele Marken in Ermangelung von objektiven Produktvorteilen über den Duft profilieren. Der Duft ist die unsichtbare Markenpersönlichkeit." Über den Duft als „Sympathieträger" – davon ist Barbara Busch überzeugt – wird eine „emotionale Bindung zum Produkt hergestellt".

4

Eine von Barbara Buschs Top- „Nasen", eine sogenannte Dufttesterin, gibt einen Einblick in ihre ausgeprägte Riechfähigkeit: „Wenn ich etwas rieche, stellt sich bei mir sofort eine Assoziationskette ein mit Erlebnissen wie Waldspaziergängen oder Urlaubsreisen und den dazu passenden Farben." Auch unkonventionelle Assoziationen, wie etwa „riecht wie meine Klavierlehrerin", spricht sie unbefangen aus.

5

Dieses Beispiel beleuchtet ein weiteres Phänomen des Geruchssinnes: seine enge Beziehung zu unserem Gedächtnis. Ein – manchmal nur flüchtig wahrgenommener – Geruch weckt Erinnerungen in uns, die wir längst vergessen glaubten. Eine Prise Bohnerwachs kann das gemütliche Haus der Großmutter urplötzlich und gestochen scharf vor unserem inneren Auge entstehen lassen, der Geruch eines alten Buches Studentenzeiten in muffigen Bibliotheken wachrufen. Andere Düfte wiederum sind untrennbar mit bestimmten Personen verknüpft.

6

So ist es erstaunlich, dass sich die Wissenschaft erst seit einigen Jahren intensiver mit der Bedeutung des Riechens für den Menschen befasst. Erst als die Geruchsbelästigung Mitte der siebziger Jahre ein Thema wurde, wuchs bei Politikern und Wissenschaftlern das Interesse, sich mit der Frage zu befassen: „Was ist denn überhaupt los, wenn beispielsweise die Anwohner einer Kläranlage sagen: ‚Es stinkt'?" Und vor allem: Wie lässt sich das messen? Denn mittlerweile weiß man, dass Gestank ebenso krank machen kann wie Lärm. Um den Grad der Belästigung zu ermitteln, entnehmen fahrbare Labors Proben und lassen sie von Probanden direkt vor Ort testen. Beim TÜV* gibt es inzwischen Fachleute, die sich auf Geruchsbelästigung spezialisiert haben, und der Verein Deutscher Ingenieure (VDI) erarbeitet Vorschriften zur Messung von Geruchskonzentrationen.

7

Doch steckt die Geruchsforschung beim Menschen noch in den Kinderschuhen. Anders sieht es bei den Biologen und Zoologen aus: „Ohne die Insektenforscher", so der Psychophysiologe Gerd Kobal, „wüssten wir kaum etwas über die verhaltenssteuernde Funktion von Gerüchen." Von besonderem Interesse sind die Pheromone – Botenstoffe, die durch die Luft übertragen werden und mit denen Tiere über Kilometer miteinander kommunizieren können.

* TÜV: Technischer Überwachungsverein

8

Ameisen beispielsweise markieren ihre Straßen zu einer Nahrungsquelle mit Duftstoffen. Ein Hund kann aus der Fährte eines Artgenossen „erschnüffeln", ob da ein ranghöheres Tier seinen Weg gekreuzt hat. Was in der weitläufigen Natur sinnvoll ist, wird dem Tier im Käfig zur Qual: Dem ständigen Geruch eines ranghöheren Tieres ausgesetzt, werden etwa Affen nach kurzer Zeit impotent.

9

Gibt es beim Menschen diese Duftbotschaften? „Spitzenkandidat für ein solches Pheromon ist das moschusartig riechende Androsteron", sagt Kobal. Ein mit Androsteron – in nicht riechbarer Konzentration – präparierter Stuhl in einer Zahnarztpraxis zog Frauen magisch an, während Männer einen großen Bogen um ihn machten. Bei Lernexperimenten erhöhte der Stoff die Merkfähigkeit. Frauen scheinen darüber hinaus Männerporträts in Gegenwart von Androsteronen positiver zu beurteilen. Männern ging es dagegen umgekehrt: Sie fanden Frauenbilder, die sie unter Androsteroneinfluss sahen, unattraktiver.

10

Die deutsche Verhaltensforscherin Annemarie Schleid vom Konrad-Lorenz-Institut hat inzwischen nachgewiesen, wie stark Sympathie und Antipathie zu einem Menschen durch Gerüche gesteuert werden. Sie verglich japanische Ehepaare, die durch Vermittlung ihrer Eltern verheiratet wurden, mit europäischen Paaren, die eine „Liebesehe" eingegangen waren. Das Ergebnis für die Japaner: Mehr als achtzig Prozent von ihnen bezeichneten den Geruch eines von ihrem Partner getragenen Hemdes als unangenehm. Ganz anders die Europäer: Überwiegend mochten sie den Geruch ihres Partners.

11

Was mag uns der Geruchssinn noch alles bescheren? Manager in Japan nutzen Duftstoffe längst manipulativ: Gesprächspartner werden – je nach Situation – Düften ausgesetzt, die ihre Stimmung steigern oder senken sollen; Großunternehmer verbreiten durch die Klimaanlage Duftstoffe, die Arbeitsleistung und Stimmung positiv beeinflussen sollen: vormittags Zitronenduft als Muntermacher, mittags Rosenduft zur Entspannung, nachmittags Holzgeruch für neuen Schwung.

12

Auch wir haben von so einer Duftberieselung bereits profitiert: Fluggesellschaften beispielsweise mischen der Klimaanlage kurz vor der Landung Mentholduft bei, zur Erfrischung der Passagiere und um ihnen die Angst zu nehmen. Die beruhigende und sogar heilende Wirkung von Düften macht sich auch die populärer werdende Aromatherapie zunutze. Der Patient muss dabei ein auf ihn abgestimmtes, tägliches Riechprogramm verschiedener Düfte wie Rosmarin, Baldrian oder Lavendel absolvieren. Bei psychosomatischen Erkrankungen hat sich diese Heilmethode bewährt.

13

Wann wird die deutsche Hausfrau (oder gegebenenfalls der Hausmann) dazu übergehen, dem stressgebeutelten Ehepartner abends anstelle eines Drinks erst einmal einen Raumduft als Muntermacher zu kredenzen?

Die ZEIT, 12. 10. 1990, gekürzt

WAS RIECHEN SIE GERNE?

ZU 21.5 Zusammenleben oder nicht?

1. Transkription eines Gesprächs zwischen Nicoline, 26, und Svenja, 24, August 1993:

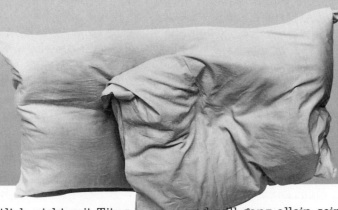

● Wieso möchtest du eigentlich nicht mit Titus zusammenziehen?

○ Hm. Weil ich, also ich könnt' mir überhaupt
4 nicht vorstellen, mit ihm zusammenzuleben auf lange Zeit. Ich find' eigentlich, 'ne Beziehung bleibt frischer, wenn man getrennt wohnt, in getrennten Wohnungen, und sich
8 dann ab und zu trifft, und wirklich auf so'n Treffen sich auch freut, dass es, ja, einfach immer wieder frisch ist, immer wieder neu, und nicht so dieser ganze Alltagstrott mit in
12 die Beziehung hineingezogen wird. Ich find' nicht, dass das notwendig ist unbedingt.

● Aber ich find' das gerade gut, wenn man auch die alltäglichen Sachen zusammen er-
16 lebt, weil – irgendwie gehört das doch dazu, und 'ne Beziehung ist ja auf Dauer irgendwie immer 'n Leben zusammen, und man sollte doch auch gerade die Sachen teilen, dann
20 kann man sich doch auch besser verstehen. Und gerade weil ich weiß, was Raymund z. B. arbeitet und auch da dabei gewesen bin, weiß ich doch, wieso er Probleme hat mit der
24 Arbeit, oder wieso er sauer ist, wenn er sauer ist. Und sonst verstellt man sich ja vielleicht auch oft und lernt sich eigentlich gar nicht richtig kennen.

28 ○ Aber das glaube ich nicht, dass, wenn man, ja, fünf Jahre zusammen ist, da lernt man den andern schon kennen. Also, es ist ja nicht so, dass wir uns irgenwie nur zwei
32 Stunden mal sehen, sondern wenn wir uns sehen, dann ist es auch so, dass ich bei ihm übernachte oder er bei mir übernachtet, und das auch oft mehrere Tage in Folge. Nur,
36 dann ist immer wieder der Punkt, wo ich mir sage oder auch Titus sich sagt, so, jetzt will ich auch mal wieder meine Ruhe haben

und will ganz allein sein, und man froh ist,
40 dass der andere einem dann nicht ständig übern Weg läuft, und man sich eben mal zwei Tage nicht sieht und auch wieder andere Erfahrungen sammelt, neue Eindrücke
44 von außen, die dann auch wieder in die Beziehung reingetragen werden können. Also ich glaub' schon, dass ich Titus auch kennen lerne.

48 ● Aber ich denke, dass man ja auch die anderen Eindrücke schon sammelt. Ich studiere zum Beispiel und bin dann in der Universität, und Raymund macht seinen Beruf und
52 hat da seine Eindrücke, und die bringt man ja auch mit rein. Man kann ja auch so getrennt Sachen machen, aber trotzdem ist es irgendwie schön, wenn man zusammenlebt
56 und alles teilt und einfach zusammen sein kann, wenn man zusammen sein will. Und ich hab' ja auch, wenn ich meine Ruhe haben möchte, dann geh ich in 'n anderes Zim-
60 mer und hab' meine Ruhe, und Raymund würde mich niemals stören. Und trotzdem …

○ Aber das …

● kann ich aber wieder zu ihm gehen, wenn
64 ich möchte.

○ Das ist für mich aber gerade auch der Unterschied, dass ich also, ob er nun wirklich in der Wohnung noch ist oder nicht. Also, wenn
68 ich weiß, er sitzt zwei Zimmer weiter, dann … und, oder ich geh' aufs Klo, und er läuft mir übern Weg, also ich möchte einfach wirklich 'ne richtige Trennung haben, weil –
72 sonst ist die Gefahr doch zu groß, dass man am Ende immer zusammenkluckt, und sich das Ganze auch so, ja, so'n bisschen verläuft. Es wird alles so selbstverständlich und – also
76 ich find's eigentlich schön, wenn das nicht so

ist, wenn noch ungewohnte Dinge drin sind.

● Also ich kann nur sagen, obwohl wir ja jetzt
drei Jahre schon zusammenwohnen, oder
80 sogar dreieinhalb Jahre, dass es immer noch
so ist, dass ich mich teilweise überrasche
über irgendwas, was Raymund macht, oder
mich auch immer wieder freue, wenn er
84 zum Beispiel abends bei 'ner Versammlung
ist, von der Arbeit, und dann warte ich und
sitz' im Bett und warte, wann kommt er
endlich, und kann gar nicht einschlafen, weil
88 ich immer denke, na ja, vielleicht kommt er
ja in der nächsten halben Stunde, und das ist
doch eigentlich trotzdem, man freut sich
doch trotzdem, den andern zu sehen ...

92 ○ Aber das ist für mich auch wieder 'n Problem, also ich find' das gar nicht so schön,
diese Vorstellung, mein ganzes Leben denn
auch auf den andern so einzustellen, und

96 das passiert halt sehr leicht. Also gerade,
was du sagst mit dem Warten, könnt' ich mir
vorstellen, dass ich zu Hause sitze und mich
dann vielleicht auch ärgere, dass Titus nun
100 nicht kommt, weil ich hab' das, habe irgendwie was geplant oder so, und ich finde das
denn doch angenehmer ... also auch weil ich
weiß, dass ich bestimmt sehr vereinnah-
104 mend wäre in so 'nem Fall, dass man denn
doch 'n bisschen Distanz da sich auch behält.

● Bloß die Distanz kann man auch behalten,
wenn man zusammenwohnt, weil – das
108 kommt immer auf die Leute drauf an, die
zusammenwohnen, und wie sehr die sich
eben aneinanderketten oder, also man kann
sich die Distanz ja trotzdem halten und
112 trotzdem seine Freiheiten behalten.

○ Das glaube ich nicht, also ...

2. Mit welchen sprachlichen Mitteln wird Pro und Contra ausgedrückt?

3. Vergleichen Sie die Aussagen des Gesprächs mit der Statistik zur Entwicklung
der Haushaltsgröße in SICHTWECHSEL 1, Teil 8.3.

4. Was haben Distanz und Nähe miteinander zu tun?

ZU (22.1) Jemand möchte sich von einem Freund Geld leihen

Die folgenden Dialoge sind wörtliche Übersetzungen aus verschiedenen Sprachen
und deswegen keine idiomatisch deutschen Texte.

1. (Dänemark: Kathrina und Krista)

A: Alles ist heute so teuer. Könnte ich doch nur
Überstunden machen. Momentan weiß ich
überhaupt nicht, wie ich Geld für den Mecha-
4 niker finden soll. Du weißt schon, ich bin so
abhängig von dem Auto, um überhaupt zur
Arbeit zu kommen.

B: Ja, ich weiß. Ich weiß auch nicht, wie ich
8 Rechnungen bezahlen soll, mit denen ich
nicht gerechnet habe.

A: Ich weiß gut, dass ich jetzt eigentlich nicht
zu dir kommen sollte, und du darfst auch
12 gern „nein" sagen. Ist es aber nicht zufälli-
gerweise so, dass du mir 2000 Kronen
leihen könntest, nur bis zum Ersten, denn
dann werde ich wieder Geld haben ...

16 B: Natürlich würde ich dir gerne helfen. Momentan ist es aber sehr ungünstig, wir haben selber viele Ausgaben gehabt, du weißt
schon, Urlaub, Steuern und dann auch noch
20 die Kinder. Ich kann dir das Geld nicht leihen. Kannst du nicht dein Konto überziehen?

A: Nein, das geht schlecht, aber vielleicht kann
24 ich einen Kredit aufnehmen. Die Rechnung
muss auf alle Fälle bezahlt werden. Aber ich
danke dir trotzdem, dass du die Geduld hattest, mir zuzuhören, und ich finde es falsch
28 von mir, dass ich dich darum gebeten habe.

●

2. (Bulgarien: Grosdanka und Wesselina)

A: Entschuldige, Wesselina, könntest du mir
450 Leva leihen?
B: Eventuell ja, es hängt davon ab, wann ich es
wiederbekomme.
A: In zwei Wochen bekommst du das Geld
zurück. Ist dir das recht?
B: Ja, abgemacht. Hier hast du die 450 Leva.

●

3. (Ungarn: Agnes und Marta)

A: Ich hätte eine große Bitte an dich.
M: Bitte.
A: Könntest du mir bitte 2000 Forint leihen?
M: Wofür brauchst du das Geld?
A: Ich habe gestern in der Innenstadt ein schö-
nes Kleid gesehen, es passt mir ausgezeich-
net, aber ich habe nicht genug Geld. Ich be-
komme mein Gehalt erst nächste Woche.
M: Ich würde dir gern das Geld leihen, aber ich
bekomme mein Gehalt auch erst nächste
Woche. Es tut mir sehr Leid.

●

4. (USA: Dean und Morris)

A: Könnte ich einige Dollar von dir leihen?
B: Wieviel brauchst du genau?
A: Na, so sechs Dollar.
B: Ich habe nur fünf bei mir, und die brauche
ich zum Mittagessen.
A: Schade, ich brauche das Geld wirklich.
B: Sorry, ich kann dir nicht helfen.

●

5. (Jordanien: Mohamed und Ahmed)

A: Hallo, Abu Mohamed, wie geht´s?
B: Gut. Gott sei Dank. Und dir?
A: Auch gut, Gott sei Dank. Und der Familie?
B: Es geht.
A: Abu Mohamed, ich habe ein Problem: Mein
Sohn muss eine Operation machen, es ist
dringend; aber ich habe im Moment einfach
nicht genug Geld, um Arzt und Krankenhaus
zu bezahlen. Was meinst du, könntest du
uns mit ein bisschen Bargeld aushelfen?
B: O Gott. Ich wusste gar nicht, dass dein Sohn
krank ist. Friede sei mit ihm! Hoffentlich
wird er schnell wieder gesund. Natürlich
würde ich euch gerne helfen, du weißt doch,

für mich ist dein Sohn wie mein Sohn; aber
ich habe leider im Moment auch nicht genug
Bargeld. Aber ich habe da eine Idee: Der
Sohn von der Schwester des Vaters meiner
Schwägerin ist Arzt im Stadtkrankenhaus.
Er ist gut, und das Krankenhaus ist nicht
teuer. Ich spreche mit ihm, und vielleicht
müsst ihr nicht gleich bezahlen. Was meinst
du?
A: Das ist sehr nett. Danke. Hoffentlich klappt
das.
B: Ich muss los. Schönen Gruß an alle und tau-
send gute Wünsche für die Gesundheit dei-
nes Sohnes! Friede sei mit ihm! Darf ich
mich verabschieden?
A: Friede sei mit dir!

ZU 22.2 + 22.3 Modalpartikeln

Modalpartikeln (Abtönungspartikeln) im Fragesatz

Modalpartikeln signalisieren Sprechhandlungen, die die Interpretation des Hörers steuern, d. h. der Sprecher signalisiert, wie die Äußerung gemeint ist.

Im Fragesatz werden hauptsächlich folgende Partikeln verwendet:

Partikeln	Beispielsätze	Sprechintention
denn	Tag, Felix, wie geht's dir denn?	Drückt Gesprächsbereitschaft aus, nimmt der Frage den inquisitorischen Charakter.
auch	Habt ihr euch auch überlegt, wie die Sache finanziert werden soll?	Der Sprecher hofft auf eine bestätigende Antwort.
etwa	Muss ich dann etwa auch 'ne Rede halten?	Der Sprecher hofft, dass eine Befürchtung nicht bestätigt wird.
eigentlich	Woher nimmst du eigentlich immer die Zeit für so was?	Frage, die oft „en passant" gestellt wird; führt häufig einen Nebenaspekt des Themas ins Gespräch ein.
überhaupt	Geht das überhaupt, dass Privatpersonen so was machen?	Der Sprecher will etwas Grundsätzliches thematisieren.

1. In welcher Situation könnten folgende Fragen gestellt werden?
   Schreiben Sie kleine Dialoge.

   Beispiel zu a:
   Ist er etwa nicht nach Haus gekommen?

   ○ *Ist er etwa nicht nach Haus gekommen?*
   ● *Doch, ich hab' ihn heute Nacht gehört.*
   ○ *Gott sei Dank, ich hab' mir schon Sorgen gemacht.*

   a) Ist er etwa nicht nach Haus gekommen?
   b) Hast du etwa schon wieder kein Geld mehr?
   c) Meinen Sie das etwa im Ernst?
   d) Hast du das etwa nicht gemacht?
   e) Kommt sie etwa mit?

2. Betten Sie die verschiedenen Sätze in passende Situationen ein.

   a) ¹ Hast du es ihr etwa gesagt?
      ² Hast du es ihr eigentlich gesagt?
      ³ Hast du es ihr denn gesagt?
      ⁴ Hast du es ihr überhaupt gesagt?
      ⁵ Hast du es ihr auch gesagt?

   b) ¹ Ist das denn fertig?
      ² ist das denn auch fertig?
      ³ Ist das etwa schon fertig?
      ⁴ Ist das eigentlich fertig?
      ⁵ Ist das überhaupt fertig?

   c) ¹ Kommt sie eigentlich mit?
      ² Kommt sie überhaupt mit?
      ³ Kommt sie denn auch mit?

3. Sie fahren mit der Familie in Urlaub. Alle sitzen im Auto und da fällt Ihnen ein:
   – *Hast du auch das Gas abgestellt?*
   …

4. Fragen Sie mit *denn, etwa, überhaupt* oder *eigentlich*:

   Beispiel:

   *Ihr Freund erzählt Ihnen, dass er seine Arbeit aufgeben will, um sich ein Jahr
   lang in ein Kloster zurückzuziehen.*
   Sie fragen:
   Hast du denn so viel Geld?
   Ist deine Frau überhaupt damit einverstanden?
   Kann man das eigentlich als Laie?
   Bist du etwa Mönch geworden?
   …

   a) Eine Freundin lädt Sie völlig überraschend für heute Abend zu einer Party ein.

   b) Sie kommen in Deutschland an, und Ihr Freund holt Sie mit dem Wagen vom
      Bahnhof ab. Letztes Jahr hatte er noch keinen Führerschein.

   c) Ihr Kollege hatte vor einer Woche einen schweren Unfall. Heute sitzt er
      plötzlich wieder an seinem Schreibtisch.

   d) Eine Wohnung in Ihrem Haus scheint unbewohnt zu sein. Die Rollläden sind
      immer runtergelassen. Einmal glaubten Sie aber, Schritte zu hören. Fragen Sie
      eine Nachbarin.

   e) Sie wollen im Restaurant essen, aber der Ober sagt: Die Küche ist schon
      geschlossen.

   f) Ihre 65-jährige Mutter, seit zehn Jahren Witwe, will einen zwanzig Jahre jünge-
      ren Mann heiraten.

   g) Ihre 18-jährige Tochter will einen zwanzig Jahre älteren Mann heiraten.

   h) Ihr Partner will im Urlaub allein verreisen.

5. **Jemanden zu etwas überreden**

   Sie möchten jemanden zu etwas überreden.

   Beispiele:

   – *Sie möchten, dass er oder sie am Wochenende mit Ihnen wegfährt. Er/Sie hat
     aber keine Lust dazu.*
   – *Jemand parkt vor Ihnen sein Auto in die letzte Parklücke. Sie möchten, dass
     er/sie Ihnen den Parkplatz überlässt.*
   …

   Überlegen Sie sich verschiedene Anlässe, suchen Sie sich einen Partner, und
   spielen Sie die Gespräche.

ZU 22.4 Sprichwörter

1. Verallgemeinerungen: W-Sätze als Subjekt oder Objekt

Wer einmal lügt, **dem** glaubt man nicht, und wenn er auch die Wahrheit spricht.
Was du heute kannst besorgen, **das** verschiebe nicht auf morgen.
Wem das nicht passt, **der** kann ja gehen.
Wes Brot ich ess, **des** Lied ich sing.
(Wessen Brot ich esse, dessen Lied singe ich.)

Verändern Sie bekannte Sprichwörter oder erfinden Sie selbst neue.

Beispiele:

Was du heute kannst besorgen, das hat sicher auch noch Zeit bis morgen.
Wer im Glashaus sitzt, hat ´ne schöne Aussicht.

WIE MANN SICH BETTET, SO SCHALLT ES HERAUS.

2. Erläuterungen zu Personen oder Dingen (Sachverhalten) geben: Relativsätze

Relativpronomen = Demonstrativpronomen (Form des bestimmten Artikels),
wenn der Relativsatz sich auf ein Nomen oder einen Eigennamen bezieht.

Relativpronomen = Interrogativpronomen,
wenn der Relativsatz sich auf das Verb oder ein neutrales Indefinitpronomen bezieht.

Verbinden Sie die Sätze mit dem Relativpronomen.

Beispiel:

Zu der Party sind auch Inge und Peter gekommen.

a) Dabei hatten wir gar nicht mit ihnen gerechnet. (Sie waren nicht eingeladen.)
   Also:
   Zu der Party sind auch Inge und Peter gekommen, mit denen wir gar nicht ge-
   rechnet hatten.

b) Wir hatten gar nicht mehr damit gerechnet. (Es war vielleicht schon nach Mitternacht.)
   Also:
   Zu der Party sind Inge und Peter schließlich auch noch gekommen, womit wir gar
   nicht mehr gerechnet hatten.

1. Mir ist bei den Plänen ein Fehler unterlaufen.
   a) Ich habe mich sehr darüber geärgert.
   b) Über den habe ich mich wirklich geärgert, weil er so blöd war.

2. Neulich habe ich zufällig eine Schulfreundin wiedergetroffen.
   a) Ich habe mich sehr darüber gefreut.
   b) Ich hatte schon lange keinen Kontakt mehr mit ihr gehabt.

3. Er hat mir stundenlang von seinen Plänen erzählt.
   a) Dabei interessiere ich mich gar nicht dafür.
   b) Ich bin dabei fast eingeschlafen.

4. Wir haben schon wieder Ärger mit den Nachbarn gehabt.
   a) Das ist ziemlich unangenehm.
   b) Man hätte ihn wirklich vermeiden können.

5. Er überhäuft mich mit Geschenken.
   a) Mir ist gar nichts daran gelegen, und meist gefallen sie mir nicht mal.
   b) Aber er hilft mir nie im Haushalt. Daran wäre mir viel mehr gelegen.

6. Ich habe mir inzwischen auch einen Computer zugelegt.
   a) Das hatte ich schon lange vor.
   b) Und nun komme ich ohne ihn gar nicht mehr aus.

Lövo

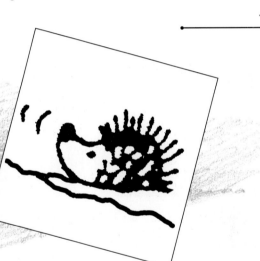

3. „Lebensweisheiten"

Ergänzen Sie die Sätze.

a) Alles, wovon man träumt, …
b) Etwas, worauf man sich lange gefreut hat, …
c) Vieles, worüber man sich zuerst aufregt, …
d) Etwas, woran man sich nicht gern erinnert, …
e) Nichts, was man erwartet, …
f) Das, was man am meisten fürchtet, …
g) Jeder, …
h) Alle(s), …
i) Viele(s), …
j) Niemand, …
k) Jemand, …
l) Manche(r/s), …
m) Der-/Die-/Dasjenige, …

ZU 23.1 Wechselverhältnisse

Miteinander – Gegeneinander: Reziprokpronomen

Das Reflexivpronomen wird auch reziprok gebraucht:
Sie helfen sich.
Das kann bedeuten: „Jeder hilft sich alleine" oder „Einer hilft dem anderen".

Um das Wechselverhältnis zu verdeutlichen, fügt man entweder **gegenseitig** hinzu:
Sie helfen sich gegenseitig.
Oder man ersetzt das Reflexivpronomen durch **einander:**
Sie helfen einander.

Bei präpositionalen Ergänzungen hängt man **einander** undekliniert an die Präposition:
Sie reden miteinander.

---

1. Suchen Sie die passenden Reziprokpronomen im Text:
   Sie drängen sich … .
   Sie schützen … vor dem Erfrieren.
   Sie tun … weh.
   Sie rücken …, aber die Einsamkeit treibt sie wieder …
   Sie suchen eine mittlere Entfernung …, wo sie … tolerieren können.

2. Schreiben Sie kleine Texte oder Gedichte über Themen wie:
   – Geschwister
   – Nachbarschaft
   – Ehe
   – Klassenkameraden
   – Sport
   …

Oder:
Schreiben Sie eine Fabel zu „Von glücklichen Hühnern" (SICHTWECHSEL 2, Teil 19.1).

ZU 23.3 Der Ton macht die Musik

1. Kritik an einer Person äußern

a. In welchen Situationen könnten diese Sätze gesprochen werden?
Schreiben Sie kleine Dialoge.

b. **Ironie und Sarkasmus**

– Welche der Äußerungen sind ironisch, welche sarkastisch?
– Welche der Äußerungen empfinden Sie als verletzend? Warum?

a) Das war wohl nix, alter Junge, das nächste Mal überlegste vorher ein bisschen, o.k.?

b) Erst die Sache mit dem Lehmann, dann das Auto, es fehlt bloß noch, dass du dich morgen absetzt und krank spielst.

c) Sagen Sie mal, Sie können wohl nicht bis drei zählen, was?

d) Ich möchte mich ja nicht in fremder Leute Angelegenheit mischen, aber ich hätte sofort nach dem letzten Brief alles abgesagt.

e) Jeder normal denkende Mensch würde sich mindestens fünf Minuten hinstellen und überlegen, ob er das überhaupt verantworten kann.

f) Ach so, gedacht haben Sie. Interessant! Das sollten Sie lieber den Pferden überlassen, mein Lieber, die haben größere Köpfe!

g) Herr Bauer, wenn Sie erlauben, ich würde in dem vorliegenden Fall diesmal einer Mischfinanzierung den Vorzug geben wollen.

h) Du Blödi!

i) Würdest du das Kind wirklich haben wollen?

j) Passen Sie doch gelegentlich auf, wenn Ihnen wieder mal so ein Brief in die Hand fällt.

k) Also, wenn man sich schon mit zwei Promille ans Steuer setzt, dann sollte man sich nicht erwischen lassen.

l) Da haben Sie ja mal wieder eine Glanztat vollbracht, kann ich nicht anders sagen. Das kann ja heiter werden!

m) Klar, das war mal 'ne Gelegenheit, aber man muss manchmal auch warten können.

n) Ach, Kino und dann Eisdiele! Erzähl mir doch keine Märchen, herumtreiben tust du dich!

o) Sagen Sie mal, was haben Sie sich eigentlich dabei gedacht?

> Mit Ironie sagt man das Gegenteil von dem, was man meint. Sarkasmus benutzt drastische Übertreibungen, Bilder und beißende Ironie. Er wirkt verletzend.

2. Formulieren Sie humorvolle, phantasiereiche (Selbst-)Kritik!

Beispiel:
Ihr Freund ist heute ausgesprochen grantig und schlecht gelaunt.
– *„Du bist aber heute ein Sonnenscheinchen."*
– *„Du bist aber heute mal wieder reizend."*
– *„Hast du im Lotto gewonnen, dass du so strahlst?"*

a) Ihnen läuft heute alles schief.
b) Ihr/e Freund/in ruft Sie nachts um zwei Uhr an, als Sie schon im Tiefschlaf liegen.
c) Der Fahrer eines anderen Autos respektiert Ihr Vorfahrtsrecht nicht, beinahe wäre es zu einem Unfall gekommen.
d) Sie haben Ihrem Nachbarn mit einer unbedachten Handbewegung den Kaffee auf die Hose geschüttet.
e) Ihre Partnerin/Kollegin/Chefin erwartet von Ihnen, dass Sie innerhalb von fünf Minuten zehn verschiedene Dinge erledigen.

3. **Indirekte Kritik: Konjunktiv II, *sollte***

Kritisieren Sie jemanden, ohne ihn/sie zu verärgern. Benutzen Sie die Redemittel im Kasten.

Wenn _____, könntest du vielleicht _____
Könnten Sie _____
An deiner Stelle würde ich _____ An Ihrer Stelle _____
hätte ich _____
wäre ich _____
Wenn ich du wäre, _____ Wenn ich Sie wäre _____
Statt ____ zu ____, solltest du vielleicht/lieber _____ /sollten Sie _____
hättest du _____ sollen. /hätten Sie _____

4. **Intention und Versprachlichung**

Gemeint ist: **Gesagt wird:**

                                Zum Beispiel:

                                Fährst du bitte etwas langsamer?
                                Du, ich habe Frau und Kinder zu ernähren!
                                Kannst du bitte etwas langsamer fahren?
[Fahr nicht so schnell.]   Das ist doch kein Porsche!
                                Morgen ist die Beerdigung von XY.
                                Du kannst jetzt die Flügel ausfahren.
                                Ich glaube, es ist wieder Glatteis angesagt.

Finden Sie eigene Beispiele zur Versprachlichung der folgenden Intentionen:

[Bring mir bitte aus der Stadt eine Zahnbürste mit.]
[Ich möchte dich gerne mal treffen.]
[Bitte rauch nicht so viel.]
[Leih mir etwas Geld.]
[…]

5. Was ‚macht' der Sprecher mit seinem Gesprächspartner:
   Kritisiert er ihn oder lobt er ihn?
   Macht er sich über ihn lustig oder dankt er ihm?
   Welche Äußerungen sind ironisch, welche spaßig, welche ernst gemeint?

   a) Du bist richtig süß!
   b) Mein lieber Mann, was soll denn das?
   c) Wenn du willst, springe ich für dich ein.
   d) Sie sind heute ja direkt mal pünktlich!
   e) Das ist furchtbar nett von Ihnen.
   f) Der Chef hat nach dir gebrüllt. Wahrscheinlich wegen der Gehaltserhöhung.
   g) Kopf hoch, wird schon schiefgehen!
   h) Könntest du jetzt vielleicht mal dein süßes Mündchen halten?
   i) Du bist heute wieder mal zu liebenswürdig.
   j) Wie bist ausgerechnet du an diese hübsche Frau gekommen?

ZU (23.4) Wer spricht wie mit wem?

Anreden

Wie reden Sie Personen mit den folgenden Berufen an? Arbeiten Sie in Kleingruppen.

> Krankenpfleger – Krankenschwester – Steward – Arzt – Ärztin – König – Kellnerin –
> Professorin – Rechtsanwalt, promoviert – Professor – Verkäufer – Kellner –
> Polizist – Besitzer einer Werkstatt – Stewardess

ZU (23.5) Registerunterschiede

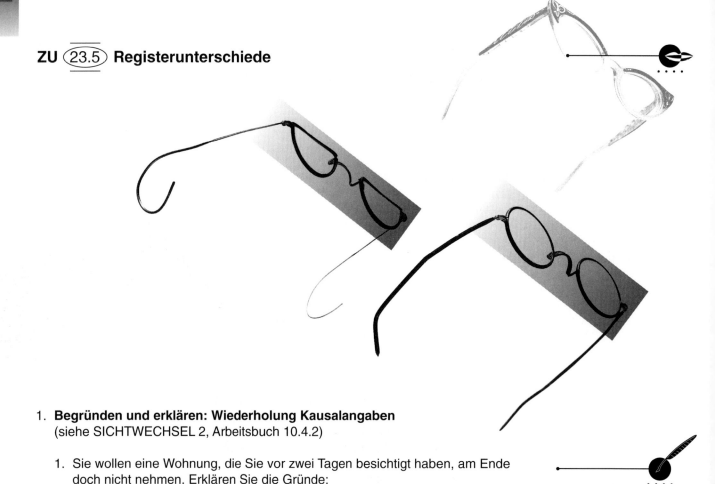

1. **Begründen und erklären: Wiederholung Kausalangaben**
   (siehe SICHTWECHSEL 2, Arbeitsbuch 10.4.2)

   1. Sie wollen eine Wohnung, die Sie vor zwei Tagen besichtigt haben, am Ende
      doch nicht nehmen. Erklären Sie die Gründe:
      a) einem Freund (mündlich)
      b) dem Vermieter (schriftlich)

   2. Sie wollen ein halbes Jahr lang unbezahlten Urlaub nehmen. Erklären Sie die
      verschiedenen Gründe:
      a) einer Freundin (mündlich)
      b) Ihrem Arbeitgeber (schriftlich)

   3. Sie bewerben sich um eine Stelle als … . Erklären Sie die verschiedenen
      Gründe:
      a) Ihren Freunden (mündlich)
      b) im Bewerbungsschreiben

   4. Sie schulden einem Freund/der Bank 10 000 DM und können
      sie nicht fristgerecht zurückzahlen.
      a) Telefonieren Sie mit Ihrem Freund.
      b) Schreiben Sie der Bank.

   5. Sie möchten ein Jahr in ein Kloster gehen.
      a) Erklären Sie das Ihrem Partner/Ihrer Partnerin.
      b) Schreiben Sie an den Abt/die Äbtissin einen Brief.

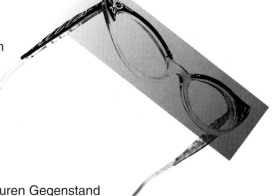

   6. Sie haben sich in einer schwachen Minute einen sündhaft teuren Gegenstand
      gekauft (Kleid, Pelzmantel, Wagen, Couchgarnitur, Schmuck, Motorrad u.ä.),
      für den Sie eigentlich gar keine Verwendung haben.
      a) Erklären Sie Ihrer Freundin/Ihrem Freund, wie das gekommen ist.
      b) Versuchen Sie, den Verkäufer dazu zu bringen, den Kauf rückgängig zu
         machen.

2. Alle Register ziehen!

1. Sie brauchen dringend Geld (1000 DM) und können es erst in zwei Monaten zurückgeben. Was sagen Sie
   a) zu Ihrem besten Freund?
   b) zu einer Tante, die Sie selten sehen?
   c) zu Ihrem Chef?

2. Sie waren aus, es ist ziemlich spät geworden. Eine/r aus der Gruppe hat kein Auto. Sie bieten an, ihn oder sie nach Hause zu bringen.
   a) Es ist ein guter Bekannter/eine gute Bekannte.
   b) Sie kennen die Person nicht und haben auch den ganzen Abend nicht persönlich mit ihr gesprochen.
   c) Es ist die Vorgesetzte Ihrer Mutter.

3. Ein junger Mann ist tödlich verunglückt. Es ist
   a) der Sohn von alten Freunden der Familie.
   b) der Sohn von Nachbarn, mit denen Sie kaum Kontakt haben.
   c) der Sohn eines Kunden oder Geschäftspartners.

   Was sagen Sie, wenn Sie diese Personen treffen?

4. Jemand bittet Sie, etwas für ihn/sie zu erledigen. Sie haben aber heute überhaupt keine Zeit.
   a) Sie sollen für Ihre Freundin Theaterkarten für heute Abend besorgen.
   b) Sie sollen für einen Kollegen eine Arbeit fertig machen, damit er eine Stunde früher gehen kann.
   c) Sie sollen für Ihren Chef Unterlagen für eine Reise zusammenstellen.

5. Sie haben aus Ihrem Fenster gesehen, wie jemand ein Auto geknackt und ausgeräumt hat. Sie kennen den Täter.
   a) Sagen Sie es dem Täter.
   b) Sagen Sie es dem Besitzer des Autos, einem Herrn, den Sie vom Sehen her kennen.
   c) Sagen Sie es der Polizei.

6. Sie leiden an Asthma und können es nicht vertragen, wenn jemand im Raum raucht.
   a) Sie sind bei Freunden, und mehrere rauchen.
   b) Sie haben einen Platz im Nichtraucherabteil reserviert, aber eine ältere Dame raucht pausenlos.
   c) Sie haben eine Dienstbesprechung, und zwei Abteilungsleiter rauchen.

7. Jemand hat Ihnen einen sehr großen Gefallen getan.
   a) Eine gute Bekannte hat Ihnen zu einer neuen Wohnung verholfen.
   b) Eine Kollegin Ihres Vaters hat Sie in ihrer Firma empfohlen.
   c) Ihre Chefin/Ihr Chef hat Sie gegen ungerechtfertigte Angriffe in Schutz genommen.

   Danken Sie diesen Personen.

8. Jemand redet und redet und lässt Sie nicht zu Wort kommen. Wie unterbrechen Sie
   a) einen Freund?
   b) einen älteren Herrn/eine ältere Dame?
   c) einen Kollegen/eine Kollegin während einer Besprechung.

ZU 23.6 Mitgefangen – Mitgehangen

1. Sehen Sie sich das große Bild an:
   Was für eine Situation zeigt das Foto?

2. Lesen Sie die Titel und Untertitel des
   Zeitungsartikels
   „Mitgefangen – Mitgehangen".
   Welche Probleme können auf die
   Familie zukommen, wenn der Vater
   im Gefängnis sitzt (wirtschaftlich, so-
   zial, psychisch, in den Beziehungen
   zu Partnerin und Kindern, für die
   Kinder in der Schule ...)?
   Diskutieren Sie in Kleingruppen.
   Eine Person protokolliert die Diskus-
   sion stichpunktartig.

3. Lesen Sie nun den Text, überprüfen
   und ergänzen Sie Ihre
   Hypothesen/Stichpunkte.

4. Fassen Sie das Problem – nicht den
   Text – anhand Ihrer Stichpunkte kurz
   zusammen (maximal 100 Wörter).
   Oder:
   Nehmen Sie Stellung zu dem Zei-
   tungsartikel oder zu einzelnen
   Punkten.
   Schreiben Sie einen Leserbrief:
   Haben Sie Vorschläge, um die Situa-
   tion der Familien zu verbessern?

5. Der Text „Mitgefangen – Mitgehangen" stammt aus dem Jahr 1978.
   Zwar sind die Lebensbedingungen
   der betroffenen Familien im Wesentlichen dieselben geblieben, aber
   einiges hat sich doch geändert.
   Betrachten Sie das Bild auf Seite
   124/125:
   – Auf welches Problem versucht
     die Justiz zu reagieren?
   – Wie sind dazu die Meinungen in
     der Klasse?

6. Suchen Sie Wörter aus dem Text
   heraus, die mit Justiz zu tun haben.
   Ordnen Sie sie in drei Gruppen:
   a) wichtig (möchte ich aktiv
      beherrschen)
   b) weniger wichtig (brauche ich nur
      passiv zu verstehen)
   c) im Moment unwichtig für mich
      (nur für Juristen)

STRAF
MITGEFANGEN
Die Familie leidet, wenn

Von Reinhard Wetter
und Helmut Ortner

Frau L., 43 Jahre alt, ausgebil-
dete Krankenhelferin, hat vier
Kinder und ist verheiratet.
4 Doch seit über zwei Jahren ist ihr
Mann weg, zwei ihrer Kinder sind
in einem Heim, vormittags geht sie
putzen. Sie selbst sagt von sich:
8 „Ich mach's nicht mehr lange,

VOLLZUG

MITGEHANGEN

der Vater im Gefängnis ist

keit genüge getan, doch gleichzeitig wurde das Leben von fünf weiteren Menschen radikal verändert.

28 Als der Vermieter von der Verurteilung durch die Zeitungen erfuhr, weigerte er sich, den Vertrag zu verlängern und setzte schließlich
32 durch, dass Frau L. mit ihren vier Kindern ausziehen musste. Sie hätte ohnehin nicht mehr gewusst, wie sie die Miete zahlen sollte.
36 Wohnungs- und Sozialamt wiesen ihr dann eine Wohnung zu: zwei kleine Zimmer und eine Küche für fünf Personen. Eine sogenannte
40 „Übergangswohnung".

„Nur zum Übergang", so tröstete sie auch der Sachbearbeiter beim Sozialamt, doch Frau L. sitzt heute
44 noch in dieser Unterkunft und wird auch noch mindestens die nächsten zwei Jahre, bis ihr Mann entlassen wird, dort bleiben. Ausba-
48 den mussten diese Situation die schwächsten der Familie, die Kinder. „Wir hüpften uns hier ja gegenseitig auf den Füßen herum. Da
52 kam der Große erstmal in eine Lehre, in eine Fabrik mit Lehrlingsheim, wo er jetzt wohnt. Der zweite

meine Nerven und meine Gesundheit sind am Ende! Unsere alte Wohnung ist weg, das Geld reicht
12 hinten und vorne nicht, ich weiß nicht mehr, wie das weitergehen soll!"

Ein typischer Fall, der nach
16 staatlicher Hilfe verlangt. Doch der

Staat hat bereits vor zwei Jahren in das Leben der Familie L. eingegriffen: Herr L. wurde wegen Beteili-
20 gung an einem Raub zu vier Jahren Freiheitsstrafe verurteilt, die er nun in einem Gefängnis in der Nähe einer hessischen Großstadt
24 absitzt. So wurde der Gerechtig-

Junge ist auch im Heim. Beide hatten unheimliche Schwierigkeiten sich einzugewöhnen. Der Leiter der Lehrlingsausbildung hat mir schon zweimal einen Brief geschrieben, dass der Junge immer Zicken machen würde. Der lässt sich halt nichts sagen, und seit der Geschichte mit meinem Mann ist er besonders bockig."

Zurück blieben die beiden Jüngsten, zwei Mädchen. In der Schule wurden ihre Leistungen immer schlechter, eine blieb sitzen. „Konzentrationsschwäche", „Unaufmerksamkeit", „mangelnder häuslicher Fleiß" nennt es die Lehrerin. In der Schule weiß man, dass es sich um eine „zerrüttete Familie" handelt, um „asoziale Verhältnisse", in denen die Kinder aufwachsen. So erklärt man die schlechten Leistungen, Versagen und störendes Verhalten, aber man ändert nichts. Im Gegenteil, derartige soziale Verhältnisse schaffen Vorurteile: Von diesen Kindern ist sowieso nicht viel zu erwarten. Ihr Fehlverhalten wird verstärkt beobachtet, verstärkt geahndet, kurzum sie werden immer „auffälliger", immer weiter in die Rolle des Versagers, Außenseiters gedrängt.

Kinder und Familie: isoliert

So beginnt eine verhängnisvolle Stigmatisierung, die die Grundlage für künftige „kriminelle Karrieren" sein kann, wie zum Beispiel der Wuppertaler Kriminalsoziologe Brusten aufzeigte: Zurückbleiben hinter dem allgemeinen Leistungsstandard, Verstoß gegen allgemeine Verhaltensnormen, gekoppelt mit asozialen Familienverhältnissen liefern die ersten Kriterien für eine mögliche „Verwahrlosung" und damit für ein Eingreifen des Jugendamtes nach dem Jugendwohlfahrtsgesetz. Und von der Fürsorgeerziehung zum Jugendarrest und schließlich zum Gefängnis ist ein Weg, den im Widerspruch zum proklamierten „Besserungsziel" immer wieder zahlreiche Jugendliche gehen.

So behalten schließlich auch die Nachbarn der Familie L. Recht: „Die Kinder wurden hier immer von den anderen Kindern gehänselt, nicht nur in der Schule, auch beim Spielen. Der Junge hatte dann einfach draufgehauen. Dann kamen die Eltern zu mir und haben sich beschwert. Die eine sagte mal: ‚Kein Wunder, dass der Vater im Gefängnis ist, der Junge ist ja auch schon ein kleiner Verbrecher!' Danach habe ich geweint."

Isolation nicht nur für den Mann im Gefängnis, sondern auch für die Kinder und die Frau. Sie traut sich

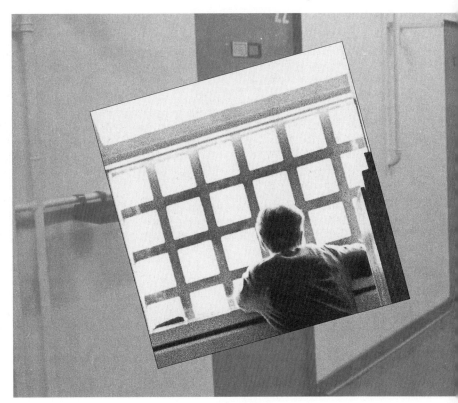

nicht mehr, mit anderen Leuten zu sprechen, sie zieht sich zurück, verbittert und resigniert. „Dem Gefangenen sollen Fähigkeiten und Willen zu verantwortlicher Lebensführung vermittelt werden…", meinten die Bundesverfassungsrichter in ihrem grundlegenden Beschluss zum Strafvollzug im Jahr 1972, doch durch die soziale Deklassierung der Familie erreicht man dies wohl kaum.

Die Familie L. ist kein Einzelfall. Im Jahre 1975 wurden etwa 64 000 Menschen in eine bundesdeutsche Strafanstalt zum Antritt einer Freiheitsstrafe eingewiesen. Im Durchschnitt sitzen etwa 34 000 Gefangene jährlich ein. Nahezu die Hälfte von ihnen war oder ist verheiratet. Wie viele Kinder, wie viele andere Verwandte, Freunde oder Freundinnen durch die Strafe an dem einzelnen „Übeltäter" betroffen sind, wie viele Beziehungen, wie viele Mietverträge, Arbeitsverhältnisse und wie viele Ehen aufgelöst werden, verschweigt die offizielle Statistik. Mit der Formel von den „notwendigen und hinzunehmenden Folgen der Tat und der staatlichen Strafmaßnahme" geht die Justiz hierüber kühl hinweg.

„Wir waren ja noch gar nicht so sehr lange verheiratet, hatten vorher unsere erste Wohnung, dann kam die Trennung …" und jetzt hat der Mann der 26-jährigen Karin S., die ihr kleines Kind zu den Großeltern geben musste und sich aus ihrer Wohnung in ein kleines Dorf, in dem sie niemand kannte, zurück-

168 zog, Angst, dass sie ihn verlässt, sich wieder scheiden lässt, um wenigstens etwas von dem erhofften Glück noch zu erreichen. „Mein
172 Mann hat mir mal geschrieben, dass Mitgefangene ihn frotzeln. So in der Art, deine Frau hat doch bestimmt einen Freund! Da kannst du
176 gar nichts machen, du bist hier drin, die kann dir viel erzählen …" Ihr Mann glaubt es nicht, aber wie lange noch?

180 Der Besuch hilft wenig. „Eine halbe Stunde durfte ich nur bleiben, und dann sitzt ein Beamter dabei und passt auf, da kann ich
184 gar nicht richtig sprechen, jeder ist so verkrampft, man kann sich noch nicht mal richtig umarmen,

weil die Angst haben, dass man
188 was Verbotenes zuschiebt." „Die Gesamtdauer beträgt mindestens eine Stunde im Monat", schreibt Paragraph 24 des neuen Strafvoll-
192 zugsgesetzes für den Besucher vor, und die Justizverwaltungen halten sich in gewohnter Weise streng an diese Mindestzeit, teilen
196 sie durch zwei, so dass dem Gefangenen ein 14-tägiger Besuch

von 30 Minuten gestattet wird und
200 nicht mehr. Weniger streng am Buchstaben klebt man dann bei der Überwachung des Besuches. Zwar sieht der Gesetzgeber die Überwachung nur noch als Aus-
204 nahme an, aber der Anstaltsleiter kann sich gegenüber Frau S. auf die für ihn verbindlichen Vorschriften des Justizministers berufen: Der
208 Besuch wird in der Regel überwacht, heißt es dort, und so bleibt eben alles beim Alten. Und die Forderung nach der Möglichkeit eines
212 „Intim-Besuches" für Ehegatten, die schon vor ca. 100 Jahren von den Parlamentariern in den Reichsländern erhoben wurde, wird noch
216 heute mit den gleichen Argumenten

zurückgewiesen: Unter den gegenwärtigen baulichen und organisatorischen Verhältnissen sei die
220 Situation für die Ehepartner zu entwürdigend.

Aber an eben diesen Verhältnissen hält man auch noch weiterhin
224 fest. Auch die Gefängnisneubauten werden im Betonkäfigstil erbaut, der jegliche „normale" Kommunikation ausschließt.

228 So bleibt als einzige Möglichkeit die Hoffnung, „Urlaub" vom Knast zu bekommen. Allerdings nur eine Hoffnung, denn will zum Beispiel
232 Herr W., der seine Frau mit drei Kindern draußen zurücklassen musste, sich auf die allgemeine Regelung im Strafvollzugsgesetz be-
236 rufen, die jedem Gefangenen bis zu 21 Tagen „Urlaub" im Jahr in Aussicht stellt, sieht er sich wieder mit einer Fülle einschränkender
240 Verwaltungsvorschriften konfrontiert. Vor allem muss er warten, bis er nicht mehr als 18 Monate noch zu verbüßen hat, vorher braucht
244 er einen Antrag gar nicht erst zu stellen. Was einmal als allgemeine Lockerungsmaßnahme zur Verbesserung der Behandlung und
248 zur Verringerung schädlicher Vollzugsfolgen gedacht war, wurde zur „Entlassungsvorbereitung" verkürzt. Aber kommt jetzt Herr W.
252 nach Jahren der Trennung erstmals wieder nach Hause, ist es schon zu spät: „Es war alles so komisch, so hektisch", erzählt Frau
256 W., die nur selten das Geld für die Bahnfahrt zum 130 Kilometer entfernten Gefängnis von ihrem Sozialhilfesatz absparen kann. „Man
260 ist so nervös, will alles in der kurzen Zeit nachholen, man hat so viel zu bereden und denkt immer daran, dass er schon bald zurück
264 muss …"

Für sie alle bedeutet die Haft nicht „Besserung", sondern „Verschlechterung". „Sippenhaft" wird
268 der Justiz vorgeworfen. „Da sind die anderen ja alle mitbestraft, deshalb gehen ja auch so viele Ehen kaputt, wenn der Mann im
272 Gefängnis ist. Ungerecht ist das, wenn man sieht, was da gemacht wird, da wird ja nicht nur der Mann bestraft, sondern zu neunzig Pro-
276 zent die ganze Familie", klagt Frau W. an.

Ihr Leben ist „gelaufen"

So bleiben sie allein, isoliert mit
280 ihren Problemen. Wenn Frau S. von einem Besuch nach Hause fährt,

123 ●

ist sie immer besonders geschafft. Sie sitzt dann zu Hause, sinniert, früher hatte sie Geschwister und Freunde, mit denen sie sich aussprechen konnte. „Jetzt schlucke ich alles hinunter, fresse es in mich hinein." Ihr bleibt nur die Hoffnung, dass in einigen Jahren alles besser wird. Dafür arbeitet sie hart, als Hilfsarbeiterin in einer kleinen Fabrik, nicht gut bezahlt, aber was anderes konnte sie als ungelernte „Hausfrau" nicht finden. Und von dem Geld muss sie noch Raten zahlen, denn zurückgeblieben sind auch 20 000 Mark Schulden: Gerichtskosten, Anwaltshonorar, aber vor allem die vielen günstigen Kredite für die Wohnungseinrichtung, als sie geheiratet hatten.

Aushelfen müssen dann die Großeltern, die öfters mal eine Stromrechnung bezahlen, den Kindern etwas schenken. Zum Sozialamt mag Frau W. nicht mehr gehen. „Da wird man jedesmal angeguckt wie der letzte Dreck. Genauso wie bei den anderen Leuten, die wissen, dass der Mann weg ist. Auf dem Amt war ich allein vier oder fünf Mal wegen dem Kleidergeld für die Kinder. Immer wieder haben sie gesagt, dass noch nichts entschieden sei, der Antrag liefe noch, und mich haben sie wieder weggeschickt. Ich war fix und fertig, die Kinder hatten ja nichts Warmes anzuziehen."

Die Familie wird zum Sozialfall. Nicht helfen kann der Ehemann, obwohl er auch im Gefängnis arbeitet. Nach wie vor erhalten die Gefangenen für ihre Arbeit nur den Bruchteil eines normalen Lohnes. Nach den Vorschriften des neuen Strafvollzugsgesetzes verdient der Mann von Frau S., der ausgebil-

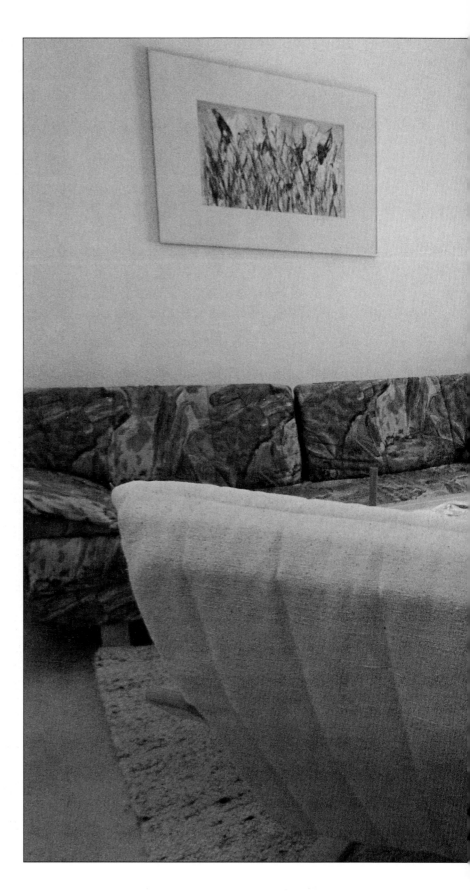

Das Bild aus dem Jahr 1995 zeigt eine Langzeit-Besuchszelle für Ehepaare in der Justizvollzugsanstalt Schwalmstadt. Hier können die Paare einmal im Monat vier Stunden ungestört miteinander verbringen.

deter Steinmetz ist und vorher als Fernfahrer rund 1500 Mark monat-
332 lich verdiente, mit seiner Arbeit in der Anstaltsschreinerei höchstens 120 Mark im Monat. Obwohl er hiervon einen Teil für die Entlas-
336 sung zurücklegen muss und einen Teil als „Hausgeld" für notwendige Einkäufe wie Toilettenartikel und Esswaren braucht, sparte er 100
340 Mark auf seinem Anstaltskonto auf, die er seiner Frau schicken wollte. Doch der Unterstützungswille wurde von der Verwaltung ig-
344 noriert, erst nach dem dritten Antrag erhielt er die Genehmigung für die Überweisung an seine Frau. Es war ein Tropfen auf den heißen
348 Stein, denn „die Hälfte ging für Fahrtkosten drauf, als ich ihn besucht habe".

So bleibt für die Angehörigen
352 das Gerede von der Resozialisierung eine unverständliche Fremdsprache, für sie ist ihr Leben „gelaufen".
356 „Schädlichen Folgen des Freiheitsentzuges ist entgegenzuwirken", ordnet Paragraph 3 des Strafvollzugsgesetzes an. Ein frommer
360 Wunsch? Es scheint so, wenn man den Worten der Richter des Bundesgerichtshofes folgt: „Diese Nachteile, die desto stärker sind,
364 je länger die Haft gedauert hat, sind grundsätzlich vom Gefangenen zu tragen. Es ist das eine allgemeine Folge seiner Straftat und der
368 durch sie ausgelösten Strafmaßnahmen des Staates …". Erst die Abkehr von einem System, das individuelles Zufügen mit mehrfa-
372 chem Leid vergilt, wird hier etwas ändern können, eine Konsequenz, von der der ehemalige Richter Ostermeyer sagt, dass sie „ebenso
376 notwendig wie unmöglich" ist.

Die ZEIT, 22. 9. 1978

7. **Wortbildung: Präfix** *ver-*

Das Präfix *ver-* hat mehrere Bedeutungen. Die wichtigsten sind:

1. (irrtümlich) falsch, Richtungsablenkung:
   Die Polizei brachte den Jungen, der sich **verlaufen** hatte, zu den Eltern zurück.

2. Vollendung einer Handlung, etwas ganz und gar tun:
   Wenn der Vater im Gefängnis sitzt, **verändert** sich das Leben der Familie radikal.

3. Präfix für Steigerungsverben:
   Der Urlaub soll die Resozialisierungschancen **verbessern.**

Welche Bedeutung hat *ver-* in den folgenden Sätzen? Schreiben Sie die entsprechende Ziffer aus dem Grammatikkasten in die Kästchen unten.

(Bei vielen Verben kann man die Bedeutung direkt erschließen, andere haben aber neue, abstrakte Bedeutungen angenommen: im Wörterbuch nachsehen!)

a) ☐2 Durch die Dürre sind viele Pflanzen vertrocknet.
b) ☐ Diese Straße muss verbreitert werden.
c) ☐ Ich habe den Stoff verschnitten, daraus kann man jetzt nichts mehr machen.
d) ☐ Er hat seine Familie verlassen.
e) ☐ Während des Krieges musste man nachts alles verdunkeln.
f) ☐ Durch die Unvorsichtigkeit der Leute verbrennen viele Wälder.
g) ☐ Wir haben am Strand mehrere Versteinerungen gefunden.
h) ☐ Das kalte Buffet sieht sehr verführerisch aus.
i) ☐ Das Foto lasse ich vergrößern.
j) ☐ Die Krankheit hat ihn sehr verändert.
k) ☐ Das wollte ich nicht sagen, ich habe mich versprochen.
l) ☐ Warum verjagst du die Katze? Lass sie doch da sitzen!
m) ☐ Ein furchtbares Haus. Total verbaut! Daran ist nichts mehr zu verbessern.
n) ☐ Der Text ist verschlüsselt. Ich verstehe ihn nicht.
o) ☐ Ist das ganze Papier verbraucht? – Ja, wir müssen neues kaufen.
p) ☐ Der Plastiklöffel hat sich durch die Hitze verformt.
q) ☐ Teile des Raumschiffs sind beim Wiedereintritt in die Atmosphäre verglüht.
r) ☐ Er ist an der Unfallstelle verblutet, ehe ein Krankenwagen zur Stelle war.
s) ☐ Die Zeit vergeht schnell.
t) ☐ Solche Unverschämtheiten verbitte ich mir.
u) ☐ Jetzt ist es aber genug mit diesen Verben!

VERÄNDERN

VERLAUFEN

VERBESSERN

8. Wortbildung: Negativpräfixe *zer-*, *miss-*

Die Gesellschaft sieht nicht die Ursachen, sondern stigmatisiert die Symptome: man spricht von **zerrütteten** Familien und **missratenen** Kindern.

a. Sammeln Sie gemeinsam Verben mit den Vorsilben
ver-, *zer-*, *ent-*, *miss-*.

b. Schreiben Sie Verben mit gleichem Stamm nebeneinander.
Was bedeuten sie?

Beispiele:
verfahren – zerfahren – entfahren
verlaufen – zerlaufen – entlaufen
vertrauen   misstrauen

c. Versuchen Sie, die Bedeutungen der Vorsilben zu erklären.

9. Ergänzen Sie die Präfixe *ver-*, *zer-*, *miss-*, *ent-*:

a) Das ist nicht mein Schirm. Jemand hat meinen Schirm _____ tauscht.
b) Der Luftballon ist _____ platzt.
c) Der Kuchen ist mir _____ raten.
d) Jetzt muß ich noch mal anfangen, ich habe mich _____ schrieben.
e) Die Stadt wurde im Kriege total _____ bombt.
f) Das Buch ist schon ganz _____ lesen: die Seiten haben Eselsohren und der
   Buchrücken ist _____ rissen.
g) Mein Hund ist mir gestern _____ laufen.
h) Lange wurde die Inschrift _____ deutet, erst jetzt weiß man, was sie bedeutet.
i) Dieser Termin ist mir total _____ fallen.
j) Machen wir Schluss, ehe wir alles _____ reden.
k) Diese Arbeit ist mir völlig _____ lungen.
l) Das wollte ich nicht sagen, du hast mich _____ verstanden.

ZU (24.1) **Die Wetterkarte**

Burkhard Fritsche

1. Sammeln Sie möglichst viele Wörter, die Ihnen zu REGEN einfallen.

2. Welche Wörter haben für Sie etwas miteinander zu tun? Sortieren Sie.
   Suchen Sie sich einen Aspekt heraus, und schreiben Sie ein kleines Gedicht darüber. Hier sind einige Vorschläge*, wie Sie Ihr Gedicht strukturieren könnten:

Ich mag/hasse Regen,
weil ...
weil ...
weil ...

Ich träume vom Regen,
der ...
der ...
...

Wenn ...   , dann ...
Wenn ...   , dann ...

Regen lässt ...
Regen lässt ...
Regen lässt ...
      lässt ...

Hier ...   – dort ...
Hier ...   – dort ...
Aber hier ...   – doch dort ...

3. Statt eines Gedichtes können Sie auch einen Tagebucheintrag schreiben:

Ein Regentag

Oder:
Ein verregneter Tag

* Die Vorschläge stammen aus: Ingrid Mummert: Nachwuchspoeten. Klett Edition Deutsch: München 1989, S. 124.

LERNBERATUNG: Wörter lernen

Wie lernen und behalten wir Wörter?
Unser Gedächtnis ist fähig, sehr schnell ein einzelnes Wort aus einer sehr großen Menge von Wörtern zu erkennen und abzurufen. Das liegt daran, dass der Wortschatz in unserem Gehirn optimal strukturiert ist. Natürlich sind die Wörter nicht alphabetisch geordnet, sondern in verschiedenen Bedeutungszusammenhängen gespeichert. Bei Assoziationen zu einem Wort können folgende grundlegende Typen von Verbindungen festgestellt werden:

SYNONYME
(bedeutungsähnlich)

berichtigen – korrigieren – verbessern
nieseln – tröpfeln

ANTONYME
(Gegensätze)

$\leftrightarrow$ verdorben
gut $\leftrightarrow$ böse
$\leftrightarrow$ schlecht
Regen $\leftrightarrow$ Sonne

KOORDINATION
(eng zusammenhängende Begriffe)

Salz + Pfeffer + Senf
Regen + Schnee + Hagel

KOLLOKATION
(Begriffe, die man inhaltlich verbindet)

Hund $\rightarrow$ bellen (aber nicht: schreien)

SUPERORDINATION
(übergeordnet)

WETTER
regnen   schneien   hageln

4. Ordnen Sie die Wörter, die Sie zu „Regen" gefunden haben, nach diesen Kategorien. Probieren Sie aus, ob dieses Verfahren Ihnen hilft, neue Wörter zu erarbeiten und besser zu behalten.

ZU 24.2 Gebrauch der Vergangenheitszeiten

1. Erklären Sie diese Darstellung mit dem Gebrauch der Zeiten in den Texten von
   24.2 (Ein Erlebnis im Zoo), 24.3 (Hörtext, Transkription S. 134) und dem Brief, den
   Sie zu Aufgabe 24.3.2 (S. 135) schreiben.

Für Deutsch lernende Fotoliebhaber:
Blick auf die Vergangenheit

a. **Nahaufnahme** (Normalperspektive, 50 mm Objektiv)

Perfekt

b. **Panoramablick** (Weitwinkel, 28 – 35 mm Objektiv)

Präteritum

c. **Großaufnahme** (Teleobjektiv, 210 mm)

Historisches Präsens

d. **Was vor der Aufnahme passierte**

2. Wortstellung im Satz

Grundstellung bei neutraler Aussage:

Subjekt	Verb 1 (finit)	Ergänzungen (Dativ, Akkusativ)	Angaben* (Grund-Zeit-Modus-Ort)	Ergänzungen (Präpositional)	Verb 2 (infinit./Präfix)
Ich	habe	mich	gestern	um diese Stelle	beworben.

<u>Normalerweise stehen Sätze in einem Kontext</u>, beziehen sich auf vorher Gesagtes und sind mehr oder weniger emotional gefärbt. Dann richtet sich die Stellung der Angaben und Ergänzungen nach ihrem Informationswert. Je „neuer" die Information für den Leser/Hörer, desto mehr rückt sie ans Ende des Satzes. Das Satzende ist also „Informationszone". Der Satzanfang ist „Kontaktzone", d. h. hier wird der Anschluß an vorher Gesagtes hergestellt, außerdem dient er der „Emphase". Die Betonung ist dann sehr stark.

* Eselsbrücke für die Reihenfolge der Angaben:

Grammatik	**z**eigt	**m**ir	**O**rdnung.
↓	↓	↓	↓
Grund	**Z**eit	**M**odus	**O**rt

Betten Sie die folgenden Sätze in Dialoge ein, und spielen Sie die Dialoge vor. Achten Sie auf die Intonation und Emphase.

1. a) Ich habe gestern mit Hans schon über unsere Reise gesprochen.
   b) Über die Reise habe ich gestern schon mit ihm gesprochen.
   c) Mit dem habe ich gestern über die Reise gesprochen.
   d) So richtig gesprochen haben wir noch nicht darüber.
   e) Ich habe mit ihm nicht darüber gesprochen.
   f) Darüber hab' ich gestern schon mit ihm gesprochen.

2. a) Ich hab' mir gestern bei „Lui" einen schicken Pulli gekauft.
   b) Den hab' ich mir gestern bei „Lui" gekauft.
   c) Einen schicken Pulli hab' ich mir da gekauft.
   d) Gekauft habe ich mir nicht viel, nur einen kleinen Pulli.
   e) Bei „Lui" hab' ich mir einen Pulli gekauft.
   f) Da hab' ich mir gestern 'n schicken Pulli gekauft.

3. a) Ich schenke Peter das Buch zum Geburtstag.
   b) Peter schenke ich zum Geburtstag das Buch.
   c) Schenken tue ich ihm gar nichts weiter, nur das Buch.
   d) Das schenke ich Peter zum Geburtstag.
   e) Zum Geburtstag schenke ich ihm das Buch.
   f) Das Buch schenke ich Peter.

3. Die Langsamkeit der Seele

Machen Sie aus dem trockenen Text – nur durch Umstellung der Satzglieder und ohne etwas hinzuzufügen – eine anschauliche, spannende Erzählung.

Ein Weißer fuhr an einem heißen Sommertag durch die Prärie. Kein Mensch war weit und breit zu sehen. Er hatte noch mehrere Stunden Fahrt bis zur nächsten Stadt vor sich. Er sah da einen Indianer in einiger Entfernung am Straßenrand stehen. Er hielt an, und der Mann stieg ein. Die Fahrt verlief schweigend. Der Indianer sagte plötzlich nach zwei Stunden Fahrt: „Ich möchte jetzt aussteigen. Halten Sie bitte!" Der Weiße erwiderte verwundert: „Hier lebt doch niemand. Es sind noch 300 Kilometer bis zur Stadt." Der Indianer bestand aber auf seinem Verlangen. Der Fahrer ließ ihn aussteigen, seine Neugier wurde aber immer größer. Er fragte schließlich: „Was wollen Sie denn jetzt machen?" – Der seltsame Mitfahrer antwortete: „Ich werde mich an den Straßenrand setzen und warten, bis meine Seele nachkommt." Der Weiße setzte seine Fahrt etwas nachdenklicher als zuvor fort.

Lövo

4. Spiel: Bandwurmsätze

Setzen Sie sich im Kreis. Eine Person beginnt mit einem kurzen, vollständigen Satz, z. B.: *Der Mann fährt*. Der nächste fügt eine Angabe oder Ergänzung hinzu oder ein. Wer nicht weiter weiß, kann den Satz mit einer Negation sterben lassen.

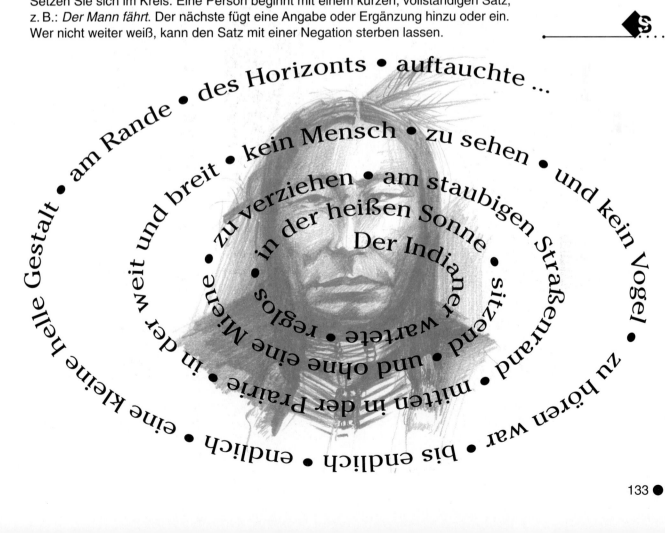

ZU 24.3 Geschichten erzählen: Stell dir vor, was mir gestern passiert ist!

1. Transkription des Hörtextes:

● Hallo, Sebastian, wie geht's?
○ Ah, Tag, Saskia. Ich hab' vielleicht 'ne Nacht hinter mir!
4 ● Was ist denn los?
○ Och, heut' nacht um vier weckt mich die Monika und sagt: „He, Sebastian, hör mal! Da unten ist irgendwas in der Küche."
8 ● War da 'n Einbrecher?
○ Na ja, haben wir gedacht. Ich all meinen Mut zusammengenommen und …
● und die Pistole …
12 ○ die Treppe runter, und die Luftpistole mitgenommen, und die Treppe runter, mach' die Küchentür auf …
● Ja, und?
16 ○ Drei Hunde in der Küche!
● Drei Hunde?? Du hast doch nur einen!
○ Ja, aber die Emma ist doch läufig, und jetzt könnt's gut sein, dass sie auch dazu noch
20 schwanger ist!
● Ach Gott, ach Gott! Aber wie kommen denn die Hunde in deine Küche rein?
○ Na ja, die Tür war natürlich 'n Spalt offen,
24 weil die Emma ja nachts auch mal raus muss.
● Na hör mal, aber … du kannst doch nicht die Küchentür auflassen, wenn du 'ne läufige Hündin hast.
28 ○ Na, wir haben doch 'n Zaun ums Haus.
● Na ja, und? Du weißt doch gar nicht, was Hunde machen, wenn sie 'ne läufige Hündin riechen.
32 ○ Na, ich hab's ja gesehen, was sie machen. Ich jedenfalls in die Küche rein, da knurren und bellen die beiden mich an!
● Hm.
36 ○ Der alte Charly, dieser hässliche, gelbe von oben, der war auch dabei.
● Der kann doch kaum noch laufen!
○ Ja, hab' ich auch gedacht. Aber irgendwie,
40 bei manchen Gelegenheiten, vielleicht doch besser.
● Hmhm …
○ Jedenfalls hab' ich die aus der Küche rausge-
44 jagt, ich bin einfach auf die zugerannt …

● Ja, du, das ist aber doch gefährlich, das hätt' ich mich nicht getraut.
○ Nee …
48 ● Fremde Hunde, weißt doch nicht, wie die reagieren …
○ Ne, ne, nein, wenn du auf Hunde zuläufst, dann hauen die ab.
52 ● Ehrlich?
○ Jedenfalls haben die beiden das auch gemacht.
● Ah, die wussten das, dass man abhaut …
56 ○ Ich hinter denen her, und schwuppdiwupp sind sie durch ein Loch im Zaun abgehauen.
● Wieso? War der Zaun kaputt?
○ Ich hab' geguckt – in unserm Drahtzaun ein
60 riesengroßes Loch!
● Ja, wieso? War der kaputt?
○ Ja, müssen die sich da reingebissen haben.
● Das ist doch nicht möglich. Das ist doch ein
64 ganz dicker Maschendraht!
○ Du, ich hab's auch nicht geglaubt, aber ich hab's ja dann gesehen und hab's heute morgen zugemacht.
68 ● Hm. Ja, und nu kriegst du getigerte Junge, oder was?
○ Na, ich will's nicht hoffen, weil – der Charly, ich glaub' nicht, dass der das noch konnte.
72 ● Und der andere war schwarz.
○ Der andere war schwarz und groß.
● Hm.
○ Aber es kann jetzt gut sein, dass wir bald
76 Junge haben.
● Hmm?
○ Ach, übrigens, Saskia, willste nicht 'n jungen Hund haben?
80 ● Ich hab' doch selber schon zwei!
○ Und Gerd? Gerd hat doch nur einen, ne?
● Na, da musst ihn mal fragen.
○ Ja, das können wir ja mal machen, ne?
84 ● Hm. Dann mach mal.
○ O. K. Bis dann, ne?
● Also Tschüss, viel Glück!
○ Tschüss!

2. – Mit welchen sprachlichen Mitteln macht Sebastian die Geschichte interessant?
   – Wie animiert ihn seine Gesprächspartnerin zum Weitererzählen?

3. Schreiben Sie einen Brief an … Erzählen Sie weiter, was Sie eben gehört haben. Achten Sie auf die Textsortenmerkmale (Vergangenheitszeiten, siehe Arbeitsbuch 24.2.1)

4. Modalpartikeln (Abtönungspartikeln) im Aussagesatz

Modalpartikeln signalisieren Sprechhandlungen, die die Interpretation des Hörers steuern sollen, d. h. der Sprecher signalisiert, wie die Äußerung gemeint ist und welche Reaktion er vom Hörer erwartet.

Im Aussagesatz werden hauptsätzlich folgende Partikeln verwendet:

Partikeln	Beispielsätze	Sprechintention
vielleicht	Ich hab' vielleicht 'ne Nacht hinter mir!	Sehr emotionale, emphatische Verstärkung der Satzaussage.
doch	Drei Hunde? Du hast doch nur einen!	Stellt etwas fest, dem nicht widersprochen werden kann oder soll.
ja	Die Tür war natürlich offen, weil die Emma ja nachts raus muss.	Stellt etwas fest, was als evident angesehen werden kann oder soll. Dient oft als Begründung.
eben	Dann kriegt sie eben Junge.	Stellt etwas als gegeben hin, als nicht zu ändern.
aber	Da wird er sich aber freuen, wenn du ihm noch einen Hund schenkst.	Verstärkt die Aussage. (Hier Ironie!)
wohl	Das Loch haben wohl die Hunde in den Zaun gemacht. Du spinnst wohl, ich hab' doch selber schon zwei Hunde.	Als Vermutung formulierte Feststellung, oft ironisch, ärgerlich oder auch bewundernd.

Verstärkung, Emphase, Feststellung von etwas, was evident, nicht zu ändern ist, können auf verschiedene Sprechhandlungen angewandt werden.

Beispiel: Verstärkung durch „aber":

Überraschung: *Du bist aber groß geworden!*
Erleichterung: *Das war aber knapp!*
Lob: *Das hast du aber toll hingekriegt!*
Kritik: *Das hast du aber gar nicht schön gemacht!*

Betten Sie die Sätze unten in kleine Dialoge ein.

Beispiele:

a) Du verdienst doch noch gar nichts!
   ○ *Wir wollen heiraten.*
   ● *Du verdienst doch noch gar nichts!*

   Oder:
   ○ *Ich halte es nicht mehr aus. Ich nehme mir ein Zimmer.*
   ● *Du verdienst doch noch gar nichts!*

b) Es regnet ja.
   ○ *Heute können wir mal die Wohnung aufräumen. Es regnet ja.*

c) Du hörst eben nie zu, wenn ich dir was sage.
   ○ *Das wusste ich nicht!*
   ● *Du hörst eben nie zu, wenn ich dir was sage.*

d) Du bist wohl verrückt geworden!
   ○ *Was machst du denn da? Du bist wohl verrückt geworden!*
   ● *Wieso, ich will doch nur dein Auto reparieren.*
   ○ *Aber doch nicht mit dem Hammer!*

e) Das war vielleicht eine Nacht!
   ○ *Mensch, du siehst aber verknittert aus!*
   ● *Ja, ich habe kaum geschlafen. Das war vielleicht eine Nacht! Stell dir vor, …*

f) Der Kuchen schmeckt aber gut!
   ○ *Der Kuchen schmeckt aber gut!*
   ● *Ja, da ist auch gute Butter drin.*

1. a) Wir haben eben kein Auto.
   b) Ich hab' doch kein Auto.
   c) Ich hab' ja kein Auto.
   d) Du hast aber ein komisches Auto.
   e) Der hat vielleicht 'ne Schrottkarre!

2. a) Die wollen eben keine Kinder.
   b) Die wollen wohl keine Kinder.
   c) Die haben doch schon drei Kinder.
   d) Das sind vielleicht Rabauken.
   e) Die haben ja drei Kinder.
   f) Das sind aber hübsche Kinder.

3. a) Das ist ja ganz schön schwer.
   b) Das ist vielleicht kompliziert.
   c) Sowas ist eben nicht leicht.
   d) Das ist doch kinderleicht! Da hast du wohl nicht aufgepasst.
   e) Das war aber schwer!

5. **Geschichten erzählen VIII: Interesse bei den Zuhörern wecken**

„Stell dir vor, was mir gestern passiert ist!" –

Suchen Sie sich einen Partner oder eine Partnerin. Der eine erzählt etwas, der/die andere hört zu.

Anweisungen für den Erzähler:

– Lesen Sie bitte die Texte auf der nächsten Seite durch, und suchen Sie einen aus. Überlegen Sie sich, wie die Geschichte enden könnte.
– Stellen Sie sich vor, diese Geschichte wäre Ihnen passiert. Natürlich möchten Sie jemandem davon erzählen, darum rufen Sie jetzt einen Freund oder eine Freundin an. Beginnen Sie das Gespräch mit: „Stell dir vor, was mir gestern passiert ist!"

Achten Sie darauf, dass Sie keinen Text ablesen, sondern ein Erlebnis erzählen, das Ihnen passiert ist. Versuchen Sie also, durch die Art der Erzählung Interesse und Anteilnahme Ihres Gesprächspartners zu wecken. Denken Sie daran, dass man beim mündlichen Erzählen andere Zeiten und Satzstrukturen verwendet als in der geschriebenen Sprache.

Anweisungen für den Zuhörer:

Sie bekommen einen Anruf: Ein Freund/ Eine Freundin will Ihnen ein Erlebnis erzählen, das er/sie gestern gehabt hat. Es ist wirklich eine tolle Geschichte, Sie sind echt daran interessiert. Zeigen Sie das Ihrem Gesprächspartner, indem Sie „aktiv" zuhören und ihn/sie zum Weitererzählen animieren. Die folgenden Sätzchen, Ausdrücke und Interjektionen helfen Ihnen dabei. Versuchen Sie, mehrere davon im Verlauf des Gesprächs anzubringen, aber jede möglichst nur einmal.

„Aktives" Zuhören:

Ja, was denn?	Und was hast du da gemacht?
Erzähl mal!	Also, an deiner Stelle …
Nein!	So ein Pech! So ein Glück!
Na so was!	Also, das ist ja wirklich eine tolle Geschichte!
Das ist ja doll!	Hmm!
Und wo/wann/wer war das?	Ja!
Und warum hast du …?	Ja, ja.
Ja, und dann?	Ach nein.
	Ja, nun sag schon!

Erzähler – Zuhörer

Die Geschichten:

1. Am Samstagvormittag ging Frau Heinze im Supermarkt einkaufen. Wie immer an diesem Tag herrschte an der Kasse ein großes Gedränge. Als sie zu Hause ihre Tasche auspacken wollte, merkte sie, dass sie eine falsche Tasche mitgenommen hatte. Ganz unten in der Tasche lagen eine Pistole und 10 000 DM.

2. Herr Bremer stand vorm Metzgerladen, als ihn eine junge Frau bat, ihren Bernhardiner einen Moment zu halten, weil sie Fleisch kaufen wollte. Er wollte natürlich Kavalier sein und nahm die Hundeleine. Auf der anderen Straßenseite parkte ein Sportwagen, der Herrn Bremer in den Bann zog. Nachdem der Sportwagen weggefahren war, bemerkte Herr Bremer, dass der teure Hund gestohlen und das andere Ende der Leine an einen Laternenpfahl festgebunden war.

3. Christine Hartwig kam nachts nach Hause (Reihenhaus) und stellte fest, dass sie ihren Schlüssel verloren hatte. Sie rief den Schlüsseldienst, der ihr die Tür öffnete. Als sie sich den Mantel auszog, hörte sie im Wohnzimmer Stimmen und Gelächter.

4. Als Felix Mann nach einer durchzechten Nacht aufwachte, sah er über der Stuhllehne einen schwarzen Smoking hängen. Erschrocken stand er auf und bemerkte auf dem Boden ein rotbraunes, in Leder gebundenes Familienstammbuch. Er schlug es auf; auf der ersten Seite stand sein Name.

5. Natalie nahm an einer Kreuzfahrt auf dem Mittelmeer teil. Vor der südfranzösischen Küste kam schweres Wetter auf. Ängstlich suchte Natalie die Rettungsringe und sah, wie aus einem der Ringe weißes Pulver rieselte.

6. Als Gregor Samsa eines Morgens aus unruhigen Träumen erwachte, fand er sich in seinem Bett zu einem ungeheuren Ungeziefer verwandelt.
   (Erster Satz aus: Franz Kafka, Die Verwandlung)

ZU (25.2) Am Anfang war die Chrysanthemenblüte

(Aus der ARD-Sendung „Globus", 24. 1. 1995)

Transkription der Reportage:

Am Anfang war die Chrysanthemenblüte. Sie birgt ein natürliches Insektengift, das im Labor nachgebaut wurde. Aus dem natürlichen Pyre-
4 thrum wurden die künstlichen Pyrethroide entwickelt: todsichere Kakerlaken-, Schaben- oder Mückenkiller.

Vierzehn Tonnen pyrethroidhaltige Schäd-
8 lingsbekämpfungsmittel werden jährlich in Kaufhäusern, Büros und Wohnräumen versprüht. Als Ersatz für das verbotene Lindan wird das Pestizid jetzt auch Holzschutzmitteln
12 beigemischt, und in fast allen Wollteppichböden dient es als Mottenschutz. Inzwischen sind Pyrethroide in Verruf gekommen: Sie sollen nicht nur die Nerven der Insekten, sondern auch die
16 der Menschen attackieren.

•

Margret Aldag hat vor einem Jahr in ihrem Wohnzimmer einen Wollteppichboden verlegen lassen. Seitdem hält sie es in dem Raum nicht
20 mehr aus. Extreme Beschwerden zwingen sie, so oft wie möglich aus der Wohnung zu flüchten. Der Mottenschutz hat sie und ihren Mann krank gemacht.
24 „Also, der Teppich wurde verlegt am 19. 6., und gleich zwei Tage später, das war ein Sonntag, ging das schon los mit den Beschwerden. Und wir hatten, also schleimhautbedingt war
28 das, Augenbrennen, die Nasenschleimhäute total trocken, trockener Mund und natürlich Kopfschmerzen. Man konnte sich in dem Zim-

mer überhaupt nicht aufhalten, ja, das war so
32 schlimm, dass wir also das Wohnzimmer nie, solange der Teppichboden da drin lag, benutzt haben."
Der Teppichboden wurde entfernt, trotzdem
36 klingen die Beschwerden nur langsam ab. Margret Aldag fühlt sich vergiftet.

•

Das Labor des Vereins für Umweltchemie in Berlin: Margret Aldag lässt dort regelmäßig die
40 Pyrethroidkonzentration in ihrem Hausstaub untersuchen. Die Werte sind noch immer hoch, liegen aber im Rahmen des gesetzlich erlaubten Mottenschutzes. Deshalb bekommt sie bis jetzt
44 weder Schadenersatz noch Schmerzensgeld. Kein Einzelfall. An die Umweltberater hier wenden sich immer mehr Personen, die glauben, wegen pyrethroidhaltiger Käferkiller Beschwer-
48 den zu haben.
Beim Bundesinstitut für gesundheitlichen Verbraucherschutz sind 70 Pyrethroidvergiftungen gemeldet worden, die Dunkelziffer ist hoch. In-
52 zwischen schlagen auch Bundesbehörden Alarm.
„Das Umweltbundesamt warnt die Verbraucher vor dem schnellen Griff zum chemischen
56 Insektenspray. Diese Stoffe, die darin enthalten sind, wirken häufig nicht spezifisch, sondern schädigen auch, können auch schädigen, andere Insekten, aber auch, bei insbesondere
60 nicht korrekter Anwendung, den Verbraucher selbst."

ZU 25.3 Definitionen

Maßnahmen zur Erhöhung der Lebensdauer der Hölzer mit Hilfe von Schutzmitteln und -verfahren gegenüber Witterungseinflüssen, Bakterien, Pilzen, Insekten, Muscheln, Krebsen und Vögeln.

(Meyers Großes Taschenlexikon 1981)

Holzschutz

Maßnahme, die zur Erhöhung der Lebensdauer von Hölzern mit Hilfe von Schutzmitteln und Holzschutzverfahren gegenüber Witterungseinflüssen, Bakterien, Pilzen, Insekten, Muscheln, Krebsen und Vögeln **dient**.

eine zur Erhöhung der Lebensdauer von Hölzern mit Hilfe von Schutzmitteln und -verfahren gegenüber Witterungseinflüssen, Bakterien, Pilzen, Insekten, Muscheln, Krebsen und Vögeln **dienende Maßnahme**.

Fahrrad, zweirädriges, über Tretkurbel **angetriebenes Fahrzeug**

(Meyers Konversationslexikon 1981)

Fahrrad, zweirädriges, einspuriges **Fahrzeug, das** mit Muskelkraft durch Tretkurbel **angetrieben wird**.

(Brockhaus Enzyklopädie 1993)

1. Was bedeuten die folgenden Wörter?
   Versuchen Sie bitte, für Ihre Definitionen die Strukturen aus den Beispielsätzen im Kasten zu verwenden. Wenn die Bedeutung eines Wortes in Deutschland und in Ihrem Land unterschiedlich ist, so geben Sie bitte verschiedene Definitionen.

   Fotoapparat – Kind – Auto – Bier – Mond – Kuchengabel – Brille – Brot – Tüte …

2. Was ist das?
   Ein in weiße Tücher gehülltes, furchteinflößendes Wesen, das um Mitternacht in unbewohnten alten Häusern anzutreffen ist.

   Machen Sie ähnliche Rätsel, und lassen Sie die anderen raten.

3. **Rat zum Rad**
   Sie möchten sich ein Rad kaufen und suchen Rat, welches das richtige für Sie ist. (Wählen Sie aus.)

   a) Sie brauchen ein Rad für den Stadtverkehr, zum Einkaufen und um zur Arbeit zu fahren.
   b) Sie sind ein Familienvater mit kleinen Kindern.
   c) Sie wollen im Sommer damit längere Radtouren machen.
   d) Sie sind Radrennfahrer.
   e) Sie möchten ein Rad mit allen technischen Raffinessen.
   f) Sie möchten ein Rad haben, das man leicht transportieren kann.
   g) Sie leben auf dem Land in einer bergigen Gegend.
   h) …

   Suchen Sie im folgenden Text nach Informationen, und wenn Sie welche finden, erklären Sie den anderen, was für ein Rad das richtige für Sie ist.

   Maximale Lesezeit 20 Minuten.

SAMSTAG, 20. 4. 91 ■ die tageszeitung

RAT ZUM RAD

Warum der Fahrstuhlführer vom Aussichtsturm ein Mountainbike braucht.
Tips und Bedenkenswertes für den Fahrradkauf.

VON ROBERTO HOCHREIN

Die Technik hat in den letzten Jahren den Fahrradbau fast völlig verändert: Sporträder, Leichtlaufräder, Mountainbikes, Citybikes, Treckingbikes, Rennmaschinen. Die neuen Räder haben mit Opas altem Drahtesel kaum noch etwas gemein. Leicht, schnell, wendig und trotzdem robust – neue Materialien und Verarbeitungswege machen die Fahrräder von heute vielseitiger.

Leichtmetalle, Kunststoffe und leichtere Stahlrohre haben dem guten alten Drahtesel so manches Pfund genommen. Ein modernes Fahrrad der mittleren Preisklasse wiegt kaum mehr als zwölf Kilo. Vier bis fünf Kilo weniger als das gute alte Hollandrad. Das macht sich bemerkbar. Beim Fahren und beim In-den-Keller-Tragen.

Nicht nur die Materialien der Fahrräder sind leichter, nicht nur die Farben sind greller, auch die Technik hat sich völlig verändert. Selbst wenn sich Opa an den Gedanken gewöhnt, zukünftig mit einem maronibraunen Treckingbike durch die Felder zu radeln, seine gute alte Dreigangschaltung, an die er seit Jahren gewöhnt ist, wird er in einem modernen Fahrradladen kaum mehr finden. Die Dreigangzeit ist endgültig passé: Die Techniker, sie haben endlich die große Lücke zwischen dem zweiten und dritten Gang geschlossen und die Dreigangschaltung durch eine Fünfgangschaltung ersetzt.

Darauf hatten die Radler seit Jahrzehnten gewartet. Fünf Gänge, fein abgestuft, aber trotzdem die Rücktrittbremse behalten. Der erste Gang ist eine Nummer kleiner, als der erste an der Dreigangschaltung war. Opa kommt damit jetzt viel weiter den Berg hinauf als je zuvor in seinem Leben. Der fünfte Gang ist etwa eineinhalb „Nummern" größer als der „alte" dritte. Opa kann also beim Bergabfahren durch Mittreten sogar noch Tempo machen. Und wenn die Situation brenzlig wird, dann rettet ihn der bewährte Rücktritt zusammen mit der neuartigen Vorderbremse. Er muss nur aufpassen, dass er nicht über den Lenker fliegt, denn die neuen Felgenbremsen haben es in sich.

Die Firma Cantilever war die erste, die ein neuartiges Hebelprinzip bei der Felgenbremse angewendet hat. Von ihr haben die neuen Bremsen auch den Namen bekommen. Bei Cantilever-Bremsen wird die Bremskraft wesentlich wirksamer auf die Räder übertragen als bei den bisher gebräuchlichen Felgenbremsen. Waren die alten Felgenbremsen Zangen, die die Felgen angebremst haben, so sind die neuen Bremsen regelrechte Schraubstöcke. Ein leichter Fingerdruck genügt, um das Rad in Sekundenschnelle zum Stillstand zu bringen.

Und wer als moderner Hausmann und Familienvater mit Kind und Kegel auf einem einzigen Rad fahren möchte – etwa ein Kind im Kindersitz auf dem Gepäckträger, das Wickelkind im Baumwolltuch vor den Brustkorb gebunden und den Familieneinkauf im Rucksack auf dem Rücken und im Fahrradkorb am Lenker verstaut –, der kann ein Rad mit Hydraulikbremsen wählen. Von den Motorrädern „abgekupfert", bringen die neuen,

RAT ZU

nahezu wartungsfreien Hydraulikbremsen eine Bremssicherheit, die
es bisher noch nicht gab. Die
neuen Räder sind nicht nur leichter geworden, sie sind auch
sicherer.

Und schneller als Opas „Drei-
gangtretmaschine" sind sie allemal. Ganz klar, der Mountainbike-
Boom hat die Technik der
Gebrauchsräder revolutioniert.
Ein Rad mit 12 Gängen ist völlig
„out". 18 Gänge sind Mittelmaß,
21 Gänge sind Optimum. Wenn der
Fahrstuhlführer vom Aussichtsturm auf dem Berg über der Stadt
auch nur ein bißchen trainiert,
dann erreicht er seinen Arbeitsplatz mit dem Rad, ohne auch nur
ein einziges Mal aus dem Sattel zu
müssen. Er muss nur lernen, rechtzeitig zu schalten.

Auch beim Schalten gilt: Übung
macht den (Fahrrad-)Meister. Wer
mit dem Runterschalten wartet,
bis es schwer geht und er kräftig
am Lenker ziehen muss, um die

Beine vorwärts zu drücken, der
hat's noch nicht kapiert. Geschal-
tet wird, solange sich das Rad
noch mit Leichtigkeit bewegt.

„Beim geringsten Widerstand einen Gang tiefer, wenn's leichter
wird, sofort einen Gang höher."
Das ist die Regel der modernen
„Schaltkunst". So bleiben die Beine immer in hohem Tempo,
die Leichtlauflager im flotten
Schwung, und der Tritt bleibt
„rund". Optimal sind 70 Pedal-
umdrehungen pro Minute. Also
ein verschnellerter Sekundentakt.
Falls das die Raucherlunge mitmacht.

Wer sich ein neues Raderl kaufen möchte, muss sich zu allererst
überlegen, wozu er es hauptsächlich braucht. Für den Fahrstuhlführer vom Aussichtsturm auf dem
Berg ist das klar. Er ist gut „bera-
det" mit einem Mountainbike. Damit kann er, wenn's schnell gehen
soll, auch mal eine Abkürzung mitten durch den Wald nehmen. Denn

speziell für solches Gelände sind
die Mountainbikes konstruiert.
[Hoffentlich knallt er dann gegen
'ne stabile Tanne und bricht sich
mindestens drei Knochen, damit
er in Zukunft nicht mehr in der
Lage ist, das ganze kleine Grün-
zeug zusammenzufahren und ir-
gendwelche Viecher aufzuscheu-
chen! d.S.] Der kleine Rahmen und
die Räder mit 26 Zoll Durchmesser
halten das Rad wendig, machen es
auch in Extremsituationen be-
herrschbar. Die breiten, profiltie-
fen Ballonreifen greifen auch im
Schlamm und im Sand. Aber auch
in schmalen Altstadtgässchen bietet ein Mountainbike ebenfalls ge-
nügend Wendigkeit, um den all-
seits gegenwärtigen Fußgängern
auszuweichen.

Damit sind die Möglichkeiten eines Mountainbikes für den Nor-
malverbraucher aber auch schon
erschöpft. Für den Langstrecken-
verkehr ist es zwar wegen seines
leichten Laufes auf der dünnen

M RAD

172 „Fahrrille" des voll aufgepumpten Reifens noch geeignet, aber die kleinen Räder sind bei längeren Strecken eindeutig langsamer als 176 Räder mit einem größeren Durchmesser. Deshalb bietet die Zweirad-Industrie als Pendant zum gutausgerüsteten Mountainbike die 180 Treckingbikes an. Ein Treckingbike ist, wie das englische Wort trecking (für Wandern) schon sagt, ein Langstreckenrad. Noch bis vor 184 ein paar Jahren hieß es auch Reiserad. Die 28-Zoll-Räder sind zwar geringfügig schwerer in Schwung zu bringen, aber dafür 188 haben sie dann, wenn sie rollen, eben auch mehr Schwung. Das macht das Radeln angenehm, das Fahrrad hält mehr Tempo.

192 Der hohe, langgestreckte Rahmen eines solchen Tourenfahrrades sorgt für langen Abstand zwischen den Rädern, so dass das Rad 196 einen ruhigen, „abgefederten" Lauf bekommt. Was bei den Autos die Reiselimousine, ist bei den Fahr-

rädern das Treckingbike. Eben ein 200 Reiserad. Neuartig konstruierte Hohlkammerfelgen oder ebenfalls 228 neuentwickelte Konkavfelgen geben den Laufrädern eine Ro-204 bustheit, die weder Schlaglöcher noch Bordsteinkanten zu fürchten 232 braucht. Wer jetzt noch einen „Achter" kriegen will, muss sich 208 schon sehr bemühen – oder mit zuwenig Luft im Reifen fahren, so dass 236 die Schläge direkt auf die Felgen durchschlagen.

Der Luftdruck bei Fahrradreifen 212 wird von den allermeisten Radfah-240 rern im wahrsten Sinne des Wortes unterschätzt. Wenn der Reifen mit dem Daumen auch nur geringfügig 216 eingedrückt werden kann, dann ist 244 zuwenig Luft „drauf". Mit zweieinhalb bis drei atü Luftdruck hat ein 220 breiter Mountainbike-Reifen ideale Laufeigenschaften. Bei fünf atü 248 rollt der schmalere Pneu eines 224 Treckingrades sehr leicht. Die Reifen von Rennrädern vertragen gar bis zu sieben Atmosphären Druck. 252

Natürlich gibt es außer Reiserädern und Treckingbikes – die Unterschiede sind hier Geringfügigkeiten im Rahmenbau, ansonsten beziehen sie sich im wesentlichen auf die Ausstattung – noch die Citybikes. Das sind Mountainbikes mit Straßenausrüstung, also Lichtanlage, Schutzblechen und Gepäckträger.

Je teurer ein Rad ist, desto mehr Leichtmetall ist daran verarbeitet, desto geringer ist also auch sein Gewicht, und um so leichter läuft es. Da Leichtmetalle aber teuer sind in der Herstellung, sind die leichtesten Räder auch die teuersten.

Teure Räder gelten bereits als Statussymbol. Sie werden häufig gekauft, aber selten gefahren. Einige Fahrradhändler sagen, dass 90 Prozent aller Räder, die über 1500 Mark gekostet haben, unbenutzt in der Garage stehen. Zum Wohle der Arbeitsplätze in der Fahrradindustrie von Frankreich bis Taiwan …

die Tageszeitung (taz), 20. 4. 1991

ZU 25.4 Nominalstil

1. Wie wirken diese beiden Texte auf Sie?
   – Welcher liest sich leichter?
   – Welcher ist für sie klarer? Warum?
   – Stellen Sie die Stilmerkmale fest.

Text 1:

Das Kind wird davor geschützt, dass es vernachlässigt, ausgenutzt und grausam behandelt wird. Erst wenn das Kind ⁴ ein Mindestalter erreicht hat, wird es zur Arbeit zugelassen. Es wird nie dazu gezwungen, einen Beruf oder eine Tätigkeit auszuüben, die ihm schaden ⁸ könnte. Wenn ein Kind körperlich oder geistig behindert ist, erhält es die Behandlung, Erziehung und Fürsorge, die sein Zustand und seine Lage erfordern.

Text 2:

Das Kind wird vor Vernachlässigung, Ausnutzung und Grausamkeit geschützt. Erst nach Erreichen eines ⁴ Mindestalters wird es zur Arbeit zugelassen. Es wird nie zu einem schädlichen Beruf oder einer schädlichen Tätigkeit gezwungen. Ein geistig oder ⁸ körperlich behindertes Kind erhält die erforderliche Behandlung, Erziehung und Fürsorge.

Aus: Hans Jürgen Heringer, Grammatik und Stil

> Nominalisierungen formulieren Sachverhalte nicht in Satzform, sondern als Nominalphrase durch Substantivierung des Verbs. Subjekt und Objekt des Satzes werden zu Attributen.

2. Lesen Sie sehr genau eine der folgenden Regeln aus verschiedenen Sportarten. Suchen Sie einen Partner, der eine andere Regel studiert hat, und erklären Sie sich gegenseitig die Regeln.

3. Formulieren Sie die abgedruckten Regeln für Kinder, die mit diesem Sport anfangen.

B A S

Basketball:

Die 30-Sekunden-Regel
Kommt eine Mannschaft in Ballbesitz, so muss sie innerhalb von 30 Sekunden auf den gegnerischen Korb werfen. [...]
Nach einem Ausball oder einer Spielunterbrechung wegen Verletzung eines Spielers und folgendem Einwurf für die Mannschaft, die zuvor Ballkontrolle hatte, beginnt keine neue 30-Sekunden-Periode. [...]
Das bloße Berühren des Balls durch einen Verteidiger bewirkt nicht den Beginn einer neuen 30-Sekunden-Periode, solange die angreifende Mannschaft Ballkontrolle behält.

Der Einwurf
Der Einwurf nach Regelübertretung, Foul oder Spielunterbrechung erfolgt von außerhalb des Spielfelds nächst der Stelle, an der der Ball ausging oder die Regelübertretung bzw. das Foul begangen wurde. [...]
Der Einwurf ist innerhalb von fünf Sekunden nach Ballübergabe durch den Schiedsrichter an dieser Stelle auszuführen.
Der Einwurf *nach Korberfolg* hinter der Endlinie ist ohne Ballübergabe durch den Schiedsrichter bei laufender Spielzeit schnellstmöglich, spätestens aber nach fünf Sekunden auszuführen.

F U S S B A L L

Fußball:

Regel VI – Die Linienrichter

Bei ungehöriger Einmischung oder nicht einwandfreiem Betragen eines Linienrichters soll der Schiedsrichter ihn seines Amtes entheben und einen Ersatzmann bestimmen.

Regel XII – Verbotenes Spiel und unsportliches Betragen

Ein Spieler, der absichtlich einen der folgenden neun Verstöße begeht:
[...]
ist durch Erteilung eines direkten Freistoßes zu bestrafen, der von der Gegenpartei an der Stelle auszuführen ist, wo der Verstoß begangen wurde, ausgenommen, der Verstoß wurde von einem Spieler im Torraum der gegnerischen Mannschaft begangen; in diesem Falle ist der Freistoß von irgendeinem Punkt innerhalb des Torraumes auszuführen.

Bestimmungen für die Spielentscheidung durch Elfmeterschießen

Für die Ausführung der Torschüsse können nur die Spieler herangezogen werden, die sich am Ende der Spielverlängerung im Spiel befinden [...]
Für diesen Fall beginnt die Durchführung der Spielentscheidung durch Elfmeterschießen mit dem Schlusspfiff der regulären Spielzeit.

Aus: Fußballregeln 1994/95

T E N N I S

Tennissport:

Regel 5: Aufschlagwahl, Seitenwahl!

Die Seitenwahl und die Wahl zwischen Aufschlag und Rückschlag im ersten Spiel werden durch das Los entschieden. Wenn der Losgewinner zwischen Aufschlag und Rückschlag wählt, so fällt einem Gegner die Seitenwahl zu. Falls der Losgewinner für sich die Seitenwahl in Anspruch nimmt, so steht seinem Gegner die Wahl zwischen Aufschlag und Rückschlag zu. Der Losgewinner kann, falls er dies vorzieht, von seinem Gegner die erste Wahl verlangen.

K E T B A L L

Das technische Foul
Ein technisches Foul ist eine Regelverletzung im Sinne unsportlichen Verhaltens von Spielern. [...]
Als technische Fouls durch Spieler gelten z. B.:
- respektloses Anreden oder Beschimpfen von Gegenspielern und Schiedsrichtern sowie provozierende Gesten,
- Missachten von Schiedsrichter-Ermahnungen oder -entscheidungen,
- Winken mit den Händen dicht vor den Augen der Gegenspieler, um die Sicht zu behindern,
- Verzögern des Spiels, z. B. durch Verhindern eines sofortigen Einwurfs. Aus: Basketball PHILPPKA-SPORTHEK

4. Lesen Sie diese deutsche Friedhofs-ordnung.
   Gibt es Anord-nungen, über die Sie sich wundern? Warum?

5. Schreiben Sie einen Paralleltext: Hausordnung für ein Haus, in dem Menschen aus vielen Nationen zusammenleben sollen.

FRIEDHOF-ORDNUNG

1. Der Besuch des Friedhofs ist auf die Tageszeit beschränkt. Besuchstage und -zeiten können jedoch besonderen Erfordernissen entsprechend festgesetzt werden.

2. Das Betragen muß ein anständiges und der Würde des Ortes angemessen sein.

   Den Anordnungen des Aufsichtspersonals (Totengräber) ist jederzeit Folge zu leisten.

   Kinder unter 10 Jahren dürfen den Friedhof nur in Begleitung von Erwachsenen unter deren Verantwortung betreten.

3. Das auf den Wegen zwischen den Grabhügeln wachsende Gras ist von den Angehörigen zu entfernen und die Begräbnisstätte in einem würdigen Zustande zu erhalten.

4. Für die Aufstellung eines Grabsteines oder Denkmals sowie für Grabeinfassungen ist die Genehmigung des Bürgermeisters einzuholen.

5. **ES IST VERBOTEN:**

a. Das Mitbringen von Tieren.

b. Das Befahren der Wege mit Fahrzeugen aller Art, soweit nicht besondere Genehmigung dazu erteilt ist.

c. Der Aufenthalt unbeteiligter Personen bei Beerdigungen.

d. Das Rauchen und Lärmen und jedes ungebührliche Verhalten.

e. Das Feilbieten von Waren, Blumen und Kränzen.

f. Das Beschädigen und Beschreiben der Denkmäler und Grabkreuze.

g. Das Betreten der Grabhügel und Anlagen, sowie das Wegnehmen von Pflanzen und Grabschmuck.

h. Das Ein- und Aussteigen über die Friedhofsmauer (Umzäunung).

i. Das Auswerfen von abgängigem Material über die Friedhofsmauer (Umzäunung), das Ablegen von solchem an nicht hierzu bestimmten Plätzen, sowie Verunreinigungen aller Art.

Zuwiderhandlungen werden polizeilich bestraft. Schadenersatzforderung bleibt in jedem Falle vorbehalten.

Der Bürgermeister

Aus: Rug/Tomaszewski, Grammatik mit Sinn und Verstand

6. Präpositionen der Schriftsprache

In Sach- und Zeitungstexten werden **zwecks** Verkürzung oft Präpositionen benutzt, in denen die Art der Beziehung noch direkt erkennbar ist. Diese Präpositionen **haben also den Zweck**, die Sätze zu verkürzen.

Formen Sie die unterstrichenen Satzteile so um, dass aus der Präposition ein Substantiv oder ein Verb wird.

a) Anlässlich der deutschen Wiedervereinigung 1990 lebte bei einigen Nachbarländern auch die Angst vor einem zu starken Deutschland wieder auf.
b) Infolge Verweigerung weiterer Kredite durch die Banken musste die Firma Konkurs anmelden.
c) Die Inflationsrate konnte dank der Benzinpreissenkung gedrosselt werden.
d) Der Außenhandel kann mittels geeigneter Importzölle reguliert werden.
e) Ein Schreiben betreffs der Baukosten muss noch heute fertiggestellt werden.
f) Seitens der Geschäftsleitung gab es dieses Mal keine Probleme.
g) Seiner Erzählung zufolge gab es keinen Streit an diesem betreffenden Abend.
h) Ungeachtet aller Hindernisse erreichte er sein Ziel: das kleine deutsche Sprachdiplom.

Lövo

> Weitere Präpositionen finden Sie in Rug/Tomaszewski: Grammatik mit Sinn und Verstand, S. 185 ff.

ZU (25.5) handeln – behandeln

Veränderung der Verbvalenz: Präfix *be-*

Mit Hilfe des Präfixes *be-* können intransitive Verben zu transitiven gemacht werden. Dadurch werden präpositionale Ergänzungen oder Angaben zum Akkusativobjekt. Dies ermöglicht syntaktische Variationen und hat stilistische Konsequenzen.

1. Syntaktische Funktionen

Beispiel:

1. Der Text **handelt von** der ursprünglichen Funktion der Hand.
   a) *Der Text **behandelt** die ursprüngliche Funktion der Hand und ihre Bedeutung für typische menschliche Verhaltensweisen.*
   b) *In diesem Text **wird** die Bedeutung der ursprünglichen Funktion der Hand für den Menschen **behandelt**.*
   c) ***Die** in diesem Text **behandelte** ursprüngliche **Funktion** der Hand setzt sich laut Canetti als seelische Haltung im modernen Menschen fort.*

2. Wir haben gestern über dieses Problem gesprochen.

   a) _____

   b) _____

   c) _____

3. Reinhold Messner stieg 1978 zum erstenmal ohne Sauerstoffgerät auf den Mount Everest.

   a) _____

   b) _____

   c) _____

2. Stil

– Wo, in welcher Art von Texten könnten die folgenden Sätze stehen?
– Welche Sätze sind anschaulich? Bei welchen Sätzen muss man erst nachdenken, wie die Wirklichkeit „aussieht"?

1. a) Der Bauer arbeitet mit Pflug und Pferd auf dem Feld.
      Damit verdient er zwar nicht viel, aber er hat sein Auskommen.
   b) Der Bauer bearbeitet das Feld mit dem Traktor.
      Es reicht gerade zum Leben.
   c) Manuell bearbeitete Felder sind heute unrentabel.

2. a) Ein Kind aus Altwyl – das ist hier in der Nähe – ist schon neun Jahre alt und geht immer noch nicht in die Schule. Da kommt sicher bald die Polizei ins Haus.
   b) Im hiesigen Stadtteil Altwyl ist ein neunjähriges, noch unbeschultes Kind namens Gretel Müller aktenkundig. Die Befragung der Eltern ergab, dass diese ihr Kind privat unterrichten und nicht gewillt sind, die Schulpflicht anzuerkennen.

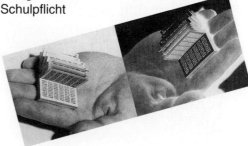

3. a) Das Stadttheater spielt Sonntag Nachmittag immer in den umliegenden Dörfern. So können die Leute im Dorf auch mal gutes Theater sehen.
   b) Die vom Stadttheater sonntags regelmäßig bespielten Dörfer sind in kultureller Hinsicht relativ gut versorgt.

4. a) Frau Müller hat ihr ganzes Leben gearbeitet und für ihre Altersversorgung hohe Beiträge gezahlt. Nun hat sie aufgehört zu arbeiten und kriegt genug Rente, um einigermaßen sorgenfrei leben zu können.
   b) Die ständig wachsende Zahl voll berenteter Personen gegenüber einer schrumpfenden erwerbstätigen Bevölkerung stellt ein großes Problem dar.

3. Untersuchen Sie die folgenden Sätze. Verändern Sie sie: Machen Sie sie entweder anschaulicher, lebendiger (intransitives Verb) oder neutraler, sachlicher (transitives Verb mit Präfix *be-*), und setzen Sie sie in einen passenden Kontext.

a) Sie sollten den Brief bald beantworten.
b) Radfahrer dürfen nicht auf der Autobahn fahren, weil das viel zu gefährlich ist.
c) Die Maschine fliegt täglich von München nach Hamburg und zurück.
d) Wir dürfen nicht auf den Rasen treten.
e) Der Professor urteilt schlecht über seine Studenten.
f) Mein Bruder wohnt in einem Einfamilienhaus am Stadtrand.
g) Die Medizin bekämpft den Krebs mit allen Mitteln.
h) Die Familie trauert um den Sohn, der bei der Katastrophe ums Leben kam.
i) Familie Schneider besitzt ein großes Landgut.
j) Die Toilette ist besetzt.
k) Das Haus ist besetzt.

ZU (26.1) **scheinsubjekt**

1. Der Gebrauch von *es*

Es als echtes Pronomen:

1. Pronomen für ein neutrales Substantiv, einen Infinitiv oder ein Prädikativ:

   Wann ist das Auto fertig? – Sie können <u>es</u> morgen abholen.

2. Hinweisende Funktion bei dem Verb *sein:*
   Das Subjekt ist immer *es* oder *das,* auch wenn das Prädikativ maskulin, feminin oder Plural ist. Verbkonkordanz mit dem semantischen Subjekt/Prädikativ:

   Wer klingelt da? – <u>Das</u> sind Gisela und Heinz.
   Wer ist da? – Ich bin <u>es</u>.

3. *Es* als formales Subjekt unpersönlicher oder unpersönlich gebrauchter Verben:

   Morgen regnet <u>es</u> bestimmt.
   Wie geht <u>es</u> ihm denn?

4. *Es* als unpersönliches formales Objekt. In dieser Funktion nie am Satzanfang:

   Er hat <u>es</u> immer eilig.

Es als Platzhalter oder Vorbote:

1. Als Platzhalter steht *es* im Vorfeld, wenn kein anderes Satzglied den ersten Platz im Satz einnimmt. Es fällt weg, sowie irgendein Satzglied an die erste Stelle tritt. Verbkonkordanz mit grammatischem Subjekt.

   a) Aktivsätze:

   Die Sonne schien, und die Vögel zwitscherten.
   <u>Es</u> schien die Sonne, und <u>es</u> zwitscherten die Vögel.

   b) Passivsätze – sehr häufig, vor allem, wenn das Subjekt keinen oder den unbestimmten Artikel hat:

   Gestern wurden nicht viele Zeitungen verkauft.
   <u>Es</u> wurden nur Sonntagszeitungen verkauft.

   c) Auch bei subjektlosen (unpersönlichen) Passivsätzen:

   Darüber wurde auch gesprochen.
   <u>Es</u> wurde auch darüber gesprochen.

2. *Es* als „Vorbote" für nachgestellten Subjekt- oder Objektsatz. Beim Objektsatz steht *es* nie im Vorfeld. Im Mittelfeld ist dieses *es* fakultativ.

   Subjektsatz: Dass er kommt, freut mich.
   <u>Es</u> freut mich, dass er kommt.
   Mich freut (es), dass er kommt.

   Objektivsatz: Dass er nicht gekommen ist, habe ich bedauert.
   Ich habe (es) bedauert, dass er nicht gekommen ist.

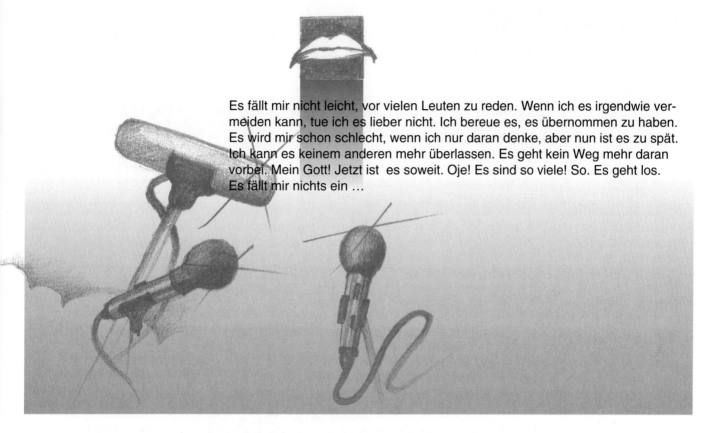

Es fällt mir nicht leicht, vor vielen Leuten zu reden. Wenn ich es irgendwie vermeiden kann, tue ich es lieber nicht. Ich bereue es, es übernommen zu haben. Es wird mir schon schlecht, wenn ich nur daran denke, aber nun ist es zu spät. Ich kann es keinem anderen mehr überlassen. Es geht kein Weg mehr daran vorbei. Mein Gott! Jetzt ist es soweit. Oje! Es sind so viele! So. Es geht los. Es fällt mir nichts ein …

2. – Eliminieren Sie in den beiden Texten durch Umstellen oder Ersetzen so viele „es"
wie möglich.
– Vergleichen Sie anschließend die alten und die neuen Texte. Welche Texte sind
stilistisch besser? Warum?

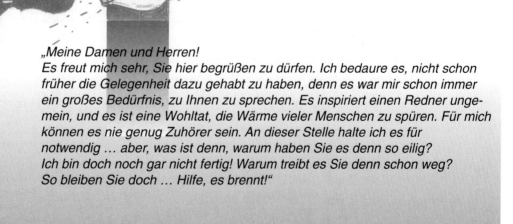

„Meine Damen und Herren!
Es freut mich sehr, Sie hier begrüßen zu dürfen. Ich bedaure es, nicht schon
früher die Gelegenheit dazu gehabt zu haben, denn es war mir schon immer
ein großes Bedürfnis, zu Ihnen zu sprechen. Es inspiriert einen Redner unge-
mein, und es ist eine Wohltat, die Wärme vieler Menschen zu spüren. Für mich
können es nie genug Zuhörer sein. An dieser Stelle halte ich es für
notwendig … aber, was ist denn, warum haben Sie es denn so eilig?
Ich bin doch noch gar nicht fertig! Warum treibt es Sie denn schon weg?
So bleiben Sie doch … Hilfe, es brennt!"

Lövo

ZU (26.2) **Zeitungsmeldungen**

Verwendung von Aktiv und Passiv in der Zeitung

Passiv	Aktiv
1. Etwas geschieht durch äußere Einwirkung (Naturgewalten usw.). Kein eigentlicher Täter vorhanden.	
2. Der Täter ist uninteressant oder unbekannt oder soll nicht genannt werden.	In allen Fällen: Der Täter (Agens) soll besonders hervorgehoben werden.
3. Etwas geschieht auf Veranlassung der zuständigen Stellen.	

Schreiben Sie Zeitungsmeldungen zu den Überschriften:

Überladenes Schiff gesunken

hjkhjk hjk fghklo hjkhjkhjkhjk hjk, hjkhjkhjk hjkdhs, fghklo bfdio mju, ndsbhn vcfdhjkhjk hjk fghklo hjkhjkhjkhjk hjkhjkhjk hjkdhs. hjkhjk hjk fghklo hjkhjkhjkhjk hjk, hjkhjkhjk hjkdhs, fghklo bfdio mju, ndsbhn vcfd.

hjkhjk hjk fghklo hjkhjkhjkhjk hjk, hjkhjkhjk hjkdhs, fghklo bfdio mju, ndsbhn vcfdhjkhjk hjk fghklo hjkhjkhjkhjk hjkhjkhjkhjk hjk, hjk-fghklo hjkhjkhjkhjk hjk, hjk-hjkhjk hjkdhs, fghklo bfdio mju, ndsbhn vcfd. hn vcfdhjk-hjk hjk fghklo mhdiuy.

hjkhjk hjk fghklo hjkhjkhjkhjk hjk, hjkhjkhjk hjkdhs, fghklo bfdio mju, nd sn b bhn vcfd-hjkhjk hjk fghklo hjkhjkhjkhjk hjk fghklo hjkhjkhjkhjk hjk, hjkhjkhjk hjkdhhjkhjk hjk fghklo hjkhjkhjkhjk hjk, hjkhj khjk hjkdhs, fghklo bfdio mju, ndsbhn vcfd. hjkhjk hjk fghkl.

Verhafteter aus dem Fenster gefallen

hjkhjk hjk fghklo hjkhjkhjkhjk hjk, hjkhjkhjk hjkdhs, fghklo bfdio mju, ndsbhn vcfdhjkhjk hjk fghklo hjkhjkhjkhjk hjk, hjkhjkhjk hjkdhs. hjkhjk hjk fghklo hjkhjkhjkhjk hjk, hjkhjkhjk hjkdhs, fghklo bfdio mju, ndsbhn vcfd.

Gedopter Sportler zwei Jahre gesperrt

hjkhjk hjk fghklo hjkhjkhjkhjk hjk, hjkhjkhjk hjkdhs, fghklo bfdio mju, ndsbhn vcfdhjkhjk hjk, hjkhjkhjk hjkdhs, fghklo hjkhjkhjk hjkdhs. hjkhjk hjk fghklo hjkhjkhjkhjk hjk, hjkhjkhjk hjkdhs.

Geliebter erschossen

hjkhjk hjk fghklo hjkhjkhjkhjk hjk, hjkhjkhjk hjkdhs, fghklo bfdio mju, ndsbhn vcfd. hjk, hjkhjkhjk hjkdhs, fghklo.

Scheune angezündet

hjkhjk hjk fghklo hjkhjkhjkhjk hjk, hjkhjkhjk hjkdhs, fghklo bfdio mju, ndsbhn vcfdhjkhjk hjk fghklo hjkhjkhjkhjk hjkhjkhjk hjkdhs. hjkhjk hjk fghklo hjkhjkhjkhjk hjk, hjkhjkhjk hjkdhs, fghklo bfdio mju, ndsbhn vcfd

hjkhjk hjk fghklo hjkhjkhjkhjk hjk, hjkhjkhjk hjkdhs, fghklo hjk fghklo hjkhjkhjkhjk hjk, hjkhjkhjk hjkdhs. hjkhjk hjk fghklo hjkhjkhjkhjk hjk, hjkhjkhjk hjkdhs, fghklo bfdio mju, ndsbhn vcfd

Betrunkener Boxer in Massenschlägerei verwickelt

hjkhjk hjk fghklo hjkhjkhjkhjk hjk, hjkhjkhjk hjkdhs, fghklo bfdio mju, ndsbhn vcfdhjkhjk hjk fghklo hjkhjkhjkhjk hjk, hjkhjkhjk hjkdhs.hjkhjk hjk fghklo hjkhjkhjkhjk hjk, hjkhjkhjk hjkdhs, fghklo bfdio mju, ndsbhn vcfdhjkhjk hjk hs, fghklo bfdio mju, ndsbhn vcfd. hn vcfdhjkhjk hjk fghklo mhdiuy.

ZU (26.3) Wortstellung: Wiederholung
(siehe Arbeitsbuch 24.2.2)

1. Schreiben Sie zwei Varianten einer Zeitungsmeldung zu diesem Vorfall:
   einmal möglichst sachlich und einmal sensationell aufgemacht.

schossen

zwei Bankräuber
als die Kassiererin zögerte
gestern Mittag
in der Filiale der Sparkasse Rohrdorf
        (Landkreis Rosenheim)
in die Luft
mit einem Gasrevolver

verlor

ihre Spur
sich
im Wald
mit Hunden, Pferden und Hubschraubern
trotz der Großfahndung

radelten

anschließend
auf zwei klapprigen Fahrrädern
davon
die etwa 30-jährigen Männer
mit 25 000 Mark Beute

hat

ausgesetzt
4000 Mark Belohnung
die Sparkasse

2. Schreiben Sie zu diesem Zeitungsartikel die Folgemeldung über das Wiederauffinden des Säuglings. Schreiben Sie eine Meldung für die Süddeutsche Zeitung (überregional, seriös) und eine für die Münchner Abendzeitung (regional begrenzt, Sensationspresse).

Säugling aus Klinik entführt
Fall in Wuppertal

WUPPERTAL, 12. Februar (dpa). Auf rätselhafte Weise ist ein zehn Wochen alter Säugling aus der Kinderstation der Barmer Klinik in Wuppertal entführt worden. Wie Staatsanwalt Büsen am Dienstag berichtete, hat eine unbekannte, möglicherweise als Krankenschwester getarnte Frau den kleinen Jungen am Montag zwischen 13 und 14.45 Uhr aus seinem Bett geholt. Nach Ansicht der Polizei will die Entführerin offenbar kein Geld erpressen, denn die Familie lebe in „unauffälligen, normalen" Verhältnissen. Der 30 Jahre alte Fernmeldetechniker und seine 29 Jahre alte Frau haben noch zwei Töchter im Alter von zwei und fünf Jahren.

In der fraglichen Zeit war die Station nach Auskunft der Klinik gut „bewacht". Etwa zehn Krankenschwestern hätten sich zur Betreuung der insgesamt zwanzig Kleinkinder auf der Station aufgehalten. Glasscheiben in den Türen machten die Zimmer gut einsehbar. Außerdem habe das Kind in dem von der Stationstür „am weitesten entfernten Zimmer" gelegen.

Obwohl sofort mehr als 100 Beamte die Klinik und den angrenzenden Park durchsucht hatten, gibt es bisher „keinerlei Anhaltspunkte auf den Verbleib des Jungen", wie Büsen sagte. Der am 1. Februar wegen einer Lungenentzündung ins Krankenhaus gebrachte Junge sollte in den nächsten Tagen entlassen werden und braucht keine ständige ärztliche Kontrolle mehr. „Von daher besteht keine Gefahr für das Kind", sagte der Staatsanwalt. Allerdings war das Kind bei der Entführung nur mit einem weißen Strampelanzug bekleidet, die Decke ließ die unbekannte Entführerin im Bett zurück.

Ein Sprecher des Eintausendfünfhundert-Betten-Klinikums berichtete, die Kinderstation sei mit einer großen Stahlglastür gesichert, die nur „geräuschvoll" geöffnet werden könne. Das Personal auf der Abteilung gelte klinikintern als „vorbildlich". Am Abend vor der Entführung hatte eine bislang unbekannte Frau, die sich als Mutter ausgab, auf der Station angerufen und gefragt: „Ist denn das Bettchen noch da?" Diesen Anruf hatte sich das Klinikpersonal am Sonntag nicht erklären können.

Frankfurter Allgemeine Zeitung, 13. 2. 1991

3. Klassenbildung: Komposita

Das **Kompositum** bildet eine Klasse mit gemeinsamen Merkmalen, es typisiert, stereotypisiert: Eine **Jugendbande** ist also eine organisierte Gruppe von Jugendlichen.
Eine **Bande Jugendlicher** dagegen ist das Auftreten von Jugendlichen in einer zufällig gebildeten größeren Gruppe.

Diese Art von Komposita wird oft spontan gebildet, ist im Wörterbuch meist nicht zu finden. Manchmal sind solche Komposita lexikalisiert, d. h. man findet sie mit einer Bedeutung im Wörterbuch, die nicht mehr unbedingt aus den Komponenten erkennbar ist, z. B. Jungfrau (≠ junge Frau).

Was bedeuten die folgenden Sätze? Setzen Sie sie in einen Kontext.

1. a) Der Mercedesfahrer war an dem Unfall schuld.
   b) Der Fahrer des Mercedes war an dem Unfall schuld.

2. a) Die Hausdame empfing die Gäste.
   b) Die Dame des Hauses empfing die Gäste.

3. a) Sie verdient ihren Lebensunterhalt mit Handarbeiten.
   b) Sie verdient ihren Lebensunterhalt mit der Arbeit ihrer Hände.

4. a) Mainz: eine schöne Altstadt!
   b) Mainz: eine schöne alte Stadt!

5. a) Der richtige Zeitungsleser hasst es, wenn jemand vor ihm die Zeitung geöffnet hat.
   b) Die Leser der Zeitung haben sich über eine Anzeige entrüstet.

4. Bilden Sie Sätze:

a) Fabrikbesitzer – Besitzer der Fabrik
b) Frauenarbeit – Arbeit der Frau
c) Villenbewohner – Bewohner der Villa
d) Kleinkind – kleines Kind
e) Jeansträger – Träger der/von Jeans

5. Welche Beziehung besteht zwischen den Teilen der Komposita?

Beispiel:
Ein Holzbohrer ist ein Bohrer für Holz (nicht aus Holz).

a) Holzkiste – Holzfäller – Holzkopf – Holzindustrie – Holzboden – Holzbildhauer – Holzbiene – Holzdieb

b) Büroarbeit – Tischlerarbeit – Kinderarbeit – Kopfarbeit – Lederarbeit – Strafarbeit – Sauarbeit – Examensarbeit

Aus: Gerhard Seyfried,
Freakadellen und Bulletten

6. Was könnte das sein? (Wählen Sie aus.) Finden Sie zuerst die
passenden Kontexte.

Wörter	**Kontexte**
a) Beförderungsstau	Alternative
b) Bratkartoffelverhältnis	Arbeitswelt
c) Butterberg	Atomenergie
d) Datenautobahn	Berlin
e) Entsorgungspark	Beruf
f) Fliegenbeinzähler	Computer
g) Frauenquote	Demographie
h) Fräuleinwunder	Ausbildung
i) Geisterfahrer	Geschäftsleben
j) Hausdrache	Gleichberechtigung
k) Kinderladen	Kindererziehung
l) Klinkenputzer	Konsum
m) Knochenmühle	Nachkriegszeit
n) Körnerfresser	Nachkriegszeit
o) Mauerspecht	öffentlicher Dienst
p) Parkstudium	Personencharakterisierung
q) Pillenknick	Personencharakterisierung
r) Seelenverkäufer	Personencharakterisierung
s) Trittbrettfahrer	persönliche Beziehungen
t) Vetternwirtschaft	Schifffahrt
u) Wegwerfgesellschaft	Subventionswesen der EU
v) Wirtschaftswunder	Verkehr

7. Worauf bezieht sich das Adjektiv?
Was ist falsch? Wie wäre es richtig? Diskutieren Sie.

a) geräucherte Fischfabrik – geräucherte Meeresfische
b) gebratene Würstchenbude – gebratene Speckwürfel
c) kleine Kinderbetreuung – kleiner Kindergarten
d) sportliche Wintermode – sportliches Modengeschäft
e) frischer Fischverkäufer – frische Landeier
f) alte Buchhandlung – alte Warenhandlung – altes Papiergeschäft
g) erwachsene Bildungseinrichtung

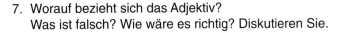

8. **Regeln für die Zusammensetzung von Substantiven**

Flohzirkus

Sebastian betrachtete beim Frühstück die Marmeladengläser. Schließlich fragte er seinen Vater: „Warum heißt es Kirschmarmelade?" Der Vater war etwas überrascht. „Weil sie aus Kirschen gemacht ist", antwortete er. „Aber dann müsste sie doch Kirschenmarmelade heißen", wandte Sebastian ein. „Das wird schlecht zu sprechen gewesen sein", entgegnete sein Vater. „Warum heißt es dann aber Apfelsinenmarmelade?", fragte Sebastian weiter. „Da geht es plötzlich, und man weiß gleich, dass es mehrere sind."

Der Vater überlegte sich das. „Es wird schon seinen Sinn haben, die Sprache ist bekanntlich sehr logisch." – „Apfelsaft ist von einem einzigen Apfel", murmelte Sebastian, „Birnensaft von vielen Birnen. Ich versteh' das nicht." Er sah seinen Vater an. „Das hat sicherlich gute historische Gründe", sagte der. Während Sebastian auf dem Frühstückstisch umherblickte, fielen ihm neue Beispiele ein. „Kommt denn die Kuhmilch immer nur von einer Kuh, der Ziegenkäse aber von verschiedenen Ziegen?" Sein Vater bestätigte das: „Eine Kuh gibt ja auch viel Milch, darum ist die Milch in deinem Becher nur von einer Kuh; aber für meinen Ziegenkäse braucht man eben die Milch von mehreren Ziegen." Weil es ihn aber selbst nicht überzeugte, setzte er noch ein besseres Beispiel dazu. „Die Sprache unterscheidet da sehr genau. Das Gottesurteil ist das Urteil eines Gottes, die Götterspeise ist für viele Götter da."

„Warum heißt es dann Flohzirkus?" fragte Sebastian, „Flohzirkus, aber andererseits Läuseplage. Oder hat der Flohzirkus nur einen Floh?" – „Eben!" sagte sein Vater. „Ein Flohzirkus heißt zu Recht so, denn ursprünglich gab es da wahrscheinlich immer nur einen Floh, historisch gesehen. Es gibt da Unterschiede in unserer Sprache. Zum Beispiel ist die Arzthelferin nur für einen Arzt da, auf einem Ärztekongress finden sich aber viele Ärzte. Alles ganz logisch." Er griff nach dem Ziegenkäse. Sebastian, der die Morgenzeitung zu Hilfe nahm, las vor: „Hier steht: Bischofskonferenz eröffnet. Müsste das nicht wie beim Ärztekongress dann Bischöfekonferenz heißen?"

„Nein", sagte sein Vater, „da gilt eben jeder Bischof sozusagen für sich, das ist in der katholischen Kirche immer so. Das hängt mit dem Dogma zusammen. Wart mal, mir fallen gleich Beispiele ein. Ja, das Kardinalskollegium oder die Papstgeschichte. Gemeint sind mehrere." – „Und der Katholikentag?", fragte Sebastian. „Das sind ja sowieso nur Laien", sagte sein Vater abschätzig.

„Und wie ist es mit der Sonnenfinsternis?", erkundigte sich der Sohn. „Sind da viele Sonnen finster, bei der Mondfinsternis aber nur ein Mond?" Der Vater kaute heftig auf seinem Brötchen und wollte das Thema wechseln. Aber Sebastian blieb hart. „Wenn wir einen einzigen Gast haben, schläft er im Gästezimmer, sind es mehrere, müssen sie ins Gasthaus." Sein Vater nickte. „Es gibt schon merkwürdige Ausnahmen. So habe ich mich immer gewundert, warum man zwei Nasen haben muss, um beim Hals-Nasen-Ohrenarzt richtig zu sein. Übrigens fragst du mich zu viel. Sieh doch mal in der Grammatik nach. Vielleicht gibt es ja gar keine Regel, oder es handelt sich gar nicht um Mehrzahl-Formen." Sebastian sah nach, und endlich konnte er seinem Vater einmal Recht geben.

Aus: Eike Christian Hirsch, Deutsch für Besserwisser

Inwiefern hat Sebastians Vater Recht? Was steht in Ihrer Grammatik?

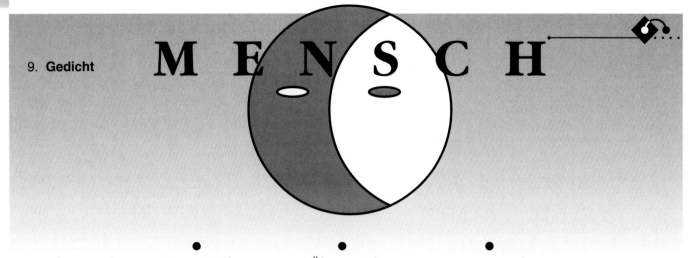

9. Gedicht

M E N S C H

Nagemensch	Übermensch	Hausmensch
Raubmensch	Untermensch	Höhlenmensch
Beutelmensch	Mittelmensch	Uhrmensch
Stadtmensch	Zweckmensch	Stundenmensch
Landmensch	Geldmensch	Tagmensch
Wassermensch	Halbmensch	Vormensch
Luftmensch	Doppelmensch	Nachmensch
Säugemensch	Vollmensch	Mitmensch
Mastmensch	Hohlmensch	Hauptmensch
Schlachtmensch	Normalmensch	Nebenmensch
		Unmensch

Erich Fried

a. Welche Wörter finden Sie im Wörterbuch?
b. Schreiben Sie ein Gedicht mit *-zeit, -arbeit, -liebe, -wechsel, …*

ZU (26.4) Obdachlos!

(NDR Studio Berlin, 25. 1. 1995)

Transkription der Reportage:

„Als meine erste Ehe, ich war mal verheiratet, und die ist in die Brüche gegangen, und bevor ich mich dazu hinreißen lasse, alles in Trüm-
4 merhaufen zu legen, habe ich gesagt, behalt alles, und bin raus aus der gemeinsamen ehelichen Wohnung, und dann war ich erstmal auf der Straße."

8 So wie André geht es vielen, Trennung, Arbeitslosigkeit oder Mieterhöhung zählen mit zu den Hauptgründen für Obdachlosigkeit. André hat eine Zeit lang auf der Straße gelebt, inzwi-
12 schen hat er sich wieder berappelt und hat auch wieder eine feste Wohnung. Doch manche seiner Freunde, die der arbeitslose Kraftfahrer

unter der Woche in der Wärmestube „Warmer
16 Otto" in Berlin-Moabit trifft, sind nicht so gut
dran. Sie müssen sich Abend für Abend einen
neuen Schlafplatz in Berlin suchen. Eine An-
laufstelle ist das Notübernachtungsheim im
20 Stadtteil Charlottenburg. Hier können 70 Menschen unterkommen.

●

Heimleiter Jürgen Mark: „Also hier ins Über-
nachtungsheim kommen Leute, Männer und
24 Frauen, die heute abend nicht wissen, wo sie
die Nacht verbringen können, die unversorgt
sind in jedweder Hinsicht, mittellos und obdachlos, die eine kurzfristige Übernachtungsmöglich-
28 keit brauchen, die dann auch hier finden bei
uns, eine Beratung erhalten, was sie denn an
den nächsten Werktagen für Maßnahmen einlei-
ten können, um die Situation zu verbessern."
32 Die Wohnung verloren, das ist für Jürgen
Mark der Hauptpunkt, warum Menschen obdachlos werden. Die Gründe dafür, sagt er, sind
ganz unterschiedlich: „Das eine sind manchmal
36 unbezahlte Mieten, das andere sind Eigenbe-
darfsklagen, dann gibt es häufig und in letzter
Zeit, denke ich, auch zunehmend, sehr un-
schöne Praktiken von Vermietern, um die
40 Bewohner aus ihren Wohnungen zu verjagen,
rauszuekeln, die Wohnung unbewohnbar zu

machen etc." Häufig, so Jürgen Mark, fehlt einfach nur die Wohnung. Er kennt viele aus dem
44 Heim, die regelmäßig arbeiten oder Tagesjobs
haben, aber nicht genug Geld haben, um eine
eigene Wohnung zu mieten. Und ohne feste An-
schrift gibt es oft auch Schwierigkeiten bei der
48 Wohnungssuche oder mit Arbeitgebern.

●

Die Berliner Sozialsenatorin Ingrid Stahmer
will es erst gar nicht so weit kommen lassen.
Sie setzt auf Vorbeugung: „Dass mehr Wohnun-
52 gen, bezahlbare Wohnungen, gebaut werden
müssen, dass Familien mehr aus der Not her-
ausgeholfen werden muss, ehe sie denn überhaupt erst wohnungslos und obdachlos werden,
56 dass Mietschulden übernommen werden, dass
Sozialämter und Wohnungsämter und Woh-
nungsvermieter mehr zusammenarbeiten, weil
man natürlich viel besser helfen kann, wenn
60 man rechtzeitig hilft."
Allerdings ist Ingrid Stahmer auch klar, dass
man in einer Großstadt wie Berlin die Obdachlo-
senzahl nicht auf Null senken kann, wie sie
64 sagt. Aus den neuen Bundesländern, ebenso wie
aus Süddeutschland, kommen immer wieder
Menschen nach Berlin, die hier ihr Glück versuchen und dabei scheitern.

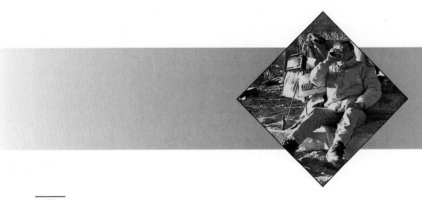

ZU 26.6 Eine Radiomeldung und ein Zeitungstext

1. Transkription der Radiomeldung:

Und zum Abschluss unseres Magazins noch der
Hilferuf einer verzweifelten Ehefrau. Kirsten B.
war ein Jahr glücklich verheiratet. Und nun
4 ganz plötzlich, nach einem unwichtigen Streit,
spricht ihr Mann Thomas nur noch Russisch
und kann kein Wort Deutsch mehr. Wie konnte
das passieren? Alle sind ratlos. Auch die Medi-
8 zin kann nicht weiterhelfen. Die Ärzte stehen

vor einem Rätsel. Eine Aussiedlerfamilie aus
Usbekistan hilft der armen Kirsten bei der Ver-
ständigung. Aber das geht ja nicht Tag und
12 Nacht! Kirsten B. ist fix und fertig.
Wer kann helfen? Sollten Sie von ähnlichen
Vorfällen gehört haben oder Rat wissen, melden
Sie sich bitte umgehend bei der Redaktion.

2. Der Zeitungstext:

Reporter
auf der Jagd nach dem Unglaublichen
Deutscher Monteur spricht nur noch Russisch

Sein Leben lang ist der 27-jährige Heizungsmonteur Thomas B. nicht aus Bottrop herausgekommen. Doch wenn man mit ihm sprechen will, braucht man einen Dolmetscher.

Es geschah zwei Tage vor Weihnachten. „Wir hatten Streit", berichtet Kirsten B. Die blonde Verkäuferin ist seit einem Jahr mit Thomas verheiratet. „Es ging um die Weihnachtsbesuche, mein Mann wollte nicht mit zu meiner Mutter. Er ist dann ziemlich wütend ins Bett gegangen, hat sich herumgedreht, Ohropax in die Ohren gesteckt und ist eingeschlafen."

Es folgte ein böses Erwachen. Die junge Frau bereitete in der Küche das Frühstück, als sie ihren Mann fluchend aufstehen hörte. „Ich dachte zuerst, da ist noch ein anderer Mann, denn ich verstand kein Wort. Er kam in die Küche und sprach wie Gorbatschow im Fernsehen. Ich dachte, er macht Unsinn – aber er konnte nicht mehr anders sprechen. Er redete auf mich ein und begriff nicht, dass ich ihn nicht verstehe."

Kirsten B. rief in ihrer Verzweiflung den Notarzt an. Aber dieser stand der Sache ebenfalls ratlos gegenüber. Seine einzige Diagnose: Es handele sich um Russisch. Thomas B. jedoch hat nie einen Sprachkurs besucht. Er hat nicht einmal einen Volksschulabschluss.

Ein wenig Licht ins Dunkel dieser Angelegenheit brachte der Stammbaum der Familie B. Vor zweihundert Jahren kamen die Vorfahren, von Hunger getrieben, aus den Tiefen der Sibirischen Taiga an die Ufer der Ruhr.

Ist es das russische Blut, das Thomas B. die Sprache seiner Urväter sprechen lässt? Fest steht: Russische Erbinformationen müssen sich in Thomas' Genen befinden.

Nur löste diese Erkenntnis nicht das Sprachproblem zwischen Thomas und Kirsten. Schließlich half eine deutsche Aussiedlerfamilie aus Usbekistan, die ebenfalls in der ehemaligen Bergarbeitersiedlung wohnt.

„Wir sind gute Freunde geworden", erzählt Kirsten. „Sie kommen jeden Tag zum Übersetzen. Aber manche Worte kennen sie auch nicht. Mein Mann spricht perfekt Russisch, besser als unsere Freunde. Jeden Tag versuche ich, ihm wieder ein Paar Worte Deutsch beizubringen, aber er vergisst sie doch. Er kann nur noch Russisch."

Thomas B. will ebenfalls etwas sagen, und der Sohn der Aussiedlerfamilie übersetzt: „Er sagt, er spricht doch ganz normales Deutsch, wie immer. Er sagt, er versteht nicht, warum ihn plötzlich keiner mehr versteht. Er fragt, ob denn alle verrückt geworden sind." Thomas B. sinkt in sich zusammen und schweigt.

Seine Frau flüstert: „Er zieht sich immer mehr zurück, geht nicht mehr aus dem Haus. Sonst sind wir freitags immer in die Disko. Aber ich will trotzdem bei ihm bleiben."

Die tapfere Frau liebt ihren Mann und hat jetzt beider Schicksal in die Hand genommen. Seit einer Woche macht sie einen Russischkurs bei der Volkshochschule in Bottrop.

Die neuesten Nachrichten aus den Papierkörben der Weltpresse entwendeten Gunter Gerlach, Olaf Oldigs und Lou A. Probsthayn
Die ZEIT, August 1993

3. **Bedeutung der Präpositionen** (Wiederholung)

a. Bestimmen Sie die Bedeutung der Präpositionen in den folgenden Sätzen.
Die Tabellen b. und c. können Ihnen dabei helfen.

a) Er geht durch den Garten.
b) Er bekam den Posten durch seinen Vetter.
c) Amerika wurde von Kolumbus entdeckt.
d) Die Erfindung des Buchdrucks durch Gutenberg markiert für viele Forscher den Beginn der Neuzeit.
e) Sie kommt aus München.
f) Ich kann dir das aus diesem Grund nicht sagen.
g) Wir stehen da vor einem Problem.
h) Sie sind vor mir dran.
i) Bei dem Lärm kann doch kein Mensch schlafen.
j) Er schwitzte vor Angst.
k) Sie macht das wirklich aus Überzeugung.
l) Viele Leute sterben vor Hunger.
m) Wir wurden durch den starken Verkehr aufgehalten.
n) Ich habe das Geld jetzt nicht bei mir.
o) Viele gehen aus blanker Not betteln, klauen oder anschaffen.
p) Sie verfolgten das Spiel mit großem Interesse.
q) Mit ihrem Charme wickelt sie ihn um den kleinen Finger.
r) Bei soviel Charme kann wirklich keiner widerstehen.
s) In der Aufregung hätte ich das fast vergessen.
t) Sie wandte sich in ihrer Not an den gehassten, aber reichen Bruder.
u) Das bleibt aber unter uns.
v) Ich soll Sie von Frau Müller grüßen.
w) Der Vorhang fiel unter großem Applaus.
x) Bei den Referenzen bekommt er die Stelle bestimmt!
y) Sie bekam vor lauter Aufregung rote Flecken im Gesicht.
z) Ich habe ihm aus lauter Wut eine geklebt.
xx) Die folgenden Regeln sind nur mit Vorsicht zu genießen.

b. Präpositionen können mehrere Bedeutungen haben:

in	Er wohnt in Bottrop. Wütend ging er ins Bett. In ihrer Verzweiflung rief Kirsten B. den Notarzt an.	positional direktional modal
aus	Seine Vorfahren kamen aus Sibirien. Aus Liebe zu ihrem Mann macht sie jetzt einen Russischkurs. Ohropax besteht aus Wachs und Watte.	direktional kausal material
vor	Es geschah zwei Tage vor Weihnachten. Seine Vorfahren wären vor Hunger fast gestorben. Kirsten B. stand ratlos vor ihrem Mann.	temporal kausal positional

c. Eine Grundbedeutung wird mit Hilfe verschiedener Präpositionen modifiziert und differenziert.

Aus welchem Grund?

kausal: *aus* oder *vor* oder *von*

aus = in der Person liegende Ursache, Beweggrund willentlicher, kontrollierbarer Handlungen.
Aus welchem Grund machen wir uns so viel Arbeit? –
Aus Spaß an der Sache …
Aus Ärger über diesen Vorfall schrieb sie einen Leserbrief.

vor = in der Person liegende Ursache unwillkürlicher, unkontrollierbarer Reaktionen/Handlungen; oft verstärkt durch „lauter".
Vor (lauter) Nervosität verging ihm der Appetit.
Sie zitterte vor Freude.

von = direkt wirkende Ursache: Etwas kommt von …
Ich habe Kopfschmerzen vom vielen Nachdenken.

Beim Passiv: *von* oder *durch* oder *mit*

von = Urheber, Agens
Die erste Atombombe wurde von den USA über Hiroschima abgeworfen.

durch = Ursache
Hiroschima wurde durch die Atombombe in wenigen Sekunden zerstört.
= Agens bei Nominalisierungen von Passivsätzen wie:
Die Entdeckung Amerikas durch Kolumbus …

mit = Instrument, Mittel
Der Kassierer wurde von einem maskierten Bankräuber mit einer Pistole bedroht.

medial – instrumental: *durch* oder *mit*

durch = medial, Vermittlung
Er ließ es mir durch seinen Vater ausrichten.
Er kam durch einen Staatsstreich an die Macht.

mit = instrumental (↔ ohne)
Moderne Verpackungen lassen sich oft nur mit professionellem Werkzeug öffnen.
Er setzte sich mit vielen üblen Tricks durch.

Unter welchen Umständen?

modal: *mit* oder *in* oder *unter* oder *bei*

(Achtung! Das sind nur annähernde Regeln. Es gibt hier viele idiomatische Wendungen!)

mit = Art und Weise eines Geschehens, einer Handlung: wie etwas gemacht wird.
Den Gefallen tue ich dir mit dem größten Vergnügen.
Die Kinder rannten mit Geschrei auf die Straße.

---

in	= Zustand, Umstände, in denen man sich befindet.
	In ihrer Ratlosigkeit wandte sie sich an mich.
	In der Eile konnte ich das nicht genau erkennen.

unter	= Manifestation von Massenemotionen als Begleitumstand. Umstände, die mit dem Geschehen in engem Zusammenhang stehen.
	Unter Johlen und Protest verließ er das Podium.
	Unter diesen Umständen stehe ich für nichts ein.

bei	= begleitende Umstände. Meist schwingt temporale, konditionale oder kausale Bedeutung mit.
	Bei dem schlechten Wetter werden wir wohl hier bleiben.
	Bei diesem Lärm kann doch kein Mensch arbeiten.
	Wir können das in Ruhe bei einer Tasse Kaffee besprechen.

4. Streichen Sie in/bei den folgenden Beispielen die nicht passenden Präpositionen bzw. erklären Sie den Unterschied, wenn mehrere Präpositionen möglich sind.

   a) Meine Schuhe sind vom/durch den Regen ganz durchweicht.
   b) Bei/Mit gleicher Qualität nehme ich natürlich den billigeren Stoff.
   c) Eine Operation durch den/vom Chefarzt persönlich ist natürlich teurer.
   d) Er kriegt vor/aus lauter Schüchternheit den Mund nicht auf.
   e) Älterer Herr in/bei noch gutem Zustand und mit/in/bei gesicherten Verhältnissen sucht Dame mit/ohne Anhang zwecks späterer Heirat.
   f) Er schrieb aus/vor Einsamkeit Heiratsanzeigen.
   g) Bei/Mit/In eventuellem Interesse erbitte ich Zuschriften unter Chiffrennummer 4711.
   h) Vor/Aus lauter Feiern kommt man nicht mehr zum Arbeiten.
   i) Er protestierte mit/unter großem Geschrei.
   j) Mit/Bei Glatteis sollten Sie das Auto lieber nicht nehmen.
   k) In/Mit/Bei bester Laune wanderten wir los.
   l) In ihrer/Mit ihrer/Vor/Aus Angst wusste sie nicht mehr, was sie tat.
   m) Unter/Mit/In dem Jubel der Fans entstieg der Star seinem Rolls-Royce.
   n) Ich habe den Brief aus/vor Vorsicht zerrissen.

5. **Sensationspresse**

Schreiben Sie einen Sensationsartikel!

ZU 26.7 Redewiedergabe: Wiederholung und Erweiterung
(siehe SICHTWECHSEL 1, Arbeitsbuch 5.6)

Der zunächst unbekannte Täter, der am 3. April einen 18-jährigen Frankfurter Schlachtenbummler schwer verletzte, ist ermittelt. Nach Angaben der Polizei handelt es sich um den 17-jährigen Peter O. Über den Hergang der Tat war Folgendes zu erfahren:

1. Der Text

Auf dem Heimweg vom Spiel seines Clubs soll es zu einer Schlägerei gekommen sein.
Einer seiner Sportsfreunde soll von einer Gruppe von Fans verprügelt worden sein.

Peter O. will seinem Freund lediglich zu Hilfe gekommen sein.

Das Klappmesser, mit dem er den Frankfurter schwer verletzte, soll nicht sein eigenes gewesen sein.

Er will das Klappmesser von einem Freund „zum Aufheben" bekommen haben.

Der Frankfurter soll ihn in dem Moment, als er das Messer in der Hand hielt, am Arm gepackt haben, und dabei soll das Messer von alleine aufgesprungen sein.

Er will nicht zugestochen haben –

– der andere soll ihm von selbst ins Messer gelaufen sein.

Gibt die Behauptungen von anderen über einen Dritten wieder.
(Reporter: Das sagt die Polizei über den Angeklagten.)

Gibt die Behauptungen der betroffenen Person selbst wieder.
(Reporter: Das sagt der Angeklagte selbst.)

Die Redewiedergabe mit *sollen* oder *wollen* dient zur Distanzierung vom Gesagten. Der Sprecher gibt die Aussagen ohne Gewähr wieder.

2. *wollen* oder *sollen*?

a) Er behauptet, das Auto gekauft zu haben.
b) Sie gibt vor, eine gute Fotografin zu sein.
c) Man sagt, dass Maria schon wieder schwanger ist.
d) Ich habe gehört, dass er schon dreimal im Gefängnis war.
e) Was! Sie glauben, dass Sie ein guter Lehrer sind?
f) Die Spatzen pfeifen es schon vom Dach, dass die Firma Acker pleite macht.
g) Im Dorf geht das Gerücht um, dass sich Fritz heimlich mit Beate trifft.
h) Sie hält sich für sehr hübsch.
i) Meiers haben erzählt, dass Sepp gestern ganz schön einen drauf hatte.
j) Sepp behauptet steif und fest, dass er keinen Tropfen Alkohol getrunken hat.

3. Rede-einleitende Verben

Mit verschiedenen Rede-einleitenden Verben kann der Sprecher einerseits die wiedergegebene Sprechhandlung kennzeichnen und andererseits auch zu dem Gesagten Stellung nehmen.

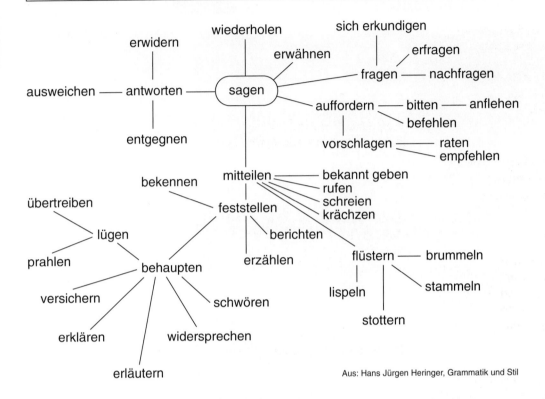

Aus: Hans Jürgen Heringer, Grammatik und Stil

4. Was könnten die Personen in den beiden Zeitungsartikeln zu ihrer Entschuldigung vorgebracht haben? Geben Sie die Aussagen des Busfahrers und des Schwarzfahrers wieder, und machen Sie dabei deutlich, wie Sie zu den Aussagen stehen.

Schreiben Sie die Fortsetzung der Zeitungsmeldungen:
Bei seiner Vernehmung sagte der Busfahrer/der Schwarzfahrer aus …

Bus überfuhr zwei Rentner – schwer verletzt

München – Unaufmerksamkeit eines Busfahrers war Ursache eines schweren Verkehrsunfalls. Ein Rentner-Ehepaar erlitt schwere Verletzungen. Das Unglück ereignete sich Donnerstag gegen 12.15 Uhr an der Kreuzung Kafler/Lortzingstraße in Pasing. Der 44-jährige Fahrer bog mit seinem Bus der Linie 71 nach links in die Lortzingstraße ein. Dabei übersah er das 78 und 80 Jahre alte Ehepaar, das die Straße in einer Fußgängerfurt überquerte. Der Bus schleuderte die Rentner auf die Fahrbahn. Beide kamen mit schweren Verletzungen in ein Krankenhaus.

Abendzeitung München, 30. 9. 1990

Schwarzfahrer war für Polizei ein dicker Fisch

München – Einen guten Fang machte Donnerstag ein Kontrolleur in einer U-Bahn der Linie 2. Er fasste den Schwarzfahrer Cristinel C. (23) und brachte ihn zur Polizei, da er sich nicht ausweisen konnte. Dort stellte sich heraus, dass der Mann sich illegal in München aufhält. Er hatte zehn Euroschecks einer Straubinger Bank bei sich, die der Kontoinhaberin auf dem Zentral-Landwirtschaftsfest gestohlen worden waren. Der Langfinger wurde festgenommen.

Abendzeitung München, 30. 9. 1990

ZU 27.2 Werbung in Deutschland

1. Vergleichen Sie die Originale mit Ihren Texten, die Sie zu den Bildausschnitten
auf den Seiten 60–62 geschrieben haben.

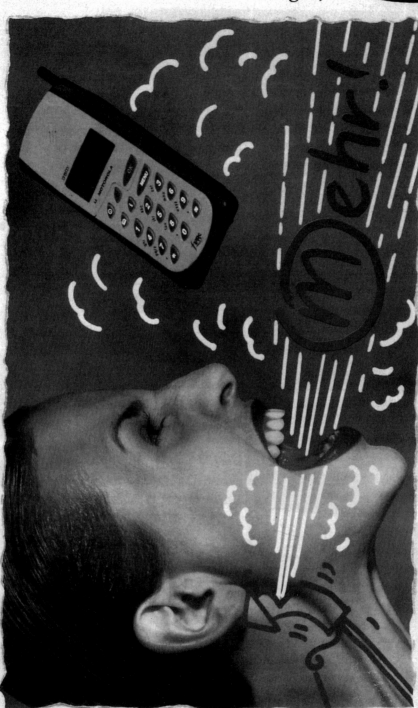

Motorola Flare. Was immer Sie sagen, es ist OK.

Nehmen Sie kein Blatt vor den Mund. Sagen Sie ruhig laut, was Sie wollen – denn jetzt gibt es ein Mobiltelefon, das mit Sicherheit auch Ihre Ansprüche erfüllt: Motorola „Flare", das neueste Handy vom weltweiten Marktführer. Entscheiden Sie sich für eine der vielen interessanten Farben; Spitzenqualität erhalten Sie von uns in jedem Fall!

Motorola „Flare" bietet mehr – und alles ist ganz einfach. Mit der großen OK-Taste sagen Sie Ihrem Mobiltelefon, was es tun soll. Da kann nichts schiefgehen: das garantiert die einzigartige neue Bedienerführung *Personality*™ von Motorola.

Was sagen Sie nun? Motorola „Flare" ist das Handy für Leute, die mehr wollen. Nehmen Sie uns ruhig beim Wort. OK?

CeBIT '96
HANNOVER
14.—20.03.1996
HALLE 26 • STAND A54

MOTOROLA

Schutzimpfungen sind nicht nur für die Katz.

Katzen, die sich häufig im Freien aufhalten, sollten vor allem gegen Tollwut geimpft sein.

„Wie ich mehr Profil in meine Abteilung gebracht habe? Ganz leicht. Mit dem neuen HP DeskJet 550C.“

„Die Arbeit wird immer mehr, die Termine immer enger. Und wenn man positiv auffallen will, muß sich die Qualität ständig verbessern. Nicht auszudenken, was in unserer Abteilung los wäre, wenn wir den neuen HP DeskJet 550C nicht hätten. Die Arbeit ist seitdem leichter geworden, und gleichzeitig hat sich der Ausdruck verbessert. Und zwar deutlich. Warum? Ganz einfach: weil Sie zwischen echtem Schwarz und brillanter Farbe wählen können, ohne die Tintenpatronen auswechseln zu müssen. Er druckt auf

verschiedenen Medien und findet breite Softwareunterstützung. Tja, und nebenbei macht auch sein äußerst günstiger Preis die Entscheidung leicht. Alles in allem: weniger Arbeit, mehr Qualität, attraktiver Preis. Kann man sich diesen Fakten verschließen? Ich finde, nein.

Rufen Sie Hewlett-Packard an:
Tel. 0 21 02/44 11 22.“

Hewlett-Packard – Ausdruck beeindruckender Qualität.

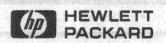

»NATÜRLICH GEHT'S UNS GUT«

WIEVIEL ABENTEUER LÄSST IHRE VERSICHERUNG IM AUSLAND ZU?

DEUTSCHE **V**ERSICHERUNGEN

Auf welche Tour Sie auch reisen – die private Auslandsreise-Krankenversicherung bewahrt Sie davor, im Falle eines Falles Federn zu lassen. Ohne viel Staubaufwirbeln übernimmt sie, zusätzlich zu Ihrer gesetzlichen Krankenversicherung abgeschlossen, die Kosten medizinischer Versorgung. Auch ein notwendiger Rücktransport ist im Versicherungsschutz eingeschlossen.

In einer privaten Vollversicherung ist Auslandskrankenschutz sowieso enthalten – in Europa zeitlich unbegrenzt, im übrigen Ausland mindestens einen Monat. Außerdem freie Arzt- und Krankenhauswahl zu maßgeschneiderten Tarifen.

Weitere Informationen vom Verband der privaten Krankenversicherung e.V., Postfach 51 10 40, 50946 Köln.

DIE PRIVATEN®
KRANKENVERSICHERUNGEN

DR. **H**EBESTREIT & **P**ARTNER

Krankenversicherungsschutz mit deutschem Qualitätsstandard® garantiert durch die deutsche Versicherungsaufsicht

● 174

2. Wortbildung: Adjektivkomposita

a. Für welche Produkte könnte mit diesen Adjektiven geworben werden?

> bleifrei – seifenfrei – kindermild – hüpfgesund – schmerzfrei – luftdurchlässig –
> preisbewusst – kalorienbewusst – feinperlig – entzündungshemmend –
> wetterfest – umweltfreundlich – fußgerecht – schmerzstillend – leistungsfähig –
> superleicht – frühlingsfrisch – knackfrisch – schokoschmackig –
> appetithemmend – bioaktiv – kinderfreundlich – formstabil – schadstoffarm –
> zusatzfrei – schokoladenstark – kostengünstig – atmungsaktiv – servierfertig

b. Erfinden Sie selbst weitere reiz-volle Adjektive, und benutzen Sie sie für eigene
superstarke Slogans.

begriffe

steinweich
käsehart
sauschön
bildblöd

käseweich
sauhart
bildschön
steinblöd

sauweich
bildhart
steinschön
käseblöd

bildweich
steinhart
käseschön
saublöd

Ernst Jandl

3. Wie wird bei diesen beiden Werbeanzeigen sprachlich Aufmerksamkeit erregt?

4. **Passivumschreibungen: Aktive Konstruktionen mit passivischer Bedeutung**

Wovon ist hier die Rede?

a) … ist leicht abwaschbar, spülmaschinenfest und unzerbrechlich. Es lässt sich
   leicht stapeln und ist schön anzusehen. Für jeden gepflegten Tisch!
b) Essbar oder trinkbar, gut verträglich und leicht verdaulich – in jeder Apotheke
   erhältlich.
c) Bei jedem Wetter bespielbar.
   Im Winter beheizbar.
   Für jeden Club erschwinglich.
   Wartungsfrei! Aufstellung genehmigungspflichtig!
d) Pflegeleicht, bügelfrei und unverwüstlich!
e) Problemlos finanzierbar, steuerlich absetzbar, jederzeit wieder verkäuflich.

abwasch<u>bar</u> ess<u>bar</u> unzerbrech<u>lich</u> leicht verdau<u>lich</u> pflege<u>leicht</u> <u>lässt</u> <u>sich</u> stapeln <u>ist</u> leicht <u>zu</u> pflegen	<u>kann</u> (<u>nicht</u>) ... <u>werden</u>
genehmigungs<u>pflichtig</u> wartungs<u>frei</u> bügel<u>frei</u> <u>ist</u> <u>zu</u> genehmigen	<u>muss</u> (<u>nicht</u>) ... <u>werden</u>

5. Schreiben Sie ähnliche Texte wie in den Beispielen von 4 a)−e), und lassen Sie die anderen raten, worum es sich handelt.

6. Drücken Sie die unterstrichenen Attribute durch Relativsätze aus.

Beispiel:

Ein <u>leicht erfüllbarer</u> Wunsch
Ein Wunsch, der leicht erfüllt werden kann.
der leicht zu erfüllen ist.
der sich leicht erfüllen lässt.

a) Ein <u>schwer lösbares</u> Rätsel
b) <u>Wiederverwendbare</u> Abfallprodukte
c) <u>Unvermeidbare</u> Folgen
d) Eine <u>voraussichtliche</u> Störung
e) Ein <u>in Wasser lösliches</u> Salz
f) Ein <u>veränderungsbedürftiges</u> System

g) Ein <u>reformbedürftiges</u> Projekt
h) Ein <u>hilfsbedürftiger</u> Mensch
i) <u>Essbare</u> Pilze
j) Eine <u>unübersichtliche</u> Kurve
k) Eine <u>nicht zu erfüllende</u> Hoffnung

7. **Passivisches Partizip Präsens als Attribut**

   − Was bedeuten die Sätze? Wer spricht so? Wo findet man solche Sätze?
   − Lösen Sie die Partizipien mit Hilfe von Relativsätzen auf.

Beispiel:
<u>Eine</u> nur mit Spezialwerkzeug <u>zu öffnende Verpackung</u> ist Unsinn.
Eine Verpackung, die nur mit einem Spezialwerkzeug zu öffnen ist (geöffnet werden kann), ...

a) Die zu sanierenden Viertel müssen vorübergehend geräumt werden.
b) Das ist ein ernst zu nehmendes Problem.
c) Alle neu einzuschulenden Kinder haben sich einer ärztlichen Kontrolle zu unterziehen.
d) Die zurückzuerstattenden Beträge werden im ersten Quartal überwiesen.
e) Wegen der neu zu berechnenden Kosten musste der Baubeginn verschoben werden.
f) Die für die Ehrengäste zu reservierenden Plätze müssen mit einer Kette abgesperrt werden.
g) Der Angeklagte wird wegen der ihm nicht nachzuweisenden Anwesenheit am Tatort zur Zeit des Überfalls freigesprochen.

ZU (27.3) „Klatschvieh"

1. Selektives Lesen:
   Lesen Sie den Titel des folgenden Textes und die Zusammenfassung unter dem Titel. (Welches Wortspiel ist im Titel versteckt?)
   – Worum geht es?
   – Warum machen die Leute das bloß?
   – Suchen Sie Antworten im Text.

ALLE HÄNDE

Sie werden als „Klatschvieh" verspottet: die Zuschauer
mando lachen oder donnernden Applaus spenden. Un
bei Laune zu halten. Warum machen sie das bloß

Auf der Luxemburger Straße in Köln beginnt die Rushhour bereits mittags. Stau um ein Uhr, verursacht von Autofahrern, die alle ein Ziel haben: Köln-Hürth. Dort haben der Fernsehsender RTL und mehrere Produktionsteams am Rande eines Gewerbegebietes eine Studiostadt aufgebaut. Von dort aus werden die meisten Shows des Senders in die deutschen Wohnungen geschleust.

Zunächst muss auf den Straßen aber erst einmal das „Sendematerial" ins Studio geschleust werden. Dazu gehören täglich Hunderte von Menschen Studiozuschauer, die als zusätzliche Stimmungsmacher fungieren müssen, als lachende, klatschende, kreischende, pfeifende, stöhnende, trampelnde Meute, die auf den stubenhockenden Bildschirmzuschauer eine Begeisterung übertragen, die die Sendung alleine nicht auslösen kann. Die Besucher im Studio sind eigentlich Schauspieler, die dem Bildschirmpublikum vorspielen, wie lustig die Show ist.

Für diese Aufgabe werden sie vor der Sendung einem regelrechten Schauspielunterricht unterzogen. Beim Warm-up bringt ein Assistent des Starmoderators den Leuten die richtigen Töne bei. In der Game-Show „Familien-Duell" etwa wird immer wieder der kollektiv-enttäuschte, nach unten abfallende „Oooooohhhhhh"-Ton geübt, der den missratenden Kandidaten trösten soll – und die anderen Teilnehmer und Zuschauer emotionalisieren. „Applaus" wird von blinkenden Sondermonitoren und attraktiven Vorklatscherinnen eingefordert – Claqueure für die Claqueure. Kein Wunder, dass dieses vorgeführte TV-Publikum auch zynisch als „herumgestoßenes Klatschvieh" bezeichnet wird.

Die Zuschauer jedenfalls beklagen sich nicht über ihre Rolle. Im Gegenteil. Sie genießen ihre Zuschauer- wie Schauspielerfunktion:

a. Was bedeutet „geschleust"?

b. Worauf bezieht sich „diese"?

2. Intensives Lesen:
   Lösen Sie die Aufgaben, die am Rand des Textes stehen. Benutzen Sie kein Wörterbuch.
   Begründen Sie in jedem Fall, wie Sie zu der Lösung gekommen sind.

3. Markieren Sie alle Begriffe zum Wortfeld „Fernsehen".

VOLL ZU TUN

ie bei Talk-, Game- und Comedy-Shows auf Kom-
ll das, um Moderatoren, Gäste und Fernsehpublikum

VON WOLFRAM RUNKEL UND ANDREAS WEINAND (PHOTO)

Sie sehen und werden gesehen. Während der normale Glotzengucker nur fern-sieht, kann der Studiozuschauer nah-sehen und wird selbst aus der Ferne gesehen. Höhepunkt für die meisten Zuschauer ist der
32 Moment, in dem sie sich auf einem der Studiomonitore selber erblicken. Worauf sie sich oft selbst mit einem Winken begrüßen. Es ist paradox: Das Fernsehen, das zum Zuschauer ins Haus kam, um ihm den umständlichen Gang ins Theater zu ersparen, holt sich nun den
36 Zuschauer vor Ort, um lebendiger zu wirken. Und macht aus Fernsehern Fernfahrer, die den oft beschwerlichen Weg zur Quelle gerne auf sich nehmen.

40 Die Redaktionen waren zunehmend überfordert, wenn es um die Besetzung der Zuseherstühle ging. So engagierten sie Leute wie Mario Schiffer, Geschäftsführer von TV-Ticket-Service. Der erkannte schnell den Grund für die Zuschauerzurückhaltung: Es lag nicht am Desinteresse der Menschen, sondern
44 an deren Schwellenangst und Unkenntnis über Kontaktmöglichkeiten mit der heiligen Kuh. Schiffer kaufte also Adressenlisten und sprach die Leute per Telefon direkt an. Mittlerweile hat er einen Pool von hunderttausend Namen, auf die seine zehn Mitarbeiterinnen zurückgreifen
48 können. Telefonisch lotsen sie die Leute nach Hürth; mit Hinweisschildern und von uniformierten Hostessen werden sie durch das Studiolabyrinth zum großen Warteraum geleitet, wo wiederum rotgekleidete, adrette Menschen weitere Informationen geben und das Eintritts-
52 trittsgeld kassieren. Schiffer fordert Eintrittsgelder (je nach Popularität der Sendung zwischen zehn und zwanzig Mark), um den Leuten klarzumachen, „dass die Show was wert ist, dass ihnen was geboten wird."

c. Erklären Sie die Schreibweise von „fern-sieht".

d. Worauf bezieht sich „Worauf"?

e. Was soll hier heißen: „macht aus Fernsehern Fernfahrer"?

f. Ersetzen Sie das Wort „so".

g. Formulieren Sie den Grund für die Zurückhaltung der Zuschauer mit eigenen Worten.

h. Was bedeutet „lotsen"?

56 Was wird ihnen denn geboten? Es ist halb zwei mittags. In einer Stunde beginnt eine Aufzeichnung der Ilona-Christen-Talk-Show mit Ufo-Kennern und -Forschern. Danach um 16 Uhr, folgt Hans Meiser mit „allein erziehenden Überzeugungsmüttern". Im Warteraum sitzt eine

60 Hundertschaft meist älterer, meist weiblicher Zuschauer. Den sozialen Hintergrund dieser Zusammensetzung teilen die zum Teil herausgeputzten, zum Teil gleichgültig gekleideten Besucherinnen freimütig mit: „Unsere Männer sind auf Arbeit."

64 Immerhin sind auch ein paar Männer, sogar ein paar jüngere, da. Die wirken aber eher wie Fremdkörper. Die meisten Besucher wirken gelangweilt bis blasiert, starren emotionslos in die Ferne – das sind die Dauer-Zuschauer. Die Anfänger hingegen tragen eine gewisse erwar-

68 tungsvolle Vorfreude mit sich. Doch auch einige Erfahrene „sind immer wieder etwas nervös", weil sie nicht wissen, „ob sie ordentlich aussehen", oder weil sie befürchten, plötzlich von Ilona angesprochen zu werden. Die Sendung ist eine „Audience-Participant-Show",

72 bei der die Zuschauer sich zu Wort melden sollen.

Als Grund für ihre Studiobegeisterung nennen die Besucher die Live-Nähe zu berühmten Fernsehstars und die Chance auf ein Erscheinen auf der Bildfläche. Am häufigsten nennen sie aber den „Blick

76 hinter die Kulissen: die Kameras, wie sie sich bewegen, die Zeichen des Aufnahmeleiters, das Nachschminken in den Pausen und all das". Im Gegengeschäft zur Begeisterung des Zuschauers kommt das Fernsehen nicht umhin, einen Teil seiner Geheimnisse öffentlich zu ma-

80 chen. Die Zuschauer werden Eingeweihte. Hans Meiser erklärte letzlich in einer Aufnahmepause – als der Werbeblock lief und er Zeit für Späße mit den Zuschauern hatte – dem Publikum gar, wie der Prompter funktioniert, die Schrifttafel unter der Kamera also, von der Spre-

84 cher ihren Text ablesen können. Schwäche und Pannen liebt das Publikum besonders. Meiser, der weiß, „wie die Zuschauer seine Kandidaten anstecken und so eine ganze Sendung reißen oder schmeißen können", hält die Leute durch gewollte Pannen bei Laune.

88 So leistete er sich bei der Aufzeichnung des „Teasers" (Anlockers) für die nächste Sendung einige Versprecher. Dreimal musste er den Text „Früher war eine allein erziehende Mutter eine Schande für das ganze Dorf" wiederholen, weil er statt Schande immer wieder „Chance"

92 sagte. Eine Besucherin erklärt ihre Liebe zu Pannen: „An ihnen kann man sehen, dass die hier auch Fehler machen und trotzdem alles gut wird."

Zeitmagazin, 14. 1. 1994

i. Was ist eine „Audience-Participant-Show"?

j. Was sind „Eingeweihte"?

k. Was ist der „Prompter"?

l. Warum liebt das Publikum Schwächen und Pannen?

ZU 27.4 Kunst im U-Bahnhof?

Transkription der Reportage:

U-Bahnhof Alexanderplatz, niedrige Decken, Schmutz, alle fünf Minuten das Rattern und Quietschen der Züge, nicht gerade der klassische
4 Musenort. Aber es gibt Leute, die sehen das anders: „Ich find', seh' das auch als 'ne Galerie irgendwo, und, also mir gefällt das gut."
Dann hätten sich die 219 000 DM, die der
8 Kultursenator hier trotz aller Sparzwänge noch investiert hat, ja gelohnt. 32 große Bilder, Kunstplakate, wurden dafür auf den Wandflächen hinter den Gleisen angebracht.
12 Eine Ausstellung für ein Jahr. Kunst statt Werbung ist die Devise: „Find' ick besser wie Werbung, in jedem Fall, weil et mal wat anderes ist, Werbung haben wir ja in der Zeitung,
16 haben wir im Rundfunk, haben wir im Fernsehen – von morgens bis abends; also, wir wollen eigentlich mal wat anderes."
Die Berliner Verkehrsbetriebe verzichten auf
20 etwa 150 000 DM Einnahmen aus der Werbung für Bier oder Babywindeln. Bei einem Milliardendefizit, so der BVG-Verantwortliche Dietrich Kuno, falle diese Summe ohnehin nicht so arg
24 ins Gewicht. Statt dessen treibt man Kundenwerbung: „Man kommt ja doch so wenig, die Möglichkeit und hat die Gelegenheit, sich so was anderswo anzugucken nicht, und wenn man
28 dann unterwegs ist und hier mal schnell reinschaut, ist es doch ganz angenehm, man guckt doch hin, ja, und besieht sich das."

●

Seit 1958 hängen im U-Bahnhof Alexander-
32 platz Bilder, damals ließ die DDR zum Thema

„Frieden der Welt" malen. In den 80er-Jahren ging man dann dazu über, hier jährlich wechselnde Ausstellungen zu unterschiedlichen
36 Themen zu veranstalten. Und als 1990 der Kapitalismus Einzug hielt in Ost-Berlin, bestand der Runde Tisch darauf, dass diese Praxis beibehalten werde. Auch Kunst kann schließlich
40 Politik sein.
„Also es sind hier verschiedene Dinge, die Denkanstöße geben." „Schöne Aussichten" ist das Motto, mit dem sich die Künstler in ihren
44 Werken für den U-Bahnhof diesmal auseinander setzen sollten. „Da ist ein Schwarz-Weiß-Foto, da ist eine breite Schnellstraße oder so dargestellt, und das ist über und über voll mit
48 Autos, und das sind wohl die Aussichten, die auf uns zukommen, ja, würd' ich so sehen." Ein Strichmännchen in Blau-Weiß, eine abstrakte Komposition in Schwarz-Weiß-Grau, ein Hasen-
52 kopf im Dürerstil, das Foto einer Menschenmenge, nicht immer stellen sich die Assoziationen der Betrachter so schnell ein wie bei der Autokarawane. Und viele haben immer noch so
56 ihre Probleme mit zeitgenössischer Kunst: „Ich kann damit zum Beispiel nicht so viel anfangen." „Alle die neumoderne Kunst, die würd' ick eigentlich ablehnen, sag ick mal." „Das
60 kann ich kaum als Kunst bezeichnen." Aber auch mit solchen Reaktionen wird gerechnet.
„Lassen Sie sich berühren, anregen und vielleicht auch aufregen", forderte der Kultursena-
64 tor die Betrachter bei der Ausstellungseröffnung auf.

(NDR Studio Berlin, 25. 2. 1995)

ZU (28.1) Vorschläge

Wortbildung: Das Präfix *vor-*

Das Präfix *vor-* kann ebenso wie die Präposition lokale <u>und</u> temporale Bedeutung haben.

1. Bei welchen Wörtern können Sie noch die Grundbedeutung feststellen? Legen Sie eine Liste an. (Manche Wörter können zweimal erscheinen.)

lokal	temporal	figurativ, abstrakt

Vorschlag – Vorhof – Vorherrschaft – Vorarbeiter – vorarbeiten – Vorteil – Vorgeschichte – Vorkämpfer – vorsorgen – Vorsicht – Vorleben – Vorspeise – Vorgebirge – Vorgeschmack – Vorfahrt – vorwärts – vorsingen – vorkauen – vormachen – Vorsprung – Vorsitzender – Vorfall – vorgehen – vornehmen – Vorliebe – vorbringen

2. Präfix, Präludium, Prämisse, präparieren, Prämeditation, prädeterminieren, pränatal –, das sind fachsprachliche Fremdwörter im Deutschen. Wie heißen die allgemeinsprachlichen Entsprechungen?

ZU (28.2) Fremdwörter

1. Hörspiel aus der Sendereihe „Papa, Charly hat gesagt".

SOHN: Papa, Charly hat gesagt, sein Vater wäre gegen Fremdwörter.
VATER: So.
4 SOHN: Charlys Schwester, die redet jetzt immer so. Mit so vielen Fremdwörtern. Und dann sagt Charlys Vater immer, sie soll mal nicht so geschwollen daherreden. Bist du auch gegen Fremdwörter? Du ? –
8 Papa?
VATER: Ich? Warum sollte ich?
SOHN: Warum denn wohl Charlys Vater?
VATER: Was weiß ich. Wahrscheinlich, weil er sie
12 nicht versteht.
SOHN: Dann ist es doch eigentlich richtig, wenn er dagegen ist. Oder?
VATER: Weiß ich nicht. Aus seiner Sicht vielleicht.

16 SOHN: Du kennst doch alle Fremdwörter, nicht, Papa?
VATER: Naja – alle. Alle kenne ich auch nicht. Aber eben doch die meisten, die wir in unsere Sprache integriert haben.
20 SOHN: Was haben wir mit denen gemacht?
VATER: Wir haben sie integriert. Das heißt, wir haben sie unserer Sprache hinzugefügt. Sie gehören nun dazu.
24 SOHN: Warum heißen sie dann noch Fremdwörter, wenn die zu unserer Sprache gehören?
VATER: Weil sie eben immer noch aus einer anderen Sprache stammen, einer anderen Kultur, aus der
28 Geschichte eines fremden Volkes.
SOHN: Und wie sind die in unsere Sprache reingekommen?

VATER: Denk mal an Kriege und Besatzungszeiten!
32 Wer hat denn nach deiner Meinung dafür gesorgt, dass so viele lateinische Wörter in unsere Sprache eindringen konnten?

SOHN: Ich kann mir schon denken, wer das war.

36 VATER: Na, wer war's denn?

SOHN: Wenn ich das sage, wirst du wütend.

VATER: Ich denke nicht daran, wütend zu werden, wenn du die richtige Antwort gibst. Also los!

40 SOHN: Na, zum Beispiel – Marcus Konfus und Julius Bazillus.

VATER: Du willst mich wohl auf den Arm nehmen!

SOHN: Hab ich doch gesagt, du wirst wütend.

60 SOHN: Bloß geliehen!

VATER: Du hältst dich wohl für sehr raffiniert.

SOHN: Wie kommt es eigentlich, dass du die kennst?

VATER: Wen?

64 SOHN: Marcus Konfus und Julius Bazillus.

VATER: Du lässt deine Schmöker ja überall herumliegen.

SOHN: Liest du die auch?

68 VATER: Ich lese nicht, ich kontrolliere, womit du dich beschäftigst. Und jetzt wollen wir nicht noch weiter abschweifen.

SOHN: Aber meine Antwort war doch trotzdem
72 richtig, nicht Papa?

44 VATER: Ich bin nicht wütend, ich bin traurig. Tieftraurig bin ich, weil du nicht hältst, was du versprichst.

SOHN: Was hab ich denn versprochen?

48 VATER: Du hast mir doch hoch und heilig versprochen, du wolltest diese Asterix-Schmöker nicht mehr kaufen.

SOHN: Hab ich ja auch nicht mehr.

52 VATER: Erzähl mir doch nichts! Ich bin doch kein Idiot! Dein Versprechen hast du vor vier Wochen abgegeben. Und wie kommt es dann, dass du mir hier Marcus Konfus und Julius Bazillus auftischst? Damit
56 verrätst du doch einwandfrei, dass du die Asterix-Ausgabe dieser Wochen gelesen hast, oder?

SOHN: Ich hab das Heft aber nicht gekauft.

VATER: Sondern?

VATER: Als ich dich fragte, durch wen lateinische Wörter in unsere Sprache eingedrungen sind, hätte deine Antwort schlicht lauten müssen: durch die
76 Römer.

SOHN: Marcus Konfus und Julius Bazillus waren doch …

VATER: Würdest du mich jetzt bitte mit diesen beiden
80 Typen in Ruhe lassen!!

SOHN: Hab ich doch gesagt, dass du wütend wirst.

VATER: Ich bin nicht wütend, ich bin aufgebracht! (*Er beruhigt sich.*) Hör mal zu – wenn du schon
84 darauf bestehst, dich ständig nur auf der untersten Stufe der Abstraktionsleiter zu bewegen, dann hättest du in diesem Falle Römer nennen sollen, die wirklich Geschichte gemacht haben.

88 SOHN: Was heißt das denn, was du eben gesagt hast?

VATER: Was das heißt … Gibt es wirklich keine bekannteren Römer als Marcus Konfus und Julius Bazillus?

92 SOHN: Doch: Caius Spiritus.

VATER: Komm jetzt halt den Mund, ja!

SOHN: Wieso – der war doch sogar Statthalter.

(*Der Vater resigniert.*)

96 Oder was meinst du, Papa? – Du! – Du hast gesagt, ich bin immer ganz unten auf so einer Leiter. Was ist das denn für eine Leiter?

VATER: Ich meinte damit nur, es wird langsam Zeit,

100 dass du lernst zu abstrahieren.

SOHN: Was soll ich machen?

VATER: Ab-stra-hieren – verallgemeinern, etwas zu einem Begriff erheben.

104 SOHN: Begriff?

VATER: Du wirst doch wohl wissen, was ein Begriff ist!

SOHN: Nö.

VATER: Meine Güte, was lernt ihr eigentlich in der

108 Schule? Ein Begriff … Na, also – begreifen, womit hat das denn wohl was zu tun, mit welcher Tätigkeit?

SOHN: Mit anfassen.

VATER: Ja, ursprünglich wohl. Aber in diesem Fall

112 heißt es verstehen. Wer im Gegensatz zu dir Grips im Kopf hat, der begreift schnell.

SOHN: Eigentlich Quatsch, nicht, wie kann einer was begreifen, wenn sein Gehirn keine Hände hat.

116 VATER: Du willst mich wohl nicht verstehen!

SOHN: Warum erklärst du mir das denn auch nicht richtig?

VATER: Ich kann nicht leiden, wenn jemand dauernd

120 das Thema wechselt. Bleib am Ball, ja! Wir sprechen über Fremdwörter. Da kannst du doch nicht plötzlich etymologisch werden.

SOHN: Was kann ich nicht werden?

124 VATER: Etymologie ist die Wissenschaft vom Ursprung der Sprache. Etymologisch heißt … das heißt: worterklärend.

SOHN: Ich hab dir doch gar kein Wort erklärt. Ich

128 wollte doch bloß, du sollst mir ein Wort erklären. Und dann bist du doch ety-mo-nologisch oder wie das heißt.

VATER: Jetzt hör auf mit deiner Wortfizzelei, ja!

132 SOHN: Wortfizzelei – ist das das deutsche Wort für dieses Monologie-Wort?

VATER: Etymologie. Ein Monolog ist etwas anderes.

SOHN: Was ist denn ein Monolog?

136 VATER: Das gehört jetzt nicht hierher.

SOHN: Also gut: Etymologie, heißt das Wortfizzelei?

VATER: Quatsch!

SOHN: Wie heißt denn das Fremdwort für

140 Wortfizzelei?

VATER: Dafür gibt es kein Fremdwort.

SOHN: Warum denn nicht? Machen die Leute in anderen Ländern denn nicht solche Wortfizzeleien?

144 VATER: Weiß ich nicht.

SOHN: Du, Papa, wenn du nicht weißt, wie Wortfizzelei in einer anderen Sprache heißt, dann ist dir das Wort, das die da für Wortfizzelei haben, doch

148 eigentlich fremd, oder?

VATER: Möglich. Aber bitte – ich kann das Wort nicht mehr hören!

SOHN: Welches Wort? Wortfizzelei? Ich mein ja bloß,

152 wenn man ein Wort nicht kennt, dann ist das doch eigentlich auch ein Fremdwort, oder? Warum antwortest du denn nicht?

VATER: Weil du lauter Blödsinn redest. Drück dich

156 mal ein bisschen präziser aus.

SOHN: Präziser?

VATER: Genauer.

SOHN: Warum sagst du denn präziser, wenn es ge-

160 nauer heißt.

PAPA

VATER: Präziser heißt genauer.

SOHN: Aber wenn du gleich genauer sagst, versteht man das gleich.

164 VATER: Wenn ich präzise sage, versteht doch auch gleich jeder, was ich meine.

SOHN: Ich aber nicht!

VATER: Du bist ja auch noch ein Kind. Du wirst die

168 Fremdwörter eben nach und nach lernen.

SOHN: Charlys Vater ist aber kein Kind. Und der versteht die auch nicht.

VATER: Charlys Vater ist auch nicht auf die Ober-

172 schule gegangen. Aber du wirst auf die Oberschule gehen.

SOHN: Werd ich nicht!

VATER: O doch, das wirst du!

176 SOHN: Werd ich nicht, weil jetzt nämlich alle in die Orientierungsstufe kommen. Und nach zwei Jahren kommt dann die Sekundarstufe I, sagt Herr Schaller.

VATER: So, weiß ich nicht, Mama war ja da. Ist ja auch

180 egal, wie das heißt. Du wirst jedenfalls immer da sein, wo man am meisten lernt, eben auch Fremdwörter.

SOHN: Und die anderen?

VATER: Welche anderen?

184 SOHN: Die nicht immer da sind, wo man am meisten lernt.

VATER: Es wird immer mehr ungebildete als gebildete Leute geben.

188 SOHN: Wie kommt das denn?

VATER: Herrgott, wie kommt das!

SOHN: Herr Schaller sagt immer, in einer Demokratie, da müssen sich die wenigen immer nach den vielen

192 richten. Wenn jetzt nicht alle die Fremdwörtersprache lernen können – die Studenten und so Leute wie du und so, die müssen sich dann doch eigentlich nach den anderen Leuten richten, die müssen doch

196 eigentlich so reden wie die meisten, damit alle alles verstehen.

CHARLY

VATER: Das ist doch purer Unsinn, was du da erzählst. Du kannst doch nicht verlangen, dass ich

200 mich ausdrücke wie einer von der Müllabfuhr.

SOHN: Wenn der von der Müllabfuhr die Fremdwörtersprache aber nun mal nicht kann?

VATER: Dann hat er erstens selbst Schuld, und zwei-

204 tens kann ich ja noch immer so reden, dass er mich versteht.

SOHN: Wie redest du denn mit einem Müllmann?

VATER: Wie ich mit ihm rede … darauf kommt es

208 doch jetzt gar nicht an.

SOHN: Weil du das nämlich gar nicht kannst.

VATER: Was?

SOHN: So reden wie ein Müllmann.

212 VATER: Na hör mal! Ich will es vielleicht nicht, aber von nicht können kann gar keine Rede sein.

SOHN: Charlys Vater sagt aber, die Studenten, die wären ganz toll interessiert daran, wie die Arbeiter

216 leben und so. Und die wollen immer mit denen reden. Aber die Arbeiter, die verstehen überhaupt

nicht, was die meinen. Und die Studenten, die können gar nicht mehr anders reden, nur so

220 mit Fremdwörtern und so mit frisierter Schnauze, sagt Charlys Vater. Und dann wollen die Arbeiter gar nichts mehr mit denen zu tun haben.

VATER: Und das ist ein Glück!

224 SOHN: Wieso?

VATER: Wenn die Arbeiter sich von dem beeinflussen ließen, was diese linken Radaubrüder ihnen einflüstern möchten – das könnte heiter werden!

228 SOHN: Heiter ist doch, wenn man sich freut, oder? Papa? Wieso kann das denn heiter werden?

VATER: Weil's eben ganz und gar nicht heiter wär, darum.

232 SOHN: Und warum wär' das nicht heiter?

VATER: Weil dann alle Leute sich einbilden würden, sie könnten überall mitreden.

SOHN: Ist das denn nicht gut?

236 VATER: Nein, das ist nicht gut. Dann würde vor lauter Mitreden keiner mehr zum Arbeiten kommen.

SOHN: Ja, und deshalb lernen auch nicht alle Kinder in der Schule die Fremdwörtersprache. Bloß ein paar,

240 nicht. Wer hat sich das eigentlich ausgedacht? – Du? Papa?

VATER: Das hat sich niemand ausgedacht. Das hat sich so ergeben.

244 SOHN: Ich möchte aber mal mit allen reden können. Nicht immer bloß mit den feinen Pinkeln, das sagt Charly auch.

VATER: Begreif doch endlich, dass man als gebildeter

248 Mensch mit allen Leuten reden kann!

SOHN: Ja, aber die können dann doch nicht mit mir. Oder?

VATER: Natürlich können sie. Das gibt es doch gar

252 nicht, dass Menschen, die ein gemeinsames Vaterland haben, sich überhaupt nicht mehr verstehen.

SOHN: Ja, aber die Arbeiter und die Studenten …

VATER: Nun hör mir doch endlich mit den Arbeitern

256 und Studenten auf!

SOHN: Warum denn?

VATER: Weil … weil es ein schlechtes Beispiel ist. – (*Man hört eine Fahrradklingel.*) Das ist wohl für

260 dich. Bist du mit jemand verabredet?

SOHN: Ja.

VATER: Mit wem denn?

SOHN: Charlewallyllewy.

264 VATER: Mit wem?

SOHN: Millewit Charlewallyllewy. Wirlewir wollewollellewen zullewum Bollewolzplallewatz.

VATER: Hör mal, antworte gefälligst anständig, wenn

268 man dich fragt.

SOHN: Wieso. Verstehst du das denn nicht? Wir haben doch ein gemeinsames Vaterland. Oder? – Tschüllewüss!!!

Margarete Jehn

2. Modalpartikeln (Abtönungspartikeln) im Aufforderungssatz

Partikeln	Beispielsätze	Sprechintention
bloß/ja/nur (betont)	Du hast doch wieder Asterix gelesen! Lüg mich ja/bloß nicht an!	Warnt vor möglichen negativen Folgen.
mal	Hör mal zu! Drück dich mal ein bisschen präziser aus!	Aufforderung, oft freundlich oder beiläufig.
ruhig	Du könntest ruhig mal ab und zu ein anständiges Buch lesen.	Aufforderung, bei deren Befolgung nichts Nachteiliges zu erwarten ist. Wirkt großzügig oder beruhigend, oft ironisch gebraucht.
schon	Also los! Nun sag schon, was du meinst!	Ungeduldige, drängende Aufforderung.
doch	Nun hör mir doch endlich mit den Arbeitern und Studenten auf!	Insistierende Aufforderung.
doch mal doch ruhig doch einfach doch schon		Verstärkung der anderen Partikeln in Aufforderungssätzen.
eben/halt	○ Krieg ich ein Asterix-Heft? ● Nein, dann wird Papa böse! ○ Och bitte! ● Na gut, dann kauf dir eben/halt eins. Aber lass es nicht rumliegen.	Aufforderungssatz, mit dem ein Thema beendet werden soll; wirkt manchmal gleichgültig oder resigniert.
einfach	Wenn du das Wort nicht weißt, schau einfach im Lexikon nach!	Vorschlag einer einfachen Lösung.

Wiederholen Sie „Modalpartikeln im Fragesatz" (Arbeitsbuch 22.2 + 3) und „Modalpartikeln im Aussagesatz" (Arbeitsbuch 24.3.4): Suchen Sie Textbeispiele im Hörspiel.

3. Modalpartikeln: Sprechhandlungen
Was ‚macht' bzw. empfindet der Sprecher? Wie kann der Hörer die Äußerung aufnehmen?

1. **Fass das nicht an!**	**Sprechhandlung**
a) Fass das bloß nicht an! Das ist sehr empfindlich.	
b) Fass das doch einfach nicht an, wenn du dich davor ekelst.	
c) Fass das lieber nicht an, du könntest dich verbrennen.	
d) Wenn du nicht willst, fass es eben nicht an! Du musst ja nicht!	
e) Fass das doch nicht an! Das ist doch schmutzig!	
2. **Wasch dir die Hände!**	**Sprechhandlung**
a) Wasch dir ruhig die Hände! Die gehen nicht kaputt vom Wasser!	
b) Wasch dir mal die Hände! Die sind nicht sehr sauber!	
c) Wasch dir doch die Hände, bevor du zum Essen kommst.	
d) Wasch dir doch mal die Hände! Mit so schmutzigen Fingern kannst du doch nicht bügeln!	
e) Nun wasch dir schon die Hände! Wir essen sofort.	
f) Dann wasch dir eben die Hände, wenn du so pingelig bist.	
g) Wasch dir bloß (ja) die Hände, damit du nicht auch noch krank wirst.	
3. **Schau im Lexikon nach!**	**Sprechhandlung**
a) Schau doch im Lexikon nach, wenn du das nicht weißt.	
b) Schau mal im Lexikon nach!	
c) Schau doch (bitte) mal im Lexikon nach, wie „…" geschrieben wird.	
d) Schau ruhig im Lexikon nach! Dafür ist es (ja) da.	
e) Frag mir doch keine Löcher in den Bauch! Nun schau schon im Lexikon nach!	
f) Wenn du mir nicht glaubst, dann schau eben im Lexikon nach!	
g) Das ist gar kein Problem! Schau doch einfach im Lexikon nach!	
4. **Frag ihn!**	**Sprechhandlung**
a) Frag ihn mal, ob er mitkommen will!	
b) ● Fragst du ihn, ob er mitkommt? ○ Frag ihn doch selbst!	
c) Frag ihn doch mal, ob er dir hilft.	
d) Frag ihn ruhig! Er wird schon nicht böse werden.	
e) Nun frag ihn schon! Wir müssen das endlich wissen!	
f) ● Ich bin nicht sicher, ob ihm das gefällt oder nicht! ○ Frag ihn doch einfach!	
g) Frag ihn bloß nicht! Der wird sofort sauer!	
h) ● Ich glaube, wir müssen ihn auch fragen. ○ Ja? Dann frag ihn eben!	

4. Was würden Sie in folgenden Situationen sagen?

a) Ein kleiner Junge/ein kleines Mädchen versucht, mit einem großen Messer eine Konservendose zu öffnen.
b) Ein paar Halbstarke machen sich den Spaß, brennende Streichhölzer in Briefkästen zu werfen.
c) Sie waren mit Freunden aus. Einer will mit seinem Auto nach Hause fahren, obwohl er sehr betrunken ist.
d) In einer Kneipe belästigt ein Betrunkener Ihre Freundin (eine Betrunkene Ihren Freund).
e) Das Kind eines deutschen Freundes hat Ihr Radio auseinander genommen.
f) Sie leihen einem Freund/einer Freundin eine für Sie sehr wertvolle Schallplatte aus.

5. Spielen Sie kurze Dialoge zu folgenden Situationen:

a) Der Vater war Wehrdienstverweigerer. Der Sohn möchte wegen besserer Berufschancen zum Militär.
b) Der Sohn soll im Haushalt helfen. Der Vater tut aber nichts.
c) Die 17-jährige Tocher – 18 Jahre jünger als ihre Mutter – muss abends um 10 Uhr zu Hause sein.
d) Tochter und Sohn möchten gern eine Katze haben. Die Eltern möchten keine Tiere in der Wohnung haben.

6. **Sprechhandlungen**

a. Wie soll der Hörer/Leser die folgenden Aufforderungssätze interpretieren? Was ,macht' der Sprecher?
b. Schreiben Sie einen Minidialog zu jedem Satz, und sprechen Sie die Sätze laut: der Ton verrät die Intention!

doch
a) Lass mich doch nicht immer allein sitzen!
b) Ruf ihn doch an!
c) Hättest du mir doch was gesagt!

mal
a) Komm (doch) mal vorbei!
b) Würden Sie das bitte mal halten?
c) Erzähl (doch) mal!

schon
a) Nun komm (doch) schon!
b) Nun zieh dich (doch) schon an!
c) Nun gehen Sie (doch) schon weiter!

ruhig
a) Bleiben Sie (doch) ruhig sitzen!
b) Sie können sich ruhig das Jacket ausziehen!
c) Du könntest ruhig ein bisschen helfen!

eben, halt
a) Dann nimm eben/halt meinen Schirm.
b) Dann bleibst du eben/halt hier.
c) Dann müssen Sie eben/halt zurückfahren.

einfach
a) Dann flirte (doch) einfach mit einem anderen!
b) Das darfst du dir einfach nicht gefallen lassen!
c) Schlaf (doch) einfach bei uns!

ja, bloß, nur
a) Komm nur nicht wieder zu spät!
b) Gib ihm ja das Geld zurück!
c) Schneid dich bloß nicht!

ZU 28.4 Jeder hat das Recht, es sei denn …

Einschränkungen	
Beispielsätze:	Redemittel:
Jeder hat das Recht auf freie Entfaltung der Persönlichkeit, soweit er nicht die Rechte anderer verletzt.	
In diese Rechte darf nur auf Grund eines Gesetzes eingegriffen werden.	
Niemand darf zu einer bestimmten Arbeit gezwungen werden, außer ein Gesetz schreibt eine allgemeine Dienstpflicht vor.	
Jeder hat das Recht auf Freizeit nach Maßgabe seiner gesellschaftlich notwendigen Arbeitskraft.	
Jeder hat das Recht auf Freizügigkeit, ausgenommen die Fälle, in denen eine ausreichende Lebensgrundlage nicht vorhanden ist.	
Jeder hat das Recht auf Bildung, sofern die ökonomischen Verhältnisse sie zulassen.	
Jeder darf seine Meinung frei äußern, es sei denn, er verletzt die persönliche Ehre anderer.	
Niemand darf zu einer Arbeit gezwungen werden, außer wenn ein Gesetz dies vorsieht.	

Lövo

1. Schreiben Sie die einschränkenden Redemittel in die rechte Spalte, und markieren Sie die Verbstellung.

2. Verfassen Sie verschiedene Satzungen.
   Formulieren Sie Rechte und eventuelle Einschränkungen.

   – Klassenordnung:
   Jeder darf sagen, was er will, sofern er Deutsch spricht.
   Jeder kann …

   – Vereinsordnung:
   Jeder darf nur dann Gäste mitbringen, wenn er für sie bezahlt.
   Jeder …

   – Badezimmerordnung:
   Jeder darf laut singen, es sei denn, er singt falsch.
   Jeder …

   – Regeln für eine Gruppenreise
   – Regeln für das Zusammenleben zwischen …
   – Satzung für …

ZU 28.6 Euphemismen

1. Entschlüsseln Sie den folgenden positiven Text.

> Der vollschlanke Senior war jetzt in die goldenen Jahre des Spätherbstes eingetreten. Nach 45 verdienstvollen Jahren bei der Firma Schaff K.G. hatte er seinen verdienten Ruhestand erreicht und erfreute sich in einem Seniorenzentrum eines geordneten Lebens. Vom Fenster seines Drei-Personen-Etablissements aus sah er, nach Besuch der Glaskosmetiker, seine alte Firma, und Tränen der Erinnerung liefen ihm aus den Augen, wenn der Wind ihm die wohlbekannten Düfte seiner ehemaligen Wirkungsstätte um die Nase blies.

2. Verschlüsseln Sie den folgenden Text positiv.

> Im Parteivorstand gab es mal wieder viel Streit. Es ging um die Aufstellung der Kandidatenlisten, und jeder wollte einen vorderen Platz haben, da ein Sitz im Parlament bekanntlich viel Geld und andere Vorteile mit sich bringt. Alte Rivalitäten brachen wieder auf, und sie warfen sich Bestechungen, Korruption u. ä. vor. Nur durch Manipulation und schmutzige Tricks konnte der altersschwache Vorsitzende der DDP (Deutsche Demokratische Partei) schließlich, als die meisten schon müde und betrunken waren, seine eigenen Freunde auf die vorderen Plätze boxen.

ZU 28.7 NichtraucherInnenschutzgesetz

(WDR/NDR Studio Berlin, 30. 1. 1995)

Transkription der Reportage:

Selten können Abgeordnete beweisen, dass sie wirklich nur ihrem Gewissen und nicht etwa dem Diktat ihrer Partei verpflichtet sind. Das
4 Thema „Rauchen" spaltet alle Fraktionen. Der Antrag der Abgeordneten von Bündnis 90/Grüne in Berlin, ein NichtraucherInnenschutzgesetz, also mit dem großen I, zu verabschieden, war
8 deshalb auch nicht wie viele andere Initiativen der Grünen zum Scheitern verurteilt.

Aber, so fragen sich auch viele Bürger in Berlin, muss es denn gleich ein Gesetz sein?
12 Dazu der Initiator Bernd Köppel: „Alle freiwilligen Vorschläge, AOK-Vorschläge usw., sind nützlich und sinnvoll, und ich stütze sie auch, aber ohne eine ausreichende gesetzliche Grund-
16 lage, die klipp und klar regelt, hier hat der Nichtraucher ein Recht, in giftfreier Umgebung zu leben, und hier ist der Bereich, wo der Rauchende unter dem Schutz des Gesetzes steht, ist
20 sozusagen diese Durchsetzung nicht möglich."

Allerdings gehen die Vorstellungen der Grünen sehr weit. Rauchverbote in allen öffentlichen Verwaltungen, Schulen, Konzertsälen, in
24 U-Bahnhöfen und am Arbeitsplatz. Klare Trennung von Rauchern und Nichtrauchern in Gaststätten und, was die Gemüter hier besonders in Wallung bringt, Rauchverbote auch in Privat-

28 wohnungen. Dann nämlich, wenn Kinder ge-
schädigt werden können. Wie soll das ohne großen Riechangriff durchgesetzt werden können?
Das fragen sich auch Kritiker wie der CDU-Ab-
32 geordnete Franz Braun: „Kann der möglicherweise gerade mit den ersten Rauchversuchen
befasste Vierzehnjährige, der in Gegenwart von
zwei jüngeren Geschwistern geraucht hat, mit
36 der Kronzeugenregelung gegenüber den rauchenden Eltern von Strafe freigesetzt werden?
Wir werden uns massiv dem Aufbau einer

neuen Überwachungsbürokratie durch den
40 öffentlichen Gesundheitsdienst widersetzen."
   Auch wenn vielen die Vorstellungen der Grünen zu weit gehen – dass etwas geschehen muss,
darüber waren sich alle Parteien gestern einig.
44 Die PDS-Vertreterin Gesine Lötsch glaubt nicht
mehr daran, dass sich Raucher und Nichtraucher gütlich einigen können: „Erstens stelle ich
mal die Frage, warum ich als Nichtraucherin
48 oder als Nichtraucher mein Bedürfnis nach kör-
perlicher Unversehrtheit begründen, erstreiten
und auf Einsicht bei den Rauchern hoffen muss?
Und zum anderen denk' ich, gibt es viele Situa-
52 tionen, wo man sich einfach nicht vernünftig
einigen kann. Wie einigt sich denn zum Beispiel die nicht rauchende Sekretärin mit ihrem
rauchenden Chef vernünftig?"

•

56   Jetzt wird erstmal in den Ausschüssen weiter
beraten. Es ist durchaus vorstellbar, dass Berlin das erste Bundesland mit einem gesetzlich
geregelten Schutz für Nichtraucher wird, wenn
60 auch sicher nicht in den Privatwohnungen. Die
Tet-Umfrage eines Berliner Radiosenders unter
1800 Anrufern ergab übrigens gestern eine
Mehrheit von 58% gegen ein solches Gesetz.
64 Trotzdem haben die Grünen, darüber waren
sich alle Redner im Abgeordnetenhaus einig, einen wichtigen Anstoß gegeben. Eine Anmer-
kung konnte sich allerdings Winfried Hampel
68 von der FDP nicht verkneifen: „Befremdend ist
allerdings, dass Sie sich mit der gleichen Vehe-
menz, mit der Sie sich für die Nichtraucher einsetzen, auch dafür einsetzen, dass Marihuana
72 öffentlich geraucht werden kann oder genutzt
werden kann, und ich denke, das ist doppelsin-
nig."

ZU (29.1) Geschichten erzählen IX: Rundgeschichte

Eine Person fängt die Geschichte an, erzählt ein paar Sätze und hört dann plötzlich
mitten im Satz auf (… *und als er den Telefonhörer abnahm, da* …). Die nächste
Person erzählt weiter, und das geht einmal oder auch mehrmals im Kreis herum.
In der Geschichte können mehrere Generationen vorkommen.

Vorher sollte man sich ein paar Leitfragen überlegen:

– Wer sind die Protagonisten?
– Welche besonderen Eigenschaften haben sie?
– Was bindet sie aneinander?
– Wer oder was hindert sie daran, glücklich zusammen zu sein?
– Wie kann man das Hindernis beseitigen?
– Wenn es fast schon erreicht ist, was kommt dann wieder dazwischen?
…

LÖSUNGSVORSCHLÄGE
ZU DEN AUFGABEN IM ARBEITSBUCH

20.2.1
a) beruhigen
b) versprechen
c) erlauben
d) bestätigen
e) vereinbaren
f) zustimmen
g) feststellen
h) versprechen/sich verloben; zögern – je nach Intonation

20.3.2
a) bitten
b) einladen/auffordern
c) versprechen
d) warnen/tadeln
e) um Entschuldigung bitten
f) einen Auftrag ausführen
g) einen Vorwurf machen
h) ein Kompliment machen
i) eine Wahl treffen
j) in Schutz nehmen

k) sich entrüsten/tadeln
l) zu Hilfe kommen
m) danken
n) Kritik üben/beleidigen
o) tadeln/einen Vorwurf machen
p) loben/ein Kompliment machen
q) um Entschuldigung bitten
r) sich zur Wehr setzen/eine Anschuldigung zurückweisen

20.3.5
A) gehört zu z): jdm eine Frage stellen
B) gehört zu y): jdm eine Antwort geben
C) gehört zu x): jdn/etw in Anspruch nehmen
usw.

20.3.8
1. Änderung des zeitlichen Verlaufs:
   a) Beginn der Handlung – einwertig
   b) Handlung durativ
   c) Beginn der Handlung – zweiwertig

2. Änderung des Registers:
   a) neutral
   b) formell – zweiwertig
   c) formell – einwertig

3. Änderung des zeitlichen Verlaufs:
   a) Handlung
   b) Beginn der Handlung
   c) Zustand

4. Änderung des zeitlichen Verlaufs:
   a) Beginn der Handlung – dreiwertig
   b) Handlung
   c) Zustand – zweiwertig

5. a) c) Änderung der Mitteilungsperspektive
   b) andere Bedeutung = versichern

6. Änderung des zeitlichen Verlaufs:
   a) Beginn der Handlung – einwertig
   b) Ablauf der Handlung

7. Änderung des zeitlichen Verlaufs:
   a) Beginn der Handlung – zweiwertig
   b) durativ

8. Änderung der Bedeutung:
   a) Widerworte geben
   b) juristisches Verfahren

9. Verschiedene Aspekte:
   a) Zustand
   b) Beginn – einwertig
   c) Handlung

20.4.3
Text 1: Ich habe mich drei Jahre zu den Soldaten verpflichtet. Kann ich diese Verpflichtung rückgängig machen, da ich jetzt Vater werde?

Text 2: ...stehenden Wagen, diesen am Heck zersplitternd. Das Auto gehört dem Bierverleger Wolfgang H.

Text 3: ... dass die Ehefrau ihrem Liebhaber verspricht, ihn zu heiraten, wenn er ihren Ehemann tötet.

Text 4: ... nicht zur Schule kommen, da bei uns ein Schwein geschlachtet wird.

20.5.1

Geste:	Das wird damit ausgedrückt:
Ein Deutscher tippt …	Er zeigt jemandem, dass er etwas oder sein Gegenüber verrückt/doof/bekloppt findet. Er will ihn/sie wahrscheinlich beleidigen.
Ein Türke hebt …	Ablehnung
Ein Deutscher schüttelt …	Herzliche Begrüßung
Ein Franzose faltet …	Er will seine Langeweile zeigen.
Ein Grieche klatscht …	Er ruft die Bedienung.
Ein Spanier legt …	Herzliche Begrüßung

20.5.2

Die Original-Überschrift: Beim Vorspiel
Der letzte Satz lautete: Und dann haben die Fußballer ihre Nationalhymne zu Ende gesungen!

22.4.2

1. a) … worüber ich mich wirklich geärgert habe.
   b) … über den ich mich wirklich geärgert habe, weil …
2. a) … worüber ich mich sehr gefreut habe.
   b) … mit der ich schon lange keinen Kontakt gehabt hatte.
3. a) … für die ich mich gar nicht interessiere.
   b) … wobei ich fast eingeschlafen bin.
4. a) … was ziemlich unangenehm ist.
   b) … den man wirklich hätte vermeiden können.
5. a) … an denen mir gar nichts gelegen ist und die mir meistens nicht einmal gefallen.
   b) … woran mir viel mehr gelegen wäre.
6. a) … was ich schon lange vorhatte.
   b) … ohne den ich schon gar nicht mehr auskomme.

23.3.5

a) ironische Kritik oder ernst gemeintes Lob
b) ernsthafte Kritik
c) ernsthaftes Hilfsangebot
d) ironische Kritik
e) ernst gemeinter Dank
f) Spaßig oder ironisch: der Sprecher macht sich lustig oder warnt.
g) ernst gemeinte Ermunterung
h) ironisch formulierte, ernst gemeinte Kritik
i) wie h)
j) spaßhafte Herabsetzung des Gesprächspartners, um die Frau zu loben

23.4

Herr X – Schwester (evtl. Vorname) – Bitte?! (mit aufforderndem Gesichtsausdruck und evtl. Winken mit der Hand) – Herr Doktor – Frau Doktor – Majestät – Bitte?! (siehe „Steward") / (Ich möchte) Bitte zahlen! (Mit dem Verschwinden der Anrede „Fräulein" redet man auch eine Kellnerin nicht mehr so an.) – Frau Professor – Herr Doktor + Nachname – Herr Professor – Bitte?! – Herr Ober – Herr Wachtmeister – Herr … (wahrscheinlich steht der Name irgendwo auf einem Schild oder der Besitzer hilft und sagt seinen Namen) – Bitte?!

23.5.2

Beispiele:
1. a) Du, Thomas, ich hab 'ne Bitte an dich. Könntest du mir vielleicht 1000 Mark leihen? Ich muss dringend das Auto reparieren lassen und bin im Moment total abgebrannt. Du kriegst es im März garantiert zurück.
   b) Tante Elli, darf ich dich mal was fragen? Es ist mir allerdings sehr unangenehm. Du weißt doch, dass ich in Celle arbeite und jeden Tag mit dem Auto fahren muss. Jetzt ist mein Auto kaputt, und die Reparatur ist ziemlich teuer – 1000 Mark. Ich bekomme aber erst in zwei Monaten die Lohnsteuerrückzahlung. Könntest du mir vielleicht bis dahin aushelfen?
   c) Guten Tag, Herr Niemann, könnte ich Sie einen Augenblick sprechen? Ich möchte Sie um einen Vorschuss bitten. Mein Wagen muss in die Werkstatt, und das soll 1000 Mark kosten. Sie können mir das Geld ja innerhalb der nächsten zwei Monate von meinem Lohn abziehen.

2. a) Steig ein, Jutta, ich bring dich nach Haus.
   b) Ich fahre zufällig in die gleiche Richtung. Soll ich Sie mitnehmen?
   c) Frau Grote, darf ich Sie nach Hause fahren? Es ist wirklich kaum ein Umweg für mich.

3. a) Meine Mutter hat mir von dem Unglück erzählt. Ich wollte es zuerst gar nicht glauben. Ihr könnt euch nicht vorstellen, wie Leid es mir tut.
   b) Ich habe in der Zeitung von dem Unglück gelesen. Es tut mir wirklich sehr Leid.
   c) Ich habe von dem Unglück Ihres Sohnes erfahren. Darf ich Ihnen mein aufrichtiges Beileid aussprechen?

4. a) Uschi, du weißt doch, dass ich morgen mein Referat fertig haben muss.
   b) Kalle, sonst jederzeit, aber heute geht es wirklich nicht. Ich muss nach der Arbeit sofort weg – meine Mutter vom Bahnhof abholen.
   c) Könnte ich das nicht morgen machen? Meine Mutter kommt heute zu Besuch, und ich muss sie um Viertel nach fünf vom Bahnhof abholen.

5. a) Sag mal Klaus, hast du den Beruf gewechselt? Ich hab' gesehen, wie du gestern 'nen Audi geknackt hast, spinnst du? Pass auf, wenn du die Sache wieder in Ordnung bringst, hab' ich nichts gesehen, sonst geh' ich zur Polizei.
   b) Entschuldigen Sie, Ihnen gehört doch der blaue Audi. Ist Ihnen daran schon was aufgefallen? Ich habe alles gesehen.
   c) … und dann sah ich, wie ein mittelgroßer, untersetzter Mann in Jeans und dunklem Pullover die Autotür aufgebrochen hat und verschiedene Gegenstände aus dem Wagen geholt hat.

6. a) Hört mal, könnt ihr nicht mal ein bisschen Rücksicht nehmen? Ich krieg kaum noch Luft.
   b) Entschuldigen Sie, ich leide unter Asthma und habe deswegen extra in einem Nichtraucherabteil reserviert. Ich möchte Sie bitten, draußen zu rauchen, sonst muss ich den Schaffner rufen.
   c) Darf ich Sie bitten, nur in den Pausen zu rauchen. Ich leide unter starkem Asthma und könnte sonst nicht länger bleiben.

7. a) Hallo, Britta, komm, ich lade dich auf ein Bierchen ein. Das mit der Wohnung war wirklich toll, dankeschön.
   b) Ich möchte mich nochmals ganz herzlich für Ihre Hilfe bedanken. Das war wirklich riesig nett.
   c) Ach, übrigens, Herr Sommer, vielen Dank. Ohne Ihre Unterstützung hätte ich ganz alleine dagestanden.

8. a) Mensch, nun halt doch mal die Luft an und lass andere auch mal zu Wort kommen.
   b) Entschuldigen Sie, wenn ich Sie unterbreche, aber ich möchte zu diesem Punkt auch noch etwas sagen.
   c) Ich beantrage Redezeitbeschränkung auf drei Minuten.

(23.6.7) a: 2; b: 3; c: 1; d: 2; e: 2; f: 2; g: 2; h: 1; i: 3; j: 3; k: 1; l: 2; m: 1/3; n: 2; o: 2; p: 1; q: 2; r: 2; s: 2; t: 1; u = ein kleiner Spaß

(23.6.9) a) vertauscht b) zerplatzt c) missraten d) verschrieben e) zerbombt f) zerlesen, zerrissen g) entlaufen h) missdeutet i) entfallen j) zerreden k) misslungen l) missverstanden

(24.2.2) Beispiele:
1. a) ○ Ich habe gestern mit Hans schon über unsere Reise gesprochen.
      ● Und was hat er dazu gesagt?
   b) ● Weiß Hans denn schon was von unserer Reise?
      ○ Ja, über die Reise habe ich gestern schon mit ihm gesprochen, aber dass er nicht mitkommen soll, das weiß er noch nicht.
   c) ● Was hast du denn gestern dem Hans erzählt?
      ○ Mit dem habe ich gestern über die Reise gesprochen.
   d) ● Hast du denn mit Hans schon über unsere Reise gesprochen?
      ○ So richtig gesprochen haben wir noch nicht darüber.
   e) ● Hast du Hans wirklich nichts von unserer Reise erzählt?
      ○ Nein, ich habe mit ihm nicht darüber gesprochen.
   f) ● Wann willst du denn endlich Hans von unserer Reise erzählen?
      ○ Darüber habe ich gestern schon mit ihm gesprochen.

24.2.3 An einem heißen Sommertag fuhr ein Weißer durch die Prärie.

▶ Weit und breit war kein Mensch zu sehen.
Anschluss   *Information*

▶ Bis zur nächsten Stadt hatte er noch mehrere Stunden Fahrt vor sich.
markierter Anschluss und   *Information*
1. Informationsschwerpunkt   *2. Informationsschwerpunkt*

▶ Da sah er in einiger Entfernung einen Indianer am Straßenrand stehen.
Spannung aufbauender Anschluss   *Information*

▶ Er hielt an, und der Mann stieg ein. Die Fahrt verlief schweigend.
Informationen in zeitlicher Abfolge

▶ Nach zwei Stunden Fahrt sagte der Indianer plötzlich:
Anschluss   *Information*
Oder:
Plötzlich, nach zwei Stunden Fahrt, sagte der Indianer:
markierter Anschluss mit Einschub: „nach zwei Stunden" kann nicht als die neue, die Geschichte weiterbringende Information am Ende stehen.

▶ „Ich möchte jetzt aussteigen. Halten Sie bitte!"

▶ Verwundert erwiderte der Weiße (Der Weiße erwiderte verwundert):
zwei Informationsschwerpunkte durch Umstellung
„Hier lebt doch niemand.
emphatischer   *Information*
Anschluss

▶ Bis zur Stadt haben wir noch 300 Kilometer!"
Anschluss und   *2. Informationsschwerpunkt*
1. Informationsschwerpunkt

▶ Aber der Indianer bestand auf seinem Verlangen.
Oder:
Der Indianer aber bestand auf seinem Verlangen.
Kontrastierender Anschluss

▶ Der Fahrer ließ ihn aussteigen, doch seine Neugier wurde immer größer. Zuletzt fragte er:
Spannungsbogen: *„doch"* … ⟶ *„immer größer"* … *„zuletzt"*
„Was wollen Sie denn jetzt machen?"

▶ „Ich werde mich an den Straßenrand setzen und warten, bis meine Seele nachkommt",
1. Informationsschwerpunkt   *2. Informationsschwerpunkt*
antwortete der seltsame Mitfahrer.

▶ Etwas nachdenklicher als zuvor setzte der Weiße seine Fahrt fort.
zwei Informationsschwerpunkte durch Umstellung

25.4.6 a) Die deutsche Wiedervereinigung 1990 war der Anlass, dass bei einigen Nachbarländern…
b) Die Verweigerung weiterer Kredite hatte zur Folge, dass die Firma …
c) Der Benzinpreissenkung war es zu verdanken, dass … gedrosselt werden konnte.
d) Importzölle sind ein geeignetes Mittel, um den Außenhandel zu regulieren.
e) Dieses Schreiben betrifft die Baukosten. Es muss heute noch fertiggestellt werden.
f) Von der Seite der Geschäftsleitung her gab …
g) Ich folgere aus seiner Erzählung, dass es an dem betreffenden Abend keinen Streit gab.
h) Alle Hindernisse missachtend, erreichte er sein Ziel …

25.5.1 Beispiele:
2. a) Wir haben gestern dieses Problem besprochen.
    b) Gestern wurde dieses Problem besprochen.
    c) Das gestern besprochene Problem ist immer noch nicht gelöst.
3. a) 1978 bestieg Reinhold Messner den Mount Everest zum ersten Mal ohne …
    b) Der Mount Everest wurde … bestiegen.
    c) Der 1953 zum ersten Mal bestiegene Mount Everest ist heute von Müll bedeckt.

25.5.3 a) Du solltest bald mal auf den Brief von Oma antworten.
b) Autobahnen dürfen von Radfahrern nicht befahren werden.
c) Die Strecke München–Hamburg wird täglich beflogen.
d) Rasen betreten verboten.
e) Der Professor beurteilt seine Studenten schlecht.
f) Die Familie Meier bewohnt ein Einfamilienhaus am Stadtrand.
g) Sie kämpft mit allen Mitteln gegen ihre Krankheit.
h) Die Familie betrauert den bei der Katastrophe ums Leben gekommenen Sohn.
i) Familie Schneider hat ein großes Landgut.
j) Jemand sitzt/ist auf der Toilette.
k) Jemand wohnt illegal in dem Haus.

26.1.2 Vor vielen Leuten zu reden, fällt mir nicht leicht. Wenn ich das Reden irgendwie vermeiden kann, tue ich das lieber nicht. Ich bereue, diese Aufgabe übernommen zu haben. Mir wird schon schlecht, wenn ich nur daran denke, aber nun ist es zu spät. Ich kann das Reden keinem anderen mehr überlassen. Kein Weg geht mehr daran vorbei. Mein Gott! Jetzt ist es so weit. Oje! Das sind so viele Leute. So. Es geht los. Mir fällt nichts ein …

„Meine Damen und Herren! Sie hier begrüßen zu dürfen, freut mich sehr. Ich bedaure, nicht schon früher die Gelegenheit dazu gehabt zu haben, denn zu Ihnen zu sprechen, war mir schon immer ein großes Bedürfnis. Die Wärme vieler Menschen zu spüren inspiriert einen Redner ungemein und ist eine Wohltat. Für mich können nie genug Zuhörer da sein. An dieser Stelle halte ich es für notwendig … aber, was ist denn, warum haben Sie es denn so eilig? Ich bin doch noch gar nicht fertig! Warum treibt es Sie denn schon weg? So bleiben Sie doch … Hilfe, es brennt!"

Der Gebrauch von „es" ist angebracht, um wichtige Informationen zum Ende des Satzes hin zu schieben (Informationszone). Man sollte es aber vermeiden, dass mehrere „es" zusammentreffen.

26.3.5 a) eine Kiste aus Holz – einer, der Bäume fällt – ein Kopf hart wie Holz = jemand, der unflexibel und dumm ist – Holz verarbeitende Industrie – ein Boden aus Holz – einer, der aus Holz Figuren macht – eine Bienenart, die im Holz ihr Nest hat – jemand, der Holz stiehlt
b) Arbeit im Büro – etwas, das vom Tischler hergestellt wird/wurde – Ausbeutung von Kindern – geistige Arbeit – ein Produkt aus Leder – eine Arbeit zur Strafe – eine schwere oder schmutzige Arbeit – eine (schriftliche) Arbeit für das Examen

26.3.6 a) öffentlicher Dienst: Karriereposten sind durch ältere Jahrgänge blockiert, die Jüngeren kommen nicht zum Zug.
b) persönliche Beziehungen: ein Mann hat ein Verhältnis mit einer Frau, weil es für ihn bequem ist (Hausarbeit, Essen usw.).
c) Subventionswesen der EU: Überproduktion von Butter in der Europäischen Union.
d) Computer: elektronische Informationsnetze.
e) Atomenergie: Lager für Atommüll.
f) Personencharakterisierung: pingeliger Mensch/Pedant.
g) Gleichberechtigung: offiziell für Frauen reservierter Anteil an bestimmten, meist höheren Positionen (z. B. 30%) in Behörden, Universitäten, Parteien.
h) Nachkriegszeit: positiv wahrgenommenes, verändertes Erscheinungsbild junger Frauen in den 50er-Jahren in Deutschland.
i) Verkehr: fährt auf der Autobahn in der falschen Richtung.
j) Personencharakterisierung: (Ehe-) Frau, die viel streitet und alles, was im Haus passiert, streng kontrolliert.
k) Kindererziehung: alternativer Kindergarten, meist privat.
l) Beruf: (Handels-) Vertreter, der von Haus zu Haus geht, um seine Waren zu verkaufen.
m) Arbeitswelt: Ort (Betrieb), wo schwere körperliche Arbeit geleistet werden muss.
n) Alternative: jemand, der sich hauptsächlich von Müsli o. ä. ernährt.
o) Berlin: Person, die nach der Wende eigenhändig mit einem Hammer Stücke aus der Mauer schlug.
p) Ausbildung: man studiert ein nicht gewünschtes Fach, bis ein Studienplatz frei ist.
q) Demographie: das plötzliche Absinken der Geburtenzahl infolge der Einführung der Antibabypille.
r) Schifffahrt: altes, sehr unsicheres Schiff.
s) Personencharakterisierung: jemand profitiert ohne eigenen Verdienst von den Aktivitäten anderer.
t) Geschäftsleben: Posten und Vorteile werden Bekannten und Verwandten zugeschoben.
u) Konsum: eine Gesellschaft, die durch viel Konsum viel Abfall produziert.
v) Nachkriegszeit: starker wirtschaftlicher Aufschwung in Deutschland in den 50er-Jahren.

26.3.7

	Falsch	Richtig			
a)	1	Räucherfischfabrik	e)	1	Frischfischverkäufer
b)	1	Bratwürstchenbude	f)	2	Altwarenhandlung
c)	1	Kleinkindbetreuung	g)		Erwachsenenbildungseinrichtung
d)	2	Sportmodengeschäft			

26.6.3

direktional: a) e) v)
kausal: b) f) j) k) l) m) o) x) y) z)
positional: n) g) (figurativ) u) (figurativ)
modal: i) p) q) r) s) t) w) xx)
temporal: h)
medial-instrumental: c) d)

26.6.4

a) beides möglich
b) bei
c) durch
d) vor
e) in, in, mit/ohne
f) aus
g) bei

h) vor
i) unter
j) bei
k) in/bei
l) in/vor
m) unter
n) aus

26.7.2

wollen: a) b) e) j) h)
sollen: c) d) f) g) i)

27.2.6

Zum Beispiel:
a) ein Rätsel, das schwer zu lösen ist
b) Abfallprodukte, die wieder verwendet werden können
c) Folgen, die sich nicht vermeiden lassen
d) eine Störung, die vorauszusehen ist
e) ein Salz, das in Wasser aufgelöst werden kann
f) ein System, das verändert werden muss
g) ein Projekt, das reformiert werden muss
h) ein Mensch, der Hilfe benötigt
i) Pilze, die man essen kann
j) eine Kurve, die sich nicht übersehen lässt
k) eine Hoffnung, die nicht erfüllt werden kann

27.2.7

a) Die Viertel, die saniert werden müssen …
b) … ein Problem, das ernst genommen werden muss
c) Alle Kinder, die eingeschult werden sollen, …
d) Die Beträge, die zurückerstattet werden müssen, …
e) Da die Kosten neu berechnet werden mussten, …
f) Die Plätze, die für die Ehrengäste reserviert werden müssen, …
g) Der Angeklagte wird freigesprochen, da ihm die Anwesenheit … nicht nachgewiesen werden kann.

28.4.1

soweit/nur/außer/nach Maßgabe/ausgenommen/sofern/es sei denn/ außer wenn

28.6.1

Der dicke Alte war in die letzte Lebensphase eingetreten. Nach 45 harten Jahren bei der Firma Schaff K.G. wurde er in Rente geschickt/wurde er nicht mehr gebraucht und von seiner Familie in ein Altenheim gesteckt. Er musste das Zimmer mit noch zwei Alten teilen. Nachdem die Glaser endlich ein Fenster eingebaut hatten, sah er ausgerechnet auf seine alte Firma, und wenn der Wind ungünstig stand, trieben ihm der Gestank und die Erinnerung an die Knochenmühle Tränen in die Augen.

28.6.2

Im Parteivorstand wurde gründlich und konstruktiv diskutiert. Es ging um die Aufstellung der Kandidatenlisten und trotz der hohen Verantwortung, die ein Sitz im Parlament mit sich bringt, erklärten sich viele zur Kandidatur bereit. Natürlich war man beim Thema „Wirtschaftliche Verbesserungen" nicht immer einer Meinung. Aber durch seine straffe und überzeugende Gesprächsführung konnte der verdiente Alterspräsident der DDP (Deutsche Demokratische Partei) schließlich zur Klarheit bei der Aufstellung der besten Kandidaten beitragen. Anschließend wurde die einstimmig angenommene Liste mit einem Gläschen Sekt gefeiert.

SCHLAGWORTREGISTER ZUM ARBEITSBUCH

QUELLENVERZEICHNIS

Texte

S. 11: Das Wiedersehen. Aus: Bertolt Brecht: Gesammelte Werke. © Suhrkamp Verlag: Frankfurt/M. 1967.

S. 12/94: Damals. Aus: Kontakt mit der Zeit. Hueber: München 1981.

S. 14: © dpa.

S. 19: Alexander. Aus: Sten Nadolny: Selim oder die Gabe der Rede. © Piper Verlag GmbH & CoKG: München 1990.

S. 22: Männer. © Herbert Grönemeyer/Grönland Musikverlag.

S. 29: Besuch aus der Vergangenheit. Aus: Herbert Rosendorfer: Briefe in die chinesische Vergangenheit. © 1983 by Nymphenburger Verlagsbuchhandlung in der F.A. Herbig Verlagsbuchhandlung GmbH: München.

S. 31: Wer spricht wie mit wem? Aus: Manfred Bieler: Maria Morzeck oder Das Kaninchen bin ich. 4. Aufl. © Hoffmann und Campe Verlag: Hamburg 1976.

S. 31: Liebesbrief: Aus: Kurt Tucholsky: Zeitungsdeutsch und Briefstil. In: Gesammelte Werke. © 1960 Rowohlt Verlag GmbH: Reinbek.

S. 32: Besuchstag. Aus: Manfred Bieler: Maria Morzeck oder Das Kaninchen bin ich. 4. Aufl. © Hoffmann und Campe Verlag: Hamburg 1976.

S. 35: Geh mir aus der Sonne! Nach: Melanie Jaric: Geh mir aus der Sonne. Prosa. (Edition Suhrkamp 524) Suhrkamp Verlag: Frankfurt/M. 1972.

S. 36: James Krüss: Ein Erlebnis im Zoo. © James Krüss.

S. 40: Der Handstand auf der Loreley. Aus: Erich Kästner: Gesang zwischen den Stühlen. © Atrium Verlag: Zürich 1932.

S. 45/46: Definitionen: Holzschutz, Fahrrad, Platz. © Meyers Großes Taschenlexikon in 24 Bänden. Bibliographisches Institut Mannheim.

S. 46: Definitionen: Fahrrad, Platz. © Brockhaus Enzyklopädie in 24 Bänden. Bibliographisches Institut Mannheim.

S. 48: Lehrmeisterin Natur. © Robert Gernhardt.

S. 48: Die Hand. Aus: Elias Canetti: Masse und Macht. © Claasen Verlag: Hamburg 1976/ Hildesheim 1992.

S. 52: scheinsubjekt: Aus: Beispiele zur deutschen Grammatik. Wolfgang Fietkau Verlag: Berlin.

S. 57: Was für ein Ticker ist ein Politiker? © Georg Kreisler.

S. 63-65: Die zwölf Typen der Life-Style-Forscher. © Werbeagentur Conrad und Leo Burnett/Meinungsforschungsinstitut Sinus. Fotos: © Krause-Photos, Frankfurt/M.

S. 70: Die drei Lesungen des Gesetzes. Aus: Peter Handke: Die Innenwelt der Außenwelt der Innenwelt. © Suhrkamp Verlag: Frankfurt/M. 1969.

S. 72: Bundestagsrede. Aus: Loriots Dramatische Werke. © 1983 by Diogenes Verlag AG: Zürich.

S. 74: Schön verlogen. © Dieter E. Zimmer.

S. 78: Das Mädchen und der Förster. © Dörner 'sche Verlagsbuchhandlung: Reinbek.

S. 82: Toastbrotbaby. Musik & Text. Wigald Boning/Oliver Dittrich. © 1994 by George Glueck Musik GmbH.

S. 96: Capri Fischer. Musik: Gerhard Winkler. Text: Ralph Maria Siegel. © 1943 by Musik Ed. Europaton Peter Schaeffers, Berlin.

S. 98: Vier Texte. Aus: Margit Waas (Hrsg.): Sehr geehrter Herr Firma. Deutscher Taschenbuch Verlag: München 1976.

S. 102: Brief über das Küssen. Aus: Hisako Matsubara: Blick aus Mandelaugen. Ost-westliche Miniaturen. Albrecht Knaus Verlag: Hamburg 1980.

S. 103: Die Welt der Düfte. Eine Sendung des Südwestfunks Baden-Baden.

S. 139: Notfall-Seelsorge. © WDR, Köln.

S. 141: Am Anfang war die Chrysanthemenblüte. Eine Produktion des Bayerischen Rundfunks, 1995.

S. 146: Nominalstil. Aus: Hans Jürgen Heringer: Grammatik und Stil. Cornelsen Verlag/Hirschgraben: Frankfurt/M. 1989, S. 243.

S. 146: Basketball. © Phillipka Verlag: Münster 1995.

S. 147: Fußball. © Deutscher Fußballbund: Frankfurt/M.

S. 148: Friedhofs-Ordnung. Aus: Wolfgang Rug/Andreas Tomaschewski: Grammatik mit Sinn und Verstand. Klett Edition Deutsch: München 1993, S. 190.

S. 155: Säugling aus Klinik entführt. © dpa.

S. 159: Flohzirkus. Aus: Eike Christian Hirsch: Deutsch für Besserwisser. © Hoffmann und Campe: Hamburg 1976.

S. 160: Gedicht. Aus: Erich Fried: Anfechtungen. Verlag Klaus Wagenbach: Berlin 1967. Siehe auch Erich Fried: Gesammelte Werke. Verlag Klaus Wagenbach: Berlin 1994.

S. 160: Obdachlos! NDR Studio Berlin.

S. 162: Reporter auf der Jagd nach dem Unglaublichen. Aus dem Verlagswerk: Weißer wurde über Nacht schwarz. © R. Piper GmbH & CoKG: München 1994.

S. 167: Rede-einleitende Verben. Aus: Hans Jürgen Heringer: Grammatik und Stil. Cornelsen Verlag/Hirschgraben: Frankfurt/M. 1989, S. 304.

S. 175: begriffe. Aus: Ernst Jandl: Gesammelte Werke. © 1985 by Hermann Luchterhand Verlag GmbH: Darmstadt und Neuwied. Jetzt: Luchterhand Literaturverlag GmbH: München.

S. 181: Kunst im U-Bahnhof? © WDR, Köln.

S. 182: Margarete Jehn: Fremdwörter. Aus: „Papa, Charly hat gesagt...". Gespräche zwischen Vater und Sohn. rororo 1849. Rowohlt Taschenbuch Verlag: Reinbek. © Fackelträger Verlag 1974.

S. 190: NichtraucherInnenschutzgesetz. © WDR, Köln.

Abbildungen

S. 10: Wie geht' s? © Robert Gernhardt, Frankfurt/M.

S. 12/13/94/95: Foto. © OKAPIA/Ute Werner.

S. 15: Sammy Molcho. © dpa.

S. 20: Gemälde von Gabriele Münter. Besitzer: Städtische Galerie im Lenbachhaus. © VG Bild-Kunst.

S. 21: © Fotoschnitt: Joseph Gallus Rittenberg, München.

S. 22: Sportschule Hercules, Groningen.

S. 25: Strandkörbe. © Associated Press. Container. © Paul Langrock/ZENIT.

S. 26/27: Zeichnungen Sprichwörter. Andreas Flad, Bad Düben.

S. 29: Postkarten: Engel. © Bildagentur Huber; Chinesischer Turm. © Thorsten Krüger; Bayrische Brotzeit. © Christl Reiter.

S. 30: Beethoven. © Archiv für Kunst und Geschichte, Berlin; Odol-Werbung. © Lingner + Fischer, Bühl.

S. 31: Foto Tucholsky. © Bilderdienst Süddeutscher Verlag, München.

S. 34: Cartoon. Aus: Möönsch. © Rotbuch Verlag.

S. 35: Fotos. © Saskia Bachmann.

S. 39: © Rheindruck Boppard.

S. 43: Fotos Konditorei: oben: © Firma StockFood, München; unten: Gerhard Sokol, Wien.

S. 44: Johannisbeertorte. © Firma StockFood, München.

S. 48: Affenhand/Menschenhand. © SAVE-Bild, Minden.

S. 49: Schimpanse; Affenfuß. © Tierbildarchiv Angermayer, Holzkirchen.

S. 50: AKW Brokdorf © argus-Fotoarchiv/Klaus Andrews; Kind mit Barbie-Kosmetik. © argus-Fotoarchiv/Hartmut Schwarzbach; Kind mit Holzbündel. © Deike-Foto-Press; A. Paul Weber: Harlekin mit Brillen. © VG Bild-Kunst.

S. 53: Franz Marc: Blaues Pferd. Städtische Galerie im Lenbachhaus. © VG-Kunst.

S. 54/55: Bus der MVV. © Stadtwerke München.

S. 56: Obdachloser. © amw.

S. 58: Foto. © Gunter Gerlach.

S. 59: links: Nostalgieplakat Schwaz. Tirolwerbung © Tourismusverband SchwazPill; rechts: Aus: Starkes Land II, Imageprospekt der Tirolwerbung, Foto: Kurt Markus.

S. 60-62: Siehe S. 168-174.

S. 64/65: © Krause-Photos, Frankfurt/M.

S. 66: Foto. © Lennartz-Fotografie, Berlin.

S. 67: Cartoon. Aus der Zeitschrift PARDON, Pardon-Verlag: Bad Homburg.

S. 68: © Brigitte Kraemer, Herne.

S. 69-72: Bundesadler. © Archiv für Kunst und Geschichte, Berlin.

S. 73: Verhüllter Bundestag. © Volz/Christo.

S. 81: Parkfoto. © VISUM/Michael Wolf; Collage Grünanlage © Bildarchiv Huber.

S. 84: Vorlage für Sportlerbild. © Offpress NV Brüssel.

S. 86: Cartoon: Sepp Buchegger, Tübingen.

S. 96: Foto Vespa. © Archiv für Kunst und Geschichte, Berlin.

S. 97: Fotos Capri: Bildarchiv Huber; Foto fünfziger Jahre. © Bilderdienst Süddeutsche Zeitung.

S. 99: Gartenzwerg. privat; Spanier umarmt Deutschen. © Sebastian Gerhold.

S. 104: Illustration. © Kobal Collection, London.

S. 112: © Gerhard Seyfried.

S. 121: Foto. © Landesbildstelle Berlin.

S. 122: © Brigitte Hellgoth.

S. 122/123: Unterlegtes Foto. © Landesbildstelle Berlin.

S. 124/125: format/foto: Hanno Gutmann, Köln.

S. 128: © Burkhard Fritsche.

S. 131: Drei Fotos. © Tamron, Köln.

S. 148: Friedhof. © OKAPIA/Hans Reinhard.

S. 157: © Gerhard Seyfried.

S. 168: © motorola Electronic GmbH, Wiesbaden.

S. 169: © Hoechst AG.

S. 170: © Campari.

S. 171: © CMA.

S. 172: © Hewlett Packard.

S. 173: © Fachingen Heil- und Mineralbrunnen GmbH.

S. 174: © Verband der privaten Krankenversicherungen.

S. 175: © Margret Astor GmbH.

S. 176: Cartoon in „Eulenspiegel". © Reiner Schwalme, Großwasserburg; Jeans-Werbung © Mustang Bekleidungswerke GmbH, Künzelsau.

S. 178/179: Foto. © Andreas Weinand, Essen.

S. 181: Foto. © Elke Nord, Berlin.

S. 183: Foto. privat.

Die Illustrationen auf den Seiten 18/19, 26, 28/29, 34/35, 45, 48, 72, 82, 106, 113, 127, 130, 133, 138, 158 gestaltete Bruin van der Duim.

Trotz intensiver Bemühungen konnten nicht alle Inhaber von Text- und Bildrechten ausfindig gemacht werden. Für entsprechende Hinweise ist der Verlag dankbar.